国家社科基金
重大项目成果

对外汉语教学语法丛书

◎**总主编** 齐沪扬

并列词组与并列复句

邵洪亮 ◎主编 ｜ 刘慧清 刘春光 ◎著

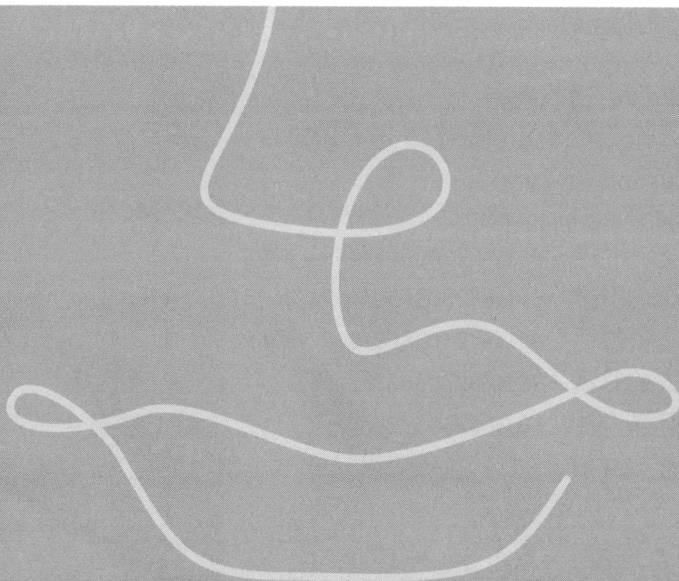

北京语言大学出版社
BEIJING LANGUAGE AND CULTURE
UNIVERSITY PRESS

© 2024 北京语言大学出版社，社图号 24071

图书在版编目（CIP）数据

并列词组与并列复句 / 邵洪亮主编；刘慧清，刘春
光著 . -- 北京：北京语言大学出版社，2024.7
（对外汉语教学语法丛书 / 齐沪扬总主编）
ISBN 978-7-5619-6565-8

Ⅰ. ①并… Ⅱ. ①邵… ②刘… ③刘… Ⅲ. ①汉语－
短语－对外汉语教学－教学研究②汉语－句法－对外汉语
教学－教学研究 Ⅳ. ① H195.3

中国国家版本馆 CIP 数据核字 (2024) 第 102066 号

并列词组与并列复句
BINGLIE CIZU YU BINGLIE FUJU

排版制作：	北京光大印艺文化发展有限公司
责任印制：	周　燚

出版发行：北京语言大学出版社
社　　址：北京市海淀区学院路 15 号，100083
网　　址：www.blcup.com
电子信箱：service@blcup.com
电　　话：编 辑 部　8610-82303647/3592/3395
　　　　　国内发行　8610-82303650/3591/3648
　　　　　海外发行　8610-82303365/3080/3668
　　　　　北语书店　8610-82303653
　　　　　网购咨询　8610-82303908
印　　刷：北京联兴盛业印刷股份有限公司

版　　次：2024 年 7 月第 1 版　　印　　次：2024 年 7 月第 1 次印刷
开　　本：787 毫米 × 1092 毫米　1/16　印　　张：15.5
字　　数：248 千字
定　　价：78.00 元

PRINTED IN CHINA
凡有印装质量问题，本社负责调换。售后QQ号 1367565611，电话 010-82303590

总　序

摆在读者面前的，是国家社科基金重大项目"对外汉语教学语法大纲研制和教学参考语法书系（多卷本）"（17ZDA307）的所有成果。这些成果包括大纲系列 4 册、书系系列 26 册、综述系列 8 册，以及选取研究过程中发表的一部分优秀学术论文集辑而成的论文集 1 册，共计 39 本著作，约 700 万字。这个项目的研制，历时 5 年有余，参加的研究人员多达 50 余人，来自国内和海外近 30 所高校。

2017 年 11 月，全国哲学社会科学工作办公室正式公布"2017 年度国家社科基金重大项目立项名单"。2018 年 4 月 14 日，国家社科基金重大项目"对外汉语教学语法大纲研制和教学参考语法书系（多卷本）"的开题报告会举行。2019 年 8 月，2017 年度国家社科基金重大项目中期检查评估报告提交，2023 年 1 月召开课题结项鉴定会。

根据专家组意见，特别是专家组组长赵金铭教授两次谈话的意见，按照全国哲学社会科学工作办公室立项通知书上的要求，本项研究牢固树立问题意识、创新意识和精品意识，立足学术前沿，体现有限目标，突出研究重点，注重研究方法，符合学术规范。项目的执行情况、所解决的问题和最终成果如下：

大纲、书系和综述是主要的研究成果。三类不同的成果面对的读者是不一样的：大纲是给教师教学与科研使用的，同时也顾及学习汉语、研究汉语的一些国际学生；书系主要是给在一线教学的对外汉语教师看的，以解决这些教师在教学过程中的实际问题为目的；综述是对大纲和书系的补充，主要面向对外汉语教师、汉语国际教育专业研究生和本科生，以及需要进一步了解、研究相关领域的群体，为这些人继续研究相关问题提供材料和方法。三种不同的读者群体决定了三类成果的不同写法。

1. 大纲研制

大纲研制的最终成果是两套大纲：分级大纲（初级大纲和中级大纲）和分类大纲（书面语大纲和口语大纲），共4册。语法大纲不局限于语法知识本身，而是以学习者语言能力的培养为目标。凡是能促进学习者语言能力的语法项目都应析出为大纲的项目。语法项目的编排依据的是语法形式，使用条件式来描述细目的功能。使用条件式有利于促进语法知识转化为语言能力。

分级大纲中语法项目的等级不宜简单理解为语言本身的难度区分，更应理解为习得过程性的内在要求。以促进学习者生成语言能力为目标，支持学习者语言能力生成的语法项目都应列目，项目编排以语法结构为基础，细目的描写以促进语言能力生成为重。大纲体现习得的过程性，总体上为螺旋形呈现。

目前对外汉语教学和科研依据的都是通用语体的语法大纲，至今尚没有分语体的大纲问世，这种状况显然与发展迅速的第二语言教学事业不相适应。书面语语法大纲和口语语法大纲的研制，填补了大纲研究的空白，在今后的教学指导、教材编撰、汉语水平测试等方面，都能发挥很大的作用。

2. 书系研发

我们在全国范围内分三批次遴选和推荐了撰稿人，这些撰稿人都有长期从事对外汉语教学的经历，且都是语法专业背景出身。从目前情况看，学术界和教学界都需要这一类书，这套书也具有填补空白的作用。而且，这套书是开放性的，条件成熟了可以再继续做下去，达到30本到50本的规模，甚至再多一些都是可能的。

书系的研发应以"语法项目"作为书名，不求体系完整，成熟一本撰写一本；专业性不能太强，要考虑到书系的读者需求，他们阅读这本书是为了解决教学上的问题，除了必要的理论阐述和说明之外，要尽量早一点儿切入到教学中去；提出的问题要切合教学实际，60～80个问题，其实就是这本书的目录，有人来查，很快就能对症下药，找到自己想要的东西；提的问题要有针对性，要有实用性，针对学生的水平等级，围绕这个语法项目，把教学上可能遇到的问题按等级排序。总之，这是一套深入浅出的普及性小册子，一定会受到广大对外汉语教师的欢迎。

3. 综述编著

按照标书要求，阶段性成果包括两套综述汇编。编著这两套综述汇编，首先是项目研制的需要，是和大纲研制、书系研发互相支撑、互相配合的；其次是近20年的综述汇编，学术界和出版界均尚无相关成果问世，很多研究者迫切需要这方面的资料；最后是这套综述汇编的写法与其他综述成果不同，两套综述不仅仅是"资料汇编"，里面更有很多作者的评议和引导，是"编著"类的"综述"，这类"综述"其实是不多的。这样的写法比目前在做的或者已经出版的"综述"要科学得多，实用得多。

综述分为两套：《近20年对外汉语语法教学研究》和《近20年汉语作为第二语言语法习得研究》。综述的主要读者应该是研究者，是关心该领域的研究者，作者收集的材料要尽可能齐全，作者所做的分析要有依据，作者做出的解释要能让研究者信服。两套综述都能做到对相关问题做出梳理，述评结合，突出评价的学术性、原创性和实用性，力图使读者对相关论题有一个全面的认识和深刻的思考，并为进一步的研究提供方向。

对上述这些成果的介绍只能点到为止，事实上，具体到每一本著述，都是有必要重点介绍的。好在每套书都另有主编，请读者自行阅读每套书的主编写的"序"吧。我这里还想向读者介绍的是这些著述的作者们，没有他们，这些成果难以问世。

本项课题涉及面广，研究人员多，在最初填写招标书时我们已经意识到了："本项研究工程浩大，……大纲和书系非一校之力可完成，将集中全国不同高校共同承担。"本课题前后参加研究的人员有 50 多人，分布在国内及海外近 30 所高校。如何将这些研究人员组织起来，集思广益，凝神聚力？课题组在"集全国高校之力"上，下了大力气。

原先设想由某个高校具体负责某块项目研究，但该想法在实际操作中遇到了问题。开题报告会后，课题组调整后的组织方式体现出优势来。四个研发小组的组长取代了原来子课题负责人的职位和功能，优势体现在：他们面对的是具体的项目，而不是具体的研究人员；他们针对项目选取研究人员，而不是为已有的研究人员配备研究内容；他们可以从全国高校选择自己相中的研究人员，而不需采取先满足校内再满足校外的程序和方式。人尽其才，物尽其用，效率提高，质量保证，自然是意料之中的结果。例如，书系组的 20 多位作者来自 15 所高校，综述组的作者来自 12 所高校。这是第一个方面。

第二个方面，就是充分利用会议的机会，将会议定位于有目标的会议、有任务的会议，让会议开出成效来。自课题立项之后，围绕着课题的研究进展，课题组已经开过多次会议。一是一年一度的"教学语法学术讨论会"，课题组所有人员都参加，至今已经开过多届：淮北（2017）、扬州（2018）、南宁（2019）、黄山（2020），等等。二是一年多次的课题专项讨论会，有需要就开。如在杭州，就分别开过综述组、数据平台组、书系组的专项讨论会；在南京、上海都开过大纲组的专项讨论会；2020 年 7 月，在腾讯会议上开过两次大纲组的专项讨论会；等等。这些会议目标明确，交流便捷，解决问题能力强，时间跨度短，是联络不同高校研究人员的好方式。

这套书的所有主编和作者都十分尽力。对外汉语教师的工作量很大，大多数人都有每周 10 节以上的课时量；况且，大多数人的手上还有自己的科研项目要做，还有自己指导的研究生的论文要看，还有各自的不同研究论文要写。种种忙碌和辛苦之中，要挤出这么多时间和精力，去从事另外一块研究任务，还是高标准、有要求、无报酬的研究任务，如果没有一种对对外汉语教师这个职业的由衷热爱，没有一种为对外汉语教学事业做点儿贡献的精神支撑，他们是断然不可能接受这样的研究任务的。更何况有些作者接受了两项不同的研究任务，研究强度和研究压力可想而知。因此可以这么说，这些成果渗透着作者们的辛劳，饱含着作者们的心血，每一本都是"呕心之作"，这样的赞誉是得当的。

北京语言大学出版社是这个项目的合作者和推动者。项目立项不久，出版社和课题组就有过接触。出版社前后两任社长和总编辑都向课题组表过态，希望这个课题的所有成果能在北京语言大学出版社出版，出版社愿意为课题的宣传、推广、出版尽责任，做贡献。2020 年 1 月，课题组和出版社有过进一步的密切联系，敲定了详细的合作计划。2022 年 3 月，出版社申报的"对外汉语教学语法丛书"成功入选 2022 年度国家出版基金资助项目。这些成果的出版，没有出版社的支持是做不到的。

再次感谢在漫长的研究过程中给予我们支持、帮助的所有老师和朋友。

对于这套教学参考语法书系，这里想重点介绍下这套书系的编撰特点和编撰原则。编撰特点可以归纳为以下四点："设计理念要接受多元的语言学理论指导""编撰方针是两种语法分析方法的结合""结构框架要考虑本体研究和教学研究的需要""问题设计要以'碎片化'语法为主"。关于这四点的具体阐述就不再展开了，事实上读者通过这四点已经可以大致了解这套书系的编撰理念了。入选的 26 本专著选取了不同的语法项目作为书名，面对不同的主题，每本书都会在不同层面、不同角度、不同对象上反映出这套书系的整体面貌和阐述形式，以及结构框架和问题设计，值得一读。

这套教学参考语法书系两个必须遵守的编撰原则是普及性和实践性。普及性原则体现在要做到对读者进行语法知识的普及。语法知识普及要考虑两个方面的问题：一是理论知识的普及，一是语法术语的普及。书系的编写还要遵守实践性的原则，这个原则体现在三个方面：一是面向教学实践，二是面向教师群体，三是面向教学语法。这套书系不以学术高度与理论深度为目标，而以是否能够解决实际问题为标准。出版这样的系列丛书尚属首次，相信普及性原则和实践性原则会使这套书系更接地气，更受欢迎。

教学参考语法书系研发是和汉语教学语法大纲研制平行的、互相支撑的一项研究，书系是以大纲为参照编写的，作为本体研究和教学研究的重要工具书，是对大纲的深化和阐述。书系书目的确定，编写方式的确定，以至于作者队伍的确定，都尽量做到和大纲的研制同质同步。当然，由于书系服务的目标人群和大纲不完全一样，作者会更多地关注语法教学的实效性，对具体问题的一些处理，可能会有与大纲不同的地方，这一点也是需要说明的。

　　谨以此作为总序。

齐沪扬

初稿于 2020 年 7 月

二稿于 2022 年 5 月

三稿于 2022 年 12 月

序

    我受国家社科基金重大项目"对外汉语教学语法大纲研制和教学参考语法书系（多卷本）"（17ZDA307）总负责人兼首席专家齐沪扬教授嘱托，担任书系第六辑的主编，深感荣幸。目前，该辑的四册成果已完成并即将付梓。

    根据项目组的要求，书系的编写不求体系完整，但求能够真正满足教学中的实际需求。因此，各辑的编写均以"一点一书"的形式呈现，将汉语语法系统中占有重要地位的、相对复杂的、具有一定学习难度且在教学中存在较多问题的一个或一类语法项目编写成一本语法教学参考书，以教学应用和学习需求为导向，力求对该语法项目进行充分描写、充分解释，尽可能穷尽该语法项目在教学中所遇到的问题并予以详细的解答、说明和指导。教学上问题较多的项目，下沉到小类或个案加以精耕细作；教学上问题相对较少的项目，则以语法大类的形式讨论其中的常见问题。我们多年的二语教学经验是，打破理论语法体系的禁锢，以碎片化的方式对某些重要的或难以掌握的语法项目分时段推进、立体化呈现、累进式教学，更有利于攻坚克难，真正解决二语学习者面临的问题。碎片化处理，实际上就是强调语法教学的适时性、适度性和针对性，以符合学习者的学习需求。

    入选书系第六辑的四本著作包括《语素》《反问句》《动词重叠与相关格式》《并列词组与并列复句》，涉及的都是颇具汉语特点或使用频率高、学习者易出现偏误、值得教师在教学过程中积极处理的语法项目。其中，汉语"语素"的研究范围十分广泛，其与音节、汉字互融，既是最小的音义、形义结合体，也是最小的语法单位，在汉字、词汇、语法甚至文化教学中，语素是重要的衔接点，具有基础性作用。重点语素的教学与习得，既需要一个一个地具体落实，也需要内部的细致分类以挖掘共性规律。"反问句"不是基于形式而是基于语气和功能分出来的一种"无疑而问"的疑问句，其形式多样，是非、特指、选择、正反等疑问形式均可用来表示反问。除了一些特定的反问标记或明显的反诘语气之外，同样的疑问方式到底表达"有疑"还是"无疑"，很多时候需要结合语境才能做出判断。"动词重叠"是汉语少有的构形手段之一，受汉语特点的影响，它又带有动补结构的特征。在不同语境中，动词重叠所传递的意义十分丰富，故学界对其语法意义的说明也产生了较多的分歧。动词重叠在日常会话中的使用频率虽然很高，但其使用却有一定的条件限制，二语学习者经常会出现该用而不用、不该用而用的偏误情况。汉语中的"并列关系"看似简单，实则十分复杂，从词组到复句再到语段，涉及并列连接成分和并列结构体的性质、形式、意义特征及表达功能。

书系第六辑的这四本著作分别由四所高校的一线中青年教师编写完成，他们是上海外国语大学黄健秦老师、黑龙江大学白少辉老师、杭州师范大学单宝顺老师、上海师范大学的刘慧清老师和刘春光老师。他们不仅有丰富的汉语二语教学实践经验，更有深厚的汉语语法学理论素养，在相关领域有很多的教学心得和研究积累。

这四本著作有四点共性。第一，都明确以教学应用为导向，具有很强的问题意识。每本书均设计了几十个问题，以一问一答的形式展开论述。对这些问题的回答，合而是一个有机的整体，前后关联；分而又自成体系，直击各个问题的关键点，使读者一读便懂。第二，几乎囊括了学习者在学习相关语法项目时的所有偏误问题，并针对这些偏误问题进行分析，以帮助学习者更加透彻地理解该语法项目的功能和使用规则。第三，说明性语言、分析用语和表达形式简明扼要，不追求理论上的标新立异，也较少使用语言学术语，方便学习者学习和记忆。第四，对相关语言现象的描写和解释充分而细致，能够做到明确条件、凸显规则、厘清动因。

当然，这四本著作又各具特色和独创性，令人耳目一新。《语素》一书的理论部分跳出了以往只在语素构词（词法）层面讨论语素的局限，挖掘了语素在语素构语（句法）层面的规律；教学部分针对高频语素的构词、构语现象做了描写与辨析，并梳理了语素教学法的一些技巧，以期加强学习者的语素意识及通过语素推测新词词义的能力。《反问句》一书既重视区分不同形式反问句之间在意义和语用上的微殊，又重视分析在特定语境下运用反问句的认识立场、社会地位、交际意图和交际效果，在语用层面和交际层面挖掘反问句的功能，以利于学习者学以致用。《动词重叠与相关格式》在界定动词重叠式的基础上，认为以往学界所谓的"尝试""委婉""轻松随意""短时"等动词重叠的语法意义其实均是语境意义，将动词重叠的语法意义统一抽象为"主观动势小量"，其统摄力、解释力更强，也更加利于二语学习者学习、记忆和应用。《并列词组与并列复句》一书既注重并列关系系统框架的构建，同时又注重并列关系内部层级和特征差异的比较分析。选取典型的并列连接成分、近义结构及相关构式、复句等进行比较辨析，勾勒出二语教学中值得关注的问题，尤其强调语境信息和背景信息在并列结构体教学中的重要作用。

总之，这四本著作都能够从宏观架构，在细部着力，表述浅显易懂，用例丰富自然，都尽可能地做到了使广大师生"用得上、看得懂、信得过"。

邵洪亮

2023 年 5 月 31 日

目　录

第六部分　并列词组与并列复句的习得与教学 / 192

引　言

　　并列是一种逻辑关系，也是一种结构关系。在语言的五级单位中，除语素外，其他四级语言单位中都有并列关系的组合，例如并列关系的复合词、并列关系的词组、并列关系的复句、并列关系的句群。①

　　在对外汉语教学实践中，对并列关系的理解和表达是重要的教学内容。在《汉语水平等级标准与语法等级大纲》中，甲、乙、丙、丁四级语法大纲都包括并列关系的结构，例如：甲级语法项目中包含联合词组，联合词组中包含并列词组；甲、乙、丙、丁四级语法项目中也都包含不同难度的并列关系连词或关联词语，以及由不同连词或关联词语连接的并列关系复句等。②

　　由此可见，并列词组③和并列复句在对外汉语教学中具有重要作用，有必要对并列结构体的特征、功能进行分析，为教学和习得提供助力。

一、并列关系的研究现状及存在的问题

（一）研究现状

　　并列关系是基本的结构关系和逻辑关系，以往的相关研究比较丰富和充分，

---

① 并列关系的复合词、并列关系的词组、并列关系的复句、并列关系的句群分别是不同语言层级中具有并列关系的语言单位，本书统称为"并列结构体"。

② 本书使用"词组"这一术语，而不使用"短语"。因为"词组"是词与词的组合，更符合教学语法的习得顺序。在介绍前贤学者的研究时，如果文献中使用"短语"，我们遵照原文介绍文献，也使用"短语"。在本书的分析中，只要是词与词的组合，我们统称为"词组"。

③ 本书的"并列词组"指本体研究中的"联合词组"，因为"联合词组"虽然可以分为并列联合、递进联合、承接联合、选择联合等，表示事理关系、逻辑关系和心理关系，但在结构上前后两个成分都是并列的，所以本书统称为"并列词组"。

主要包括本体研究和应用研究两个方面。

1. 本体研究

本体方面，包括以下一些研究内容和研究视角。并列式复合词的研究主要包括并列式复合词的词义与语素义的关系，如刘迎迎（2014）、韩书庚（2018）。并列关系词组的研究主要包括：名词性并列结构的"欧化"说，如宋文辉（2016）；类固定格式中的并列关系，如骆小菊（2002）、董秀英（2003）、黄雅莉（2019）、孙本成（2020）。并列连词的研究主要包括：具体并列连词的位置、功能、用法等，如芜崧（2002），姚双云（2017），李雨桑（2017），杨萌萌、胡建华（2018），宋萌萌（2018），王郁（2018），高增霞（2019）；并列连词的语法化及语法化条件、并列关系框式结构的语法化，如马清华（2003）、陈健荣（2018）、崔现悦（2018）。并列关系关联副词的研究主要包括：具体关联副词的基本义、多义、歧义、主观性与认知解释，如高增霞（2002）；从类同副词到并列连词的语义演变，如徐朝红、吴福祥（2015）。并列关系复句的研究主要包括：并列复句的形式、功能、认知解读等，如马真（2014）、宋艳旭（2017）；并列关系俗语的句法特征，如杨丹（2017）。并列成分位置关系方面的研究主要包括并列成分的语序及认知研究，如余瑾、卢晓（2013），刘世英（2015）。从类型学角度进行的研究主要包括汉语并列结构的类型学特征、表现，以及类型学方法在并列连词分析中的运用，如张建（2013），吴珂（2014），宋文辉（2015），闫梦月、薛宏武（2017），闫梦月（2018），曾雪雁（2020）。辨析方面主要包括：易混淆的并列连词、关联副词的辨析，如温建合（2018），金立鑫、崔圭钵（2018）；并列关系与递进关系、选择关系、转折关系、主从关系等的区别，如张建（2013）、芜崧（2013）、张春燕（2016）。除此之外，相关研究还包括语体因素对联合关系结构标记的影响，如汪欣欣（2017）。

2. 应用研究

应用方面的研究主要集中在两个方面。一个是自然语言处理方面的应用研究，包括：并列关系的标注方式与并列词组、并列复句的自动识别，如吴云芳、石静、万富强等（2013），郑略省、吕学强、刘坤等（2013），王杨（2014），刘小蝶、朱筠、晋耀红（2018）；并列结构语义关系的自动获取方法，如夏飞、曹馨宇、符建辉等（2015）。另一个是对外汉语教学方面的应用研究，包括：学习者习得并列连词、表示并列关系的关联词语、并列结构体等时的偏误分析及相应教学设计，如张丹（2010），牛乐平（2019），颜明、高则云、肖奚强（2019），陈曦（2019），杨扬（2020），周剑芳（2020）；面向对外汉语教学的汉语和外语并列连词对比研究，如吴珂（2014）、马海霞（2019）；从习得角度进行的并列式复合词词义识解影响因素的实证研究，如赵凤娇（2017）；关于并列结构体教学的语用优先法则，如余瑾、卢晓（2013）。

综合分析以往的研究成果，本体研究主要集中在并列连词和表示并列关系的关联词语的研究方面，教学与习得研究也主要集中在并列连词、并列关系关联词语、并列结构体的偏误分析与教学设计方面。并列连接成分是并列结构体的主要连接手段，理解和表达并列关系都离不开并列连接成分，因此，无论本体研究还是教学研究对此都十分重视。语法化和类型学方面的研究则是从不同的视角观察并列关系，通过对其发展演变过程的梳理和与外语并列关系的比较分析，深入了解汉语的并列结构体。语音、语体等则是影响并列关系表达的相关因素。

（二）存在的问题

1.并列结构体整体的句法、语义、语用特征和功能分析不够充分。

以往的研究较多关注并列连接成分，包括并列连词和并列关系关联副词，更多是从并列结构体内部进行观察，分析并列成分的性质、特征和连接词语等。而在语言交际过程中，作为完整的意义单位用于交际的是并列结构体，包括并列关系的复合词、并列关系的词组、并列关系的复句和并列关系的句群等。不同层次的结构体在句法上都具有整体性，在语义上则具有完整性和精确性，在语用上能够加强语势和语力。关于这方面的考察和分析，以往的研究不够充分，需要进一步加强。

2.并列关系的下位类型研究不够充分。

并列结构体可以从不同的角度进行分类。例如：从有无显性标记的角度，可以分为显性并列关系和隐性并列关系；从并列成分是否紧邻的角度，可以分为相邻并列关系与间隔并列关系；从标记理论的角度，可以分为无标记的并列和有标记的并列；从并列成分语义关系的角度，可以分为语义相同、相近的并列和语义相反、相对的并列；从并列成分位置关系的角度，可以分为并列项位置固定的并列和并列项位置灵活的并列；根据并列关系中隐含的逻辑关系，可以分为隐含转折关系的并列、隐含递进关系的并列、隐含连贯关系的并列、隐含因果关系的并列、隐含条件关系的并列、隐含假设关系的并列等等。这些方面的研究还可以进一步细化。

3. 隐性并列关系的并列方式研究不够充分。

显性并列关系是有显性标记词语的并列，隐性并列关系是不包含显性标记词语的并列。隐性并列关系有多种并列手段，包括词汇手段[①]和结构手段。词汇手段中的泛指词、相似词与结构手段中的同构关系等对于并列关系的识别都有一定的提示作用，这些隐性并列关系的形式手段在并列结构体中大量存在，值得深入研究。

4. 并列成分的特征差异分析不够充分。

并列结构体中并列的两项或多项成分在形式、性质、特征上往往具有类同性，例如名词和名词构成并列关系的名词性词组，动词和动词构成并列关系的动词性词组或名词性词组，形容词和形容词构成并列关系的形容词性词组或名词性词组，等等。但形式、性质、特征不同的成分也可以构成并列结构体，比如名词可以和动词并列，名词也可以和形容词并列，等等。这类现象值得关注和进一步分析。

5. 并列关系的教学和习得研究不够充分。

表示并列关系的形式手段多种多样，包括并列关系连词、并列关系关联副词、相似词语、同构关系等，以往的研究只涉及部分形式手段的教学和习得分析，不够全面，需要更加全面、细致地进行教学和习得的考察、分析。

---

① 这里的词汇手段指胡壮麟（2017）提出的"词汇衔接手段"，具体包括重复、泛指词、相似词、分类关系和组合搭配五大类，不包括使用并列连词或关联词语的情况。胡壮麟（2017）用"词汇衔接手段"分析语篇的衔接与连贯，认为它们在句法结构和句子结构中同样可以起到连接作用。

二、《并列词组与并列复句》的编写原则

《并列词组与并列复句》的编写缘起于齐沪扬教授于 2017 年成功获批的国家社科基金重大项目"对外汉语教学语法大纲研制和教学参考语法书系（多卷本）"（17ZDA307），项目拟编写一系列教学参考语法书目，为对外汉语教学提供有效的帮助。项目的研究以《汉语水平等级标准与语法等级大纲》为基础，对对外汉语教学语法大纲进行重新梳理，按照等级和语体划分为两类三级大纲。"教学参考语法书系"选择其中具体的语法项目，结合语法点的特征、功能和教学、习得进行编写。《并列词组与并列复句》是"教学参考语法书系"的组成部分。

"教学参考语法书系"的编写目的是为对外汉语教学提供有效的帮助，使用对象是从事对外汉语语法教学的教师，以及以汉语为第二语言的学习者。基于这两点，我们确定了如下三个编写原则。

（一）实践性原则

"教学参考语法书系"是为指导教学而编写的，是教学的参考书目，因此，要紧密结合教学实践。教学实践包括两个方面：一个是帮助学习者掌握目的语的使用规则，一个是帮助学习者将所学用于言语交际。为了更好地帮助学习者掌握目的语的使用规则，要对目的语进行研究，深入挖掘并准确表述目的语的使用规则。为了帮助学习者学以致用，则要在教学中创设情境，引导学习者在虚拟现实的情境中自然而然地使用所学知识进行交际实践。此外，应对学习者在使用过程中产生的偏误进行重点分析，总结偏误类型，寻找偏误原因，提出教学对策。

在指导语言点使用的过程中，创设情境是至关重要的，这是实践性原则的一个重要体现。对学习者的偏误用法进行重点分析是实践性原则的另一个重要体现。

（二）针对性原则

教学需要有针对性，这是所有教学理论的共识。就"教学参考语法书系"的编写而言，针对性原则也是需要贯彻始终的。并列关系是联合关系的下位类型。

联合词组除了包括并列关系，还包括连贯关系、递进关系、选择关系；联合复句除了包括并列复句，还包括承接复句[①]、递进复句、选择复句、取舍复句、解注复句等类型。因此，进行并列词组和并列复句的教学要深入挖掘其特点、功能、类型，总结其使用规则和条件，对并列关系与连贯关系、递进关系、选择关系等进行明确的区分。同时，在相应的语言知识教学过程中，也要有针对性地进行讲解和操练。在操练的过程中，需要有针对性地创设使用情境，帮助学习者自然而然地输出并列词组和并列复句。面对输出过程中产生的偏误，也要有针对性地对偏误产生的"点"（例如并列连词的选择偏误、并列成分的排序偏误、并列关系关联词语的搭配偏误等）进行分析和讲解，并继续创设情境进行操练。

（三）整体性原则

"教学参考语法书系"是以语言点 / 语法点为基点进行编写的，但语言的使用不是以语言点 / 语法点为单位的。就并列词组和并列复句而言，并列词组是语言的静态单位，并列复句是语言的动态单位。静态单位是材料单位，动态单位是表达单位。无论是静态单位的并列词组还是动态单位的并列复句，都是一个完整的结构体，因此，无论是在进行本体研究还是在进行教学实践的过程中，都需要整体看待，不能只关注并列连接成分或只关注并列项，这样只见"点"不见"面"，是很难达到对语言点 / 语法点的准确掌握和运用的。这就是整体性原则。

三、《并列词组与并列复句》的编写体例

本书的内容包含了《对外汉语教学语法初级大纲》和《对外汉语教学语法中级大纲》中的相关知识点，但知识点的展开不局限于大纲的规定，根据教学的实

[①] 有的学者将"承接复句"称为"连贯复句"，如邢福义（2001）、齐沪扬（2007）、北京大学中文系现代汉语教研室（2012）、张斌（2010）等。本课题编写的大纲使用"承接复句"，为与大纲一致，本书使用"承接复句"这一术语。另外，中华人民共和国教育部、国家语言文字工作委员会2021年发布的《国际中文教育中文水平等级标准》中也使用"承接复句"。在介绍前贤学者的研究时，如果文献使用"连贯复句"，我们在引用时遵照原文，也使用"连贯复句"；但在本书的分析中，我们使用"承接复句"。

际情况，我们对有些内容做了进一步的扩展。

（一）与并列关系有关的知识框架体系

我们建立了与并列关系有关的知识框架体系，具体框架结构及内容见表0-1：

表 0-1　"并列关系"知识框架

目录	知识框架
并列词组与并列复句的类型与特点	并列词组与并列复句的定义、特征、范围和类别
并列连接成分的特点与功能	并列连接成分和连接手段
并列成分的排列原则	并列的类别和表现形式
并列关系和其他关系的区别	词组和复句中并列关系与其他关系的特征差异
并列关系的理解与表达	并列结构体存在的理据和并列结构体的认知规律
并列词组与并列复句的习得与教学	并列关系的偏误分析与教学理念

《并列词组与并列复句》的编排以上述知识内容为基础，通过问答的形式进行系统的表述和分析。

（二）与并列关系有关的问题设计

在进行并列关系的教学时，第一，需要明确并列关系是一种什么样的结构关系和逻辑关系；第二，需要了解并列连接成分、并列结构体有何特点和功能；第三，需要掌握并列项的排列原则；第四，需要厘清并列关系和其他逻辑关系的区别；第五，需要辨明并列关系内部的异同；第六，需要了解并列关系的习得情况，弄清如何进行教学。因此，《并列词组与并列复句》分别从上述六个方面设计问题并进行解答。具体问题举例如下：

第一部分：并列词组与并列复句的类型与特点。

主要包括与并列关系有关的基本概念，具体包括定义、特征、范围、类别等。例如：

1. 哪些语言单位中存在并列结构体？

2. 什么是并列词组？并列词组有什么特点？

3. 并列词组有哪些类型？

4. 什么是并列复句？并列复句有什么特点？

5. 并列复句有哪些类型？

6. 什么是相邻并列和间隔并列？

第二部分：并列连接成分的特点与功能。

主要包括具体的并列连接成分、连接手段，以及它们在形式、功能上的特点。例如：

1. 现代汉语中的并列连词有哪些？

2. 并列连词可以分为几类？

3. 并列连词和表示并列关系的关联副词有什么区别？

4. 并列词组与并列复句有哪些词汇衔接方式？

5. 并列词组与并列复句中一定要使用并列连词或关联词语吗？

6. 名词能起到识别并列关系的提示作用吗？

第三部分：并列成分的排列原则。

主要包括并列成分的排序规律、并列成分能否互换，以及限制条件等。例如：

1. 并列成分的排列遵循哪些原则？

2. 不能互换位置的并列成分有什么特点？

3. 可以互换位置的并列成分有什么特点？

第四部分：并列关系和其他关系的区别。

主要包括词组、复句中的并列关系与其他逻辑关系之间的区别等。例如：

1. 重叠、重复、并列有什么区别？

2. 并列复句和递进复句有什么区别？

3. 并列复句和选择复句有什么区别？

4. 并列复句和因果复句有什么区别？

5. 并列复句和假设复句有什么区别？

第五部分：并列关系的理解与表达。

主要包括并列连接手段的实际用法，以及并列结构体在形式、意义上的特征与在功能上的表达效果。例如：

1. 并列词组与并列复句的理解和表达立足于什么？

2. "N_1V_1 了，N_2V_2 了"可能表示几种逻辑关系？

3. 两个连用的数量名词组可能是什么关系？

4. 具有连接功能的副词"也"和"还"表示的逻辑关系有什么差别？

5. "又"单用和复用在表示并列关系时有什么区别？

6. "一边……一边……"可以连接什么成分？

7. "一面……一面……""一方面……另一方面……"的构成基础是什么？二者有什么区别？

8. "去和不去都可以""去或不去都可以"都能说吗？

第六部分：并列词组与并列复句的习得与教学。

主要包括并列词组与并列复句习得中产生的偏误和教学的理念、方法、技巧等。例如：

1. 偏误的产生与哪些因素有关？应该如何纠正偏误？

2. 并列连词"而且"的习得与偏误情况如何？

3. "不是……而是……"的习得与偏误情况如何？

4. 如何体现语境信息和背景信息在并列结构体教学中的重要作用？

5. 如何在教学中凸显并列结构体结构上的整体性与语义上的精确性和完整性？

6. 如何进行并列连词的教学设计？

（三）语料说明

本书语料来源于北京大学中国语言学研究中心 CCL 语料库、北京语言大学 HSK 动态作文语料库、网络检索、前人时贤论著与作者内省。书中对部分例句做了适当修改，为行文简洁方便，恕不一一标明出处。

第一部分　并列词组与并列复句的类型与特点

1. 哪些语言单位中存在并列结构体？

现代汉语中有五级语言单位：语素、词、词组、句子、句群。除了语素之外，其他四级语言单位中都有并列结构体。

在语素层面，语素是最小的音义结合体，是最小的语义单位，没有组合的问题，也就没有关系的问题，因此，语素层面没有并列结构体。具体来说，在复合词、词组、复句和句群中都可以找到并列结构体。

一、复合词

在词的层面，复合式的合成词由词根加词根直接组合构成，这是汉语词汇构成的基础形式。主要有五种基本的类型：联合、偏正、补充、动宾、主谓。

张斌（2008：168）指出，联合型复合词"根据联合型两个语素内部的语义关系可以分为同义、类义、反义和偏义四个小类"。具体见表1-1。

表 1-1　联合型复合词的语义类型和构成成分对照表 [①]

语义类型	构成成分		
	名素 + 名素	动素 + 动素	形素 + 形素
同义	声音、道路、根本、仓库	制造、休息、计算、喜欢	周全、孤独、完整、奇怪
类义	江山、眉目、笔墨、口舌	飞跃、批改、跋涉、欺压	细软、聪明、广大、雄厚

---

① 表中的"名素"指名词性语素，"动素"指动词性语素，"形素"指形容词性语素。

（续表）

语义关系	名素＋名素	动素＋动素	形素＋形素
反义	天地、兄弟、矛盾、师生	来往、呼吸、奖惩、教学	早晚、横竖、轻重、高低
偏义	国家、质量、窗户、人物	睡觉、忘记、梦寐、警惕	干净、厉害、好歹、瘫痪

每一个同义、类义、反义和偏义的小类中，都包括"名素＋名素、动素＋动素、形素＋形素"的组合，这些组合都是并列结构体。

二、词组

在词组层面，由于词组是词和词按照一定方式组合起来的语言单位，组成词组的词与词就可能有多种不同的结构关系。常见的实词和实词组合的词组主要有以下几种：主谓词组、述宾词组、述补词组、偏正词组、并列词组、同位词组、连动词组、兼语词组、量词词组、方位词组。其中并列词组由两个或两个以上的部分组成，各部分之间在语义上可分为平列、递进、选择、连贯等关系。有的直接组合，有的靠连词或关联词语组合，有的中间有顿号或逗号隔开。每一个表示平列、递进、选择、连贯关系的小类中，都包含"名词性词语＋名词性词语、动词性词语＋动词性词语、形容词性词语＋形容词性词语"的组合，这些组合都是并列结构体。具体见表1-2。

表1-2 并列词组的语义类型和构成成分对照表

语义类型	构成成分		
	名词性词语＋名词性词语	动词性词语＋动词性词语	形容词性词语＋形容词性词语
平列	教师和学生	吃、穿、用	聪明伶俐
递进	全国、全世界	会说且会写	好看而且好用
选择	我们或你们	看电影或听音乐	好或不好
连贯	春夏秋冬	同意并支持	早晚（天气凉）

从词组组成成分间的密切程度看，词组可以分为固定词组、类固定词组、非固定词组。固定词组主要指成语；非固定词组是词与词的自由组合；类固定词组是介于固定词组和非固定词组之间的包含一定框架和部分固定成分的结构模式，也可以叫半固定词组。汉语成语非常丰富，且表意精练，在语言表达中也经常出现。从结构关系来说，汉语成语中有大量并列关系的组合。例如"七上八下、三番五次、千军万马、前呼后拥、左顾右盼、一心一意、上蹿下跳、里应外合、三心二意、三言两语、不闻不问"等等。这些成语中也包含一些固定的框架，如："七……八……"这一半固定的结构模式中还可以填充其他成分，组成"七手八脚、七嘴八舌、七平八凑、七零八落、七老八十"等成语；"三……五……"这一半固定的结构模式中还可以填充其他成分，组成"三山五岳、三令五申、三年五载、三差五错"等成语；"千……万……"这一半固定的结构模式中还可以填充其他成分，组成"千言万语、千头万绪、千变万化、千真万确"等成语；"前……后……"这一半固定的结构模式中还可以填充其他成分，组成"前思后想、前仆后继、前仰后合、前倨后恭"等成语；"左……右……"这一半固定的结构模式中还可以填充其他成分，组成"左邻右舍、左思右想"等成语；"一……一……"这一半固定的结构模式中还可以填充其他成分，组成"一针一线、一言一行、一五一十、一举一动、一朝一夕、一板一眼、一生一世、一草一木、一砖一瓦、一问一答、一唱一和、一张一弛"等成语。

在词组中，"一……一……"结构有多种结构义，具体包括：

第一，分别用在同类的名词前面，表示整个，如"一心一意"相当于"全心全意"。

第二，分别用在同类的名词前面，表示数量极少，如"一针一线"表示极少、极小的东西。

第三，分别用在不同类的名词前面，用相对的名词表示前后事物的对比，如"一薰一莸"比喻好的和坏的有区别。

第四，分别用在不同类的名词前面，用相关的名词表示事物的关系，如"一本一利"指本钱和利息相等。

第五，分别用在同类的动词前面，表示动作是连续的，如"一瘸一拐"形容走路时身体不平衡。

第六，分别用在相对的动词前面，表示两方面的行动协调配合或两种动作交替进行，如："一唱一和"表示两个行为主体一个说，一个应和；"一张一弛"表示一个行为主体宽严相结合，劳逸相结合；"一起一落"则既可以指两个行为主体一个"起"一个"落"，也可以指一个行为主体时而"起"时而"落"。

第七，分别用在相反的方位词、形容词等的前面，表示相反的方位或情况，如"一上一下、一左一右"。

可见，汉语的固定词组和类固定词组中，包含一些并列的结构模式，经常是对称的格式。或者是意思相同、相近的，如"一……一……、三……五……、七……八……、千……万……"；或者是意思相反、相对的，如"前……后……、左……右……"。这些并列结构体因为有比较固定的格式，往往比较容易识别。

还有一点需要注意的是，同位词组的两个组成成分相互指称，表示同一事物，通常是"名词/名词性词组＋名词/名词性词组"的组合，或者是名词/名词性词组与代词、量词性词组等的组合，没有"动词/动词性词组＋动词/动词性词组"和"形容词/形容词性词组＋形容词/形容词性词组"的组合。

三、复句

在句子层面，句子可以分为单句和复句。复句在划分类别时，根据传统的二分法，首先可以分为联合复句和偏正复句，联合复句进行下位分类又可以分为并列复句、承接复句、递进复句、选择复句、解注复句。张斌（2010）中，联合复句的下位类别还包括取舍复句，这是将张斌（2002）中选择复句的下位类型"取舍已定的选择复句"从选择复句中划分出来，单列为一类，名曰"取舍复句"。张斌（2002：483）指出："取舍已定的选择复句由于选择已经确定，实际上不存在选择，所以，也可以把它们独立为一类，叫取舍复句。"根据邢福义（2001）的三分法，复句首先分为并列类复句、因果类复句、转折类复句，而并列类复句又包括四个下位类别：并列句、连贯句[①]、递进句、选择句。

---

① 邢福义（2001）说的"连贯句"，相当于张斌（2010）中的顺承复句。还有的学者将之称为"承接复句"，他们所采用的术语不同，内容与实质是相同的。

无论根据复句系统的二分法还是三分法，并列复句都是对复句进行第二层划分时分出的类别。①

值得注意的是，在词组层面，并列词组与偏正词组、连动词组等是同一层次的结构体；在复句层面，联合复句与偏正复句是第一个层次的复句类型，并列复句、递进复句、承接复句、选择复句、取舍复句、解注复句等是联合复句的下位类型。

另外，在词组层面，同位词组的两个构成成分所指相同，表示同一事物，结构上可以看作并列关系的组合。在复句层面，解注复句的两个分句的语义也可以相同，表达同样的语义内容，后一分句前往往有"即、就是、就是说、也就是说、这就是、那就是、意思是"等。解注复句包含在联合复句内部，但与并列复句是不同的结构类型，这一点也需要引起足够的重视。

并列复句中往往使用表示并列关系的关联词语。例如：

（1）我们<u>一边</u>喝茶，<u>一边</u>聊天儿。

（2）淮海路<u>既</u>有很多商场，<u>又</u>有很多饭店。

四、句群

在句群层面，单句或复句的并列也很普遍。例如：

（3）当我们对案件多一些关注，庭审就会加快。当我们对案件多一些关注，坏人背后的人就不敢作妖。当我们对案件多一些关注，正义或许就会早一点儿到来。（句群内部3个单句的并列）

（4）如果我们能够研制出一种类似鹰眼的搜索、观测技术系统，就能够扩大飞行员的视野，提高他们的视敏度。如果能研制出具有鹰眼视觉原理的"电子鹰眼"，就有可能用于控制远程激光制导武器的发射。如果能给导弹装上小巧的"鹰眼系统"，那么它就可以像雄鹰一样，自动寻找、识别、追踪目标，做到百发百中。（句群内部3个复句的并列）

---

① 至于三分法第一层划分时的"并列类复句"和第二层划分时的"并列句"使用同样的概念"并列"是否恰当，我们不做讨论。在此，我们只关注并列或并列复句是与递进复句、选择复句、承接复句等联合复句一个层次的下位类别。

例（3）和例（4）从结构上看是并列关系的句群，从辞格的角度看属于排比辞格。这样的表达可以增强语言的节奏感，提升语言的气势。

2. 什么是并列词组？并列词组有什么特点？

齐沪扬（2005）认为，并列结构体内部有两个或两个以上的成分，它们可以互换位置，且互换后结构关系和语义都不变，中间可加上表示并列关系的关联词语。各级语法单位都能充当并列结构体的并列成分，具有并列关系的词与词组合就形成了并列词组。

从结构上看，并列词组主要有以下几个特点：

第一，并列词组组成成分可以不止两个，成分数目不定。例如：

（1）森达集团新近推出的男女式冬季皮鞋在北京、上海被抢购一空。

（2）中国联通公用数据网的国际出入口设立在北京、上海、广州3个城市。

（3）据了解，目前我国的MBA院校以及人才分布不均衡，主要集中在北京、上海、广州 、厦门等地区。

例（1）中的并列词组包含两个并列成分，例（2）中的并列词组包含三个并列成分，例（3）中的并列词组包含四个并列成分。并列词组的组成成分可以不止两个，并列词组可以是多切分结构。

第二，并列词组各组成成分之间地位平等，没有主次之分，并列成分的前后顺序可以调换。① 例如：

（4）森达集团新近推出的男女式冬季皮鞋在上海、北京被抢购一空。

（5）特别是指南针、火药、印刷术和造纸四大发明，对人类社会做出了伟大贡献。

（6）特别是火药、造纸、印刷术和指南针四大发明，对人类社会做出了伟大贡献。

---

① 严格地说，并列词组的组成成分有的顺序可以调换，有的不能调换并且需要遵循一定的排列原则。具体参见本书第三部分"并列成分的排列原则"。

例（4）与例（1）中，并列词组的并列成分调换了顺序，但结构关系和语义都不变。例（5）和例（6）也是如此。

第三，并列词组各并列成分间可以有连接词"和、跟、同、与、及、以及、而、且、而且、并、并且"等。例如：

（7）充分发挥科技创新能力，为人民创造美好的<u>今天和明天</u>。

（8）不论孩子或大人，都能快乐地进入他用<u>诗与画</u>交织出来的心灵世界。

（9）明天全国大部分地区有降雨，<u>东北以及华北</u>地区有大到暴雨。

（10）雨点<u>轻盈而均匀</u>地洒落在树叶上。

（11）会上<u>热烈讨论并一致通过</u>了这个计划。

例（7）～（11）中，并列词组的并列成分间分别使用了连接词"和、与、以及、而、并"，是一种显性的关联方式。

有的并列词组各成分之间没有语音停顿，有的有语音停顿，书面上用顿号表示。例如：

（12）以后他们如果坚持自学的话，就可以自如地<u>听说读写</u>了。

（13）新款轿车是按照中国<u>道路、气候、燃料、购买力水平</u>等条件专门设计的。

例（12）中并列词组的各成分之间没有语音停顿；例（13）中并列词组的各成分之间没有使用连接词，而是使用了顿号，是一种隐性的关联方式，并且承前省略了定语"中国"。

第四，并列词组各组成成分一般是同类性质的成分。例如：

（14）他父母早逝，是<u>哥哥和姐姐</u>抚养他长大的。

（15）现在谁打毛线啊！买的羊毛衫<u>又便宜又好看</u>！

例（14）和例（15）中，并列词组的组成成分是同类性质的，例（14）中均为名词性词语，例（15）中均为形容词性词语。[①]

---

① 并列词组各组成成分一般是同类性质的成分，同时也可以是异类性质的成分。参见本书问题7"不同语法性质的成分可以并列吗？"。

3. 并列词组有哪些类型?

根据内部构成成分的不同，并列词组主要可以分为体词性并列词组和谓词性并列词组。此外，还有由介词词组构成的并列词组。下面分别介绍。

一、体词性并列词组

体词性并列词组指组成词组的各成分是体词性词语，其组成成分之间有平列、递进、选择、承接的逻辑关系。

（一）平列式并列

平列式并列指词组的组成成分之间具有平列的逻辑关系。组成成分可以是两项，也可以是三项，甚至更多；可以直接组合，也可以用连词连接，或者用顿号隔开。当组合成分超过两项时，往往在最后一项前面使用连词。例如：

（1）老师和学生

（2）老师、学生

（3）校长、老师和学生

（4）兄弟姐妹 / 东西南北

（5）北京、上海、广州、深圳

（二）递进式并列

递进式并列指词组的组成成分之间具有递进的逻辑关系。组成成分可以是两项，也可以是三项，甚至更多；可以直接组合，也可以用连词连接，或者用顿号隔开。当组合成分超过两项时，往往在最后一项前面使用连词。例如：

（6）市里和省里

（7）市里、省里

（8）初中、高中、大学

（9）小学、初中、高中和大学

（三）选择式并列

选择式并列指词组的组成成分之间具有选择的逻辑关系。组成成分可以是两项，也可以是三项，甚至更多；往往使用表示选择关系的连词进行连接。当组成成分超过两项时，可以前面各项使用顿号连接，在最后一项前面使用选择连词。例如：

（10）老师或学生

（11）你们、我们或者他们

（12）北京、上海还是天津 ①

（13）北京、上海还是广州、深圳 ②

（四）承接式并列

承接式并列指词组的组成成分之间具有承接的逻辑关系，承接关系在时间上主要体现为先后关系。组成成分可以是两项，也可以是三项，甚至更多；可以直接组合，也可以用连词连接，或者用顿号隔开。当组合成分超过两项时，往往在最后一项前面使用连词。例如：

（14）春夏秋冬

（15）春天、夏天、秋天、冬天

（16）春天、夏天、秋天和冬天

（17）晨昏颠倒 / 朝夕相处

二、谓词性并列词组

谓词性并列词组包括动词性并列词组和形容词性并列词组两类。

（一）动词性并列词组

动词性并列词组指组成词组的各成分是动词性词语，其组成成分之间有平列、递进、选择、承接的逻辑关系。

1. 平列式并列

平列式并列指词组的组成成分之间具有平列的逻辑关系。组成成分可以是两

---

① "北京、上海还是天津"有歧义。并列的选择项可以是两个，即"北京、上海"和"天津"；并列的选择项也可以是三个，即"北京""上海""天津"。消除歧义需要依靠语境。

② "北京、上海还是广州、深圳"也有歧义。并列的选择项可以是两个，即"北京、上海"和"广州、深圳"；并列的选择项也可以是四个，即"北京""上海""广州""深圳"。消除歧义需要依靠语境。

项，也可以是三项，甚至更多；可以直接组合，也可以用连词连接，或者用顿号隔开。当组合成分超过两项时，往往在最后一项前面使用连词"并、和"。例如：

（18）发展、建设

（19）发展和建设

（20）吃、喝、穿、用

（21）改进、改善并改良

（22）改进、改善和改良

2. 递进式并列

递进式并列指词组的组成成分之间具有递进的逻辑关系，后一部分的意思比前一部分更进一层。组成成分可以是两项，也可以是三项，甚至更多；可以直接组合，也可以用连词连接，或者用顿号隔开。往往使用连词"且、而且"或关联词语"不但……而且……"。例如：

（23）会唱且会跳

（24）会唱而且会跳

（25）会唱、会跳而且会表演

（26）会唱歌而且会表演、会主持

（27）不但会唱而且会跳

3. 选择式并列

选择式并列指词组的组成成分之间具有选择的逻辑关系。组成成分可以是两项，也可以是三项，甚至更多；往往使用表示选择关系的连词"或、或者、还是"进行连接，正反形式的选择式并列可以不用连词。例如：

（28）赞成或者反对

（29）走还是不走

（30）来不来／去不去

值得注意的是，很多教材将取舍关系也归入选择关系中，因为取舍也是一种选择。例如：

（31）宁可死也绝不投降（的战士）

（32）宁可被骂也绝不道歉（的态度）

4. 承接式并列

承接式并列指词组的组成成分之间具有承接的逻辑关系，承接关系在时间上主要体现为先后关系。组成成分可以是两项，也可以是三项，甚至更多；可以直接组合，也可以用连词连接，或者用顿号隔开。往往使用连词"并、和"。例如：

（33）讨论并通过

（34）开发和应用

（35）设计、研制、测试并应用、推广

（二）形容词性并列词组

形容词性并列词组指组成词组的各成分是形容词性词语，其组成成分之间有平列、递进、选择的逻辑关系。

1. 平列式并列

平列式并列指词组的组成成分之间是平列的逻辑关系。组成成分可以是两项，也可以是三项，甚至更多；可以直接组合，也可以用连词连接，或者用顿号隔开。当组合成分超过两项时，往往在最后一项前面使用连词"而、而且"或关联词语"既……又……、又……又……"等。例如：

（36）温柔善良

（37）温柔、善良

（38）温柔而善良

（39）温柔而且善良

（40）既温柔又善良

（41）又温柔又善良

2. 递进式并列

递进式并列指词组的组成成分之间具有递进的逻辑关系，后一部分的意思比前一部分更进一层。组成成分可以是两项，也可以是三项，甚至更多，可以直接组合，也可以用连词连接，或者用顿号隔开。往往使用连词"而且"或关联词语"不但……而且……"。例如：

（42）好看而且好用

（43）美丽而且端庄、大方

（44）温柔、善良而且体贴

（45）不但好看而且好用

3. 选择式并列

选择式并列指词组的组成成分之间具有选择的逻辑关系。组成成分可以是两项，也可以是三项，甚至更多；往往使用表示选择关系的连词"或、或者、还是"进行连接，正反形式的选择式并列可以不用连词。例如：

（46）精巧或者粗糙

（47）冷还是不冷

（48）大不大／小不小

4. 什么是并列复句？并列复句有什么特点？

并列复句的几个分句分别说明或描写几件事情、几种情况或同一事物的几个方面。（齐沪扬，2010）

从结构上看，并列复句主要有以下几个特点：

第一，并列复句同一个层次上包含的分句可以不止两个。例如：

（1）我们要讲文明，讲礼貌。

（2）我们要讲文明，讲礼貌，讲卫生。

（3）我们要讲文明，讲礼貌，讲卫生，讲秩序，讲道德。

例（1）～（3）都是并列关系的复句。例（1）包含两个分句，例（2）包含三个分句，例（3）包含五个分句。各句中除第一个分句外，后面的分句均承前省略了主语"我们"和状语"要"。

第二，并列复句前后分句的顺序往往可以调换。例如：

（4）我们要讲礼貌，讲文明，讲卫生。

（5）我去过北京，去过上海，去过深圳。

（6）我去过深圳，去过上海，去过北京。

例（4）中各分句与例（2）中各分句的语义内容是一样的，只是顺序有所不同，例（4）仍然是并列关系的复句，逻辑关系和语义关系都没有改变。例（5）

和例（6）也是如此。①

第三，并列复句的分句间经常使用表示并列关系的连词或关联词语，连词如"以及、同时、此外、另外、反之、且"等，关联词语如"既……又……、一边……一边……、一来……二来……、时而……时而……"等。例如：

（7）他是一位严师，同时又是一位益友。

（8）他上初级班的读写课，此外还担任留学生的班主任工作。

（9）温度高，就会膨胀；反之，温度低，就会缩小。

（10）他时而温和，时而严厉，大家都不知道他的性格到底怎么样。

例（7）～（9）中分别使用了连词"同时、此外、反之"，例（10）中使用了关联词语"时而……时而……"，表示前后分句之间是并列的关系。连词和关联词语是显性的并列关系标记。

第四，并列复句的分句间可以不使用连词或关联词语。例如：

（11）高考在六月上旬，中考在六月中旬。

（12）周末我看了电影，洗了衣服，复习了汉语。

例（11）和例（12）中都没有关联词语，但根据逻辑关系和语义关系可以判断出来，它们都是并列复句。例（1）～（6）也是如此。

第五，并列复句中不使用连词或关联词语时，可以用同构、对举、重复词语等语法手段表示并列关系。连词或关联词语是判断复句关系的显性标志，但复句不是必须使用连词或关联词语。连词或关联词语只是表达逻辑语义关系的一种手段，还有其他语法手段可以表明分句间的逻辑语义关系。例如：

（13）夏天特别热，冬天格外冷，这里的天气真的不好。

（14）我看看她，她看看我，我们俩都不知道说什么好。

例（13）中的"夏天特别热"和"冬天格外冷"是同构关系，构成成分性质相同，形成对举，"夏天"对"冬天"，"特别"对"格外"，"热"对"冷"。例（14）既是同构关系，也是对举格式，句中还有重复使用的词语"看看"。这些成分虽然不是连词或关联词语，但也可以作为判断并列关系的辅助手段。

---

① 这里没有考虑语境因素，如果在具体的语境、背景和使用场景中，说话人去"北京、上海、深圳"有时间上的先后顺序，则通常按照时间的先后顺序排列分句。

5. 并列复句有哪些类型？

并列复句内部包括五种情况：并存并列、并行并列、并举并列、交替并列、对照并列。根据张斌（2010），并列复句的前后分句分别叙述有关联的几件事情、几种情况，或同一事物的几个方面，分句之间的语义关系主要有以下几种：

一、并存

并存表示同时存在的相关的性质、状态或动作。合用的格式有"既……也……、既……又……、又……又……、也……也……"等。单用的格式有"同时、同样、并、并且、也、又、还"等，"同时、同样"还可以跟"也、又、还"等共现。例如：

（1）外宾楼的房间既干净也漂亮。

（2）他的妹妹既聪明又可爱，我们都很喜欢她。

（3）新年晚会上，同学们又表演节目又玩儿游戏，开心极了。

（4）他去过西藏，也去过新疆。

（5）上海是中国的经济中心，同时（也）是航运和贸易中心。

"也"后面如果还有并列的分句，一般用"还"连接。例如：

（6）她去过西藏，也去过新疆，还去过内蒙古。

二、并行

并行表示两个或多个动作同时发生，代表格式有"一边……一边……、一面……一面……"。从形式上看，两类格式前后分句中的两个动词可以带"着"。"一边……一边……"可以配对使用，有时说成"边……边……"，也可以简省为"一边……，……"或"……，一边……"。

从语义上看，"一边……一边……、一面……一面……"两类格式都可以表示同时发生的具体动作，又可细分为自始至终同时进行、互不干扰的动作和某一时间内交替进行、互有干扰的动作。例如：

（7）他们<u>一边散步，一边聊天儿</u>。（互不干扰）

（8）大家<u>边吃饭边聊天儿</u>。（互有干扰）

互不干扰的动作是不同的主体（在这里指身体部位）发出的，所以可以同时进行而互不干扰；互有干扰的动作是同一主体发出的，所以只能交替进行。例（7）中，"散步"和"聊天儿"的动作主体不同，一个是腿，一个是嘴，因此可以同时进行而互不干扰；例（8）中，"吃"和"聊"的动作主体都是嘴，两个动作互有干扰，必须交替进行。

"一面……一面……"还可以表示同时进行的非短时性的行为。例如：

（9）她<u>一面学习汉语语法，一面了解中国文化</u>。

（10）我们公司<u>一面开源，一面节流</u>，年底的利润比去年增长了很多。

从语体上看，"一边……一边……"只能用于口语，"一面……一面……"还可用于书面语。

"同时"单用也可以表示并行关系。例如：

（11）他<u>把跷起的二郎腿放下了，同时把搭在沙发靠背上的手臂收了回来</u>。

（12）他<u>抬起了头，同时摘下了老花镜</u>。

三、并举

并举表示列举并存的情况，代表格式有"一方面……另一方面……、一来……二来……、一者……二者……、一则……二则……"等。"一方面……另一方面……"连接谓词性成分，后一分句里常有"也、又、还"等副词。语义上表示非短时性的行为，构成基础除了并列关系，还有转折关系。例如：

（13）化工厂<u>一方面提供了大量的就业机会，另一方面对环境造成了很大的污染</u>。

我们认为，例（13）是并列关系而非转折关系，因为该句表达的是同时存在的两种情况。这两种情况在语义上存在相反或相对的关系，有构成转折关系的语义基础，但是要有显性的转折连词才能凸显转折关系，否则就是正反并列的并列关系。例如：

（14）化工厂一方面提供了大量的就业机会，但另一方面对环境造成了很大的污染。（转折关系）

"一来……二来……、一者……二者……、一则……二则……"表示说话人根据主次依次列举并存的情况，主要用于列举事件的目的或原因。例如：

（15）我这次来找你，一来是跟你商量合同拟订的事，二来是跟你说说公司的业务情况。

（16）他不肯在合同上签字，一则是担心对方的生产能力不够，二则是担心交货时间不能保证。

因为是"说话人根据主次依次列举并存的情况"，所以说话人的主观判断会在并举各项的排列次序上有所体现。可见，虽然是并列、并举的成分，但还是有先后次序的安排问题，次序安排可以以客观的顺序作为依据，也可以根据说话人的主观判断进行调整。

四、交替

交替表示动作交替进行，反复发生。代表格式有"一会儿……一会儿……、忽而……忽而……、时而……时而……、一时……一时……、有时……有时……"等。"一会儿……一会儿……"连接的一般是谓词性成分，表示在短暂的时间内相继发生的相对或相反的动作或情况。例如：

（17）一会儿，几个人嘀嘀咕咕地说些什么；一会儿，另外几个人一起出去了；一会儿，来了一些以前从来没见过的人。

（18）他坐在书桌前，时而抬头看看窗外，时而低头写下些什么。

从句法上看，"忽而……忽而……、时而……时而……、一时……一时……"连接的分句的主语一般是相同的，"有时……有时……"的主语可以不同。从语义上看，"忽而……忽而……"表示交替变化迅速，相隔时间较短；"时而……时而……、一时……一时……"表示交替变化的时间略长；"有时……有时……"表示交替变化缓慢，相隔时间较长，较常用于书面语，口语中则经常使用"有时候……有时候……"。

五、对照

对照是指前后分句说明一正一反两种情况，或者肯定某一事物而否定另一事物。前一种对照关系一般使用反义词或临时性反义词语，后一种对照关系经常使用"不是……而是……、不是……是……、不……而……"等关联词语。例如：

（19）他喜欢吃辣的，而她一点儿辣的也不能吃。

（20）我<u>不是不去，而是晚一点儿去</u>。

（21）我<u>不是不同意你看课外书，而是让你在完成学校作业以后再看课外书</u>。

（22）<u>山不会转，而水会转、人会转</u>，兜兜转转，说不定什么时候又转到一起了。

总之，并列复句可以细分为五种不同的下位类型。这几种类型在表达上虽然都体现并列关系，但各有侧重。有的有转折的语义基础，有的侧重列举不同的情况，有的表示性质状态的并存，有的表示动作的并存，等等。全面、细致地了解以后，才能更好地解读并列复句的语义关系，并在表达不同的并列关系时使用合适的关联词语。

6. 什么是相邻并列和间隔并列？

语法中的并列是一种结构关系，表示两个或多个成分以平行、并行的方式共存。并列的成分可以是紧邻的，也可以被其他成分隔开，组成成分紧邻的并列方式叫相邻并列，组成成分被其他成分隔开的并列方式叫间隔并列。

一、相邻并列

通常来说，并列的两项或多项成分是紧邻的，它们在线性序列上是相邻的关系，这样的并列叫相邻并列。也就是说，并列的成分之间没有间隔，未被其他成分[①]隔开。相邻并列在并列结构中是占多数的。例如：

[①]　这里的"其他成分"指词汇成分或语句等，口头上的停顿和书面上的顿号、逗号、分号等不属于"其他成分"。

（1）我们有精读课、泛读课、口语课、听力课。

（2）你们坐火车去，我们自己开车去。

例（1）中的"精读课、泛读课、口语课、听力课"和例（2）中的"你们坐火车去，我们自己开车去"都是相邻并列，并列项紧邻，中间没有插入其他成分，没有被其他成分隔开。

二、间隔并列

还有一类并列比较特殊，并列的各项成分不是紧邻的，它们在线性序列上不是相邻的关系，中间有间隔，被其他成分隔开，这类并列叫间隔并列。间隔并列可能是跨句的，也可能是跨段的。例如：

（3）我指着一堆语标，"以这个为例。这里'七肢桶'这个语标与'听'这个动词语标以平行方式连在一块，说明'七肢桶'这个名词是'听'这个动作的发出者，它在做'听'这个动作，意思就是'七肢桶听'"。我又给他看另一堆语标，"等这两个语标以另一种方式连在一块时，你看这些笔画是垂直相交的，说明'七肢桶'这个名词是'听'这个动作的接受者，它被听，意思就是'人听七肢桶说'……"。

例（3）中，画线的两个部分之间是并列的关系，中间被小句"我又给他看另一堆语标"隔开，属于跨越小句的间隔性并列。

又如：

（4）昨日，山西、陕西、河南等地最高气温降幅达到15℃以上。强冷空气的影响已经展开，南方多地气温也将退回到3月甚至2月的水平。今天，湖南、湖北、江西等地降温达到10℃以上。

例（4）中，画线的两个部分之间是并列关系，中间被复句"强冷空气的影响已经展开，南方多地气温也将退回到3月甚至2月的水平"隔开，属于跨越句子的间隔性并列。

再如：

（5）再来考虑光的折射，光以一个角度触及水，然后改变其路径。可以从因果关系的角度解释：因为空气与水的折射率不同，所以光改变了路径。

这是人类看待世界的方法。<u>如果换一个角度看这个问题：光之所以改变路径，是为了最大限度减少它抵达目的地所耗费的时间</u>。这便是七肢桶看待世界的方法，两种全然不同的解释。

例（5）中，"从因果关系的角度（解释）……"和"换一个角度（看这个问题……）"之间是并列关系，但是分别处在不同的段落之中，并列的两项是跨段形成并列关系的，中间被"这是人类看待世界的方法"隔开，属于跨越段落的间隔并列。从"这是人类看待世界的方法"和"这便是七肢桶看待世界的方法"也可以看出两段内容之间是并列的关系。最后，"两种全然不同的解释"对前面并列的两种解释进行了总括说明。类似的例子还有：

（6）"金发小女孩儿先尝了尝熊爸爸的麦片粥，但碗里盛的却是甘蓝菜，<u>她讨厌甘蓝菜</u>。"

你咯咯咯笑起来："念错了，念错了！"未来那个时候，我们将紧紧挨着坐在沙发上，膝盖上摊开一本薄薄的、贵得要命的硬皮书。

我继续念："小女孩儿接着尝了尝熊妈妈的麦片粥，但碗里盛的却是菠菜，<u>她也讨厌菠菜</u>。"

例（6）中的"她讨厌甘蓝菜"和"她也讨厌菠菜"是具有并列关系的语句，并列的两项相隔得很远，也是跨越段落的并列。并列关系的提示成分包括副词"也"、同构关系（主语＋述语＋宾语）、共同词"她、讨厌"。

总之，从标记理论的角度看，相邻并列是无标记的并列，间隔并列是有标记的并列。间隔并列可能是跨句的，也可能是跨段的，其中的并列标志[①]或提示成分[②]可以帮助识别和理解并列关系。

---

① 并列标志指表示并列关系的连词或关联词语。
② 并列提示成分指能够对识别和理解并列关系起到提示作用的名词、动词、形容词、代词、副词、介词、助词及同构关系、共同词等。

7. 不同语法性质的成分可以并列吗？

赵元任（1979：140）将标准并列结构界定为："首先，并列成分一般得是词类相同。其次，并列成分的内部结构相同，至少是音节数目相同。"不太满足这些条件的是异类并列结构，从并列项的性质来看，并列结构可分为同质并列结构和异质并列结构。

同质并列结构一般由相同性质的词语组成，如名词和名词组合、动词和动词组合、形容词和形容词组合、代词和代词组合等。例如：

（1）就这一点而言，学者和教师有共同之处。

（2）我完全同意并支持他的这个办法。

（3）美丽大方之外，她还有透彻的观察力、深刻的领悟力。

（4）我认为他要完成他的事业，非常需要我和他并肩战斗。

例（1）中的"学者和教师"是名词与名词组成的并列词组；例（2）中的"同意并支持"是动词与动词组成的并列词组；例（3）中的"美丽大方"是形容词与形容词组成的并列词组，同时"透彻的观察力、深刻的领悟力"是名词性词组与名词性词组组成的并列词组；例（4）中的"我和他"是代词和代词组成的并列词组。

由不同性质的词语组成的并列结构为异质并列结构。储泽祥、谢晓明（2003）考察了异类词联合短语，它主要由名词、动词、形容词三者两两联合形成。组合情况如下：

（一）并列项为名词和动词。例如：

（5）环境与发展问题已成为当今人类社会所面临的最为紧迫的问题之一。（名词和动词组合）

（6）目前可以说是"挑战和机遇同在，困难与希望并存"。（动词和名词组合）

（二）并列项为名词和形容词。例如：

（7）关键问题是，应试教育不利于儿童开发智力，还会扼杀孩子的兴趣和健

康。（名词和形容词组合）

（8）我佩服她的<u>精明和胆量</u>。（形容词和名词组合）

（三）并列项为动词和形容词。例如：

（9）社会前进的每一步，都充满<u>斗争和曲折</u>，交织着欢欣与痛苦、成功与失败。（动词和形容词组合）

（10）让它们减少<u>惊慌和躁动</u>，就是见了人走近也不乱窜。（形容词和动词组合）

储泽祥、谢晓明（2003）调查发现，词性异类并列结构主要做宾语（或宾语中心语），其次是定语和主语（或主语中心语）。例（5）中的并列词组做定语，例（6）中的做主语，例（7）和例（8）中的做宾语中心语，例（9）和例（10）中的做宾语。

异类并列结构是更高层次的异质并列结构，除词性外，还可以从音节长度、单位类型、结构性质、语义类属等多角度对异质并列结构进行分类。例如：

（11）<u>吃饭洗澡睡午觉</u>之后，六人开始进入创作状态。

（12）它让<u>残疾人和关爱残疾人的志愿者们</u>共同拥有一片播种和收获的天地。

（13）通过<u>垃圾分类、综合利用、再生能源</u>，现在厦门市……

（14）街上空荡荡的，除了<u>宝庆的一班人和雪花</u>以外，什么也没有。

例（11）中的画线部分为双音节和三音节并列的音节异类并列结构，例（12）中的画线部分为词和短语并列的单位异类并列结构，例（13）中的画线部分为主谓结构、偏正结构和动宾结构并列的结构异类并列结构，例（14）中的画线部分为语义类属不同的异类并列结构。

综上，不同语法性质的成分可以并列组成异质并列结构，主要由名词、动词、形容词交叉组合而成。再如：

（15）不少人热情地歌颂了他们的<u>反抗和爱情</u>，但是鲁迅先生以敏锐的目光看到了这种反抗和爱情中所包含的悲剧因素。（动词与名词组成并列词组）

（16）这个世界上，不是所有的人都配得上你的<u>善良和格局</u>。（形容词和名词组成并列词组）

（17）你的<u>善良和不计较</u>只会让他们得寸进尺。（形容词与动词性词组组成并列词组）

8. 具有同构关系的成分是否表示并列关系？

同构关系指两个或多个成分在结构上相同。具有同构关系的两个或多个成分可以组成并列结构体，但不必然组成并列结构体。

一、同构成分与并列关系的表达

同构关系在汉语里大量存在，它可以用来表达并列关系，还有助于加强语力，体现语言的结构美。例如：

（1）你们同时间赛跑，与病魔较量，为打好武汉保卫战、湖北保卫战贡献力量。

（2）致敬钟南山院士，感谢武汉的兄弟们，我们只是做好自己的工作而已。

例（1）中的同构成分是"同时间赛跑"和"与病魔较量"及"武汉保卫战"和"湖北保卫战"，后者是包含共同词的同构，前者不包含共同词，反而有意选择具有相同表达功能的不同词语，如介词"同"和"与"、动词"赛跑"和"较量"。介词"同"和"与"具有同样的介引功能，都是引入对象成分，可以互相替换；动词"赛跑"和"较量"都有竞争意味，表示与竞争对手一较高下，语义相近。例（2）中的同构成分是"致敬钟南山院士"和"感谢武汉的兄弟们"，都是动宾关系的词组。说话人选择了合适的动词与不同的名词性成分进行组合搭配，对钟南山院士使用了动词"致敬"，对武汉的兄弟们使用了动词"感谢"，词语的准确选择和使用及结构的整齐对称，很好地传达出说话人对前辈专家的敬意和对同行医生的谢意，准确地体现了说话人的表达意图，明确地输出了说话人的所思所想。

可见，同构关系有意避开重复，选择同义替代的表达方式，让人一方面感觉到结构的对称美，另一方面感觉到词汇的丰富变化。这种表达方式在古代汉语和现代汉语中均大量存在。例如：

（3）在天愿作比翼鸟，在地愿为连理枝。

（4）每一个懂事淡定的现在，都有一个很傻很天真的过去；每一个温暖而淡然的如今，都有一个悲伤而不安的曾经。

例（3）中，具有同构关系的两项分别选用动词"做"和"为"，二者语义相近，功能相同，可以避免重复，也体现出词语选择上的丰富性和变化性。既有结构美，又有语义和意境的美。例（4）中，具有同构关系的两项分别使用"现在"和"如今"以及"过去"和"曾经"，语义相近、功能相同的词语的替换使用，同样既避免了重复，又体现出词汇选择的丰富性和语句使用的结构美。

具有同构关系的两项可以是并列关系，也可以是其他关系，具体要根据前后项的语义内容和上下文语境加以确认。

值得注意的是，同构有狭义和广义之分，狭义的同构指关系和层次均相同的结构，广义的同构指关系相同但层次不同的结构。例如：

（5）学汉语、学英语（狭义同构）

（6）学汉语、学古代汉语（广义同构）

例（5）中的两个结构都是述宾关系，而且都只有一个层次；例（6）中的两个结构也都是述宾关系，但前者只有一个层次，后者却有两个层次。

二、包含共同词的同构和不包含共同词的同构

同构还分为包含共同词的同构和不包含共同词的同构。例（5）中的两个述宾结构的述语都是动词"学"，宾语不同，这样的同构是包含共同词的同构。例（6）也是包含共同词的同构。在包含共同词的述宾同构中，共同词可以是述语，也可以是宾语，例如：

（7）做音乐、玩儿音乐

（8）读书、听书

例（7）和例（8）也是包含共同词的同构，共同的部分是宾语，不是述语。

除了述宾关系，其他各种关系的同构也可以划分为包含共同词的同构和不包含共同词的同构。例如：

（9）我唱、我跳／我唱、你唱（主谓关系，包含共同词的同构）

（10）聪明的哥哥、聪明的弟弟／聪明的孩子、可爱的孩子（定中关系，包含共同词的同构）

（11）认真学习、努力学习／好好吃饭、好好睡觉（状中关系，包含共同词

的同构）

（12）吃完、吃饱／吃光、用光（述补关系，包含共同词的同构）

不包含共同词的同构是指关系相同，但每个构成成分都不同的同构。例如：

（13）吃饭、喝水（述宾关系，不包含共同词的同构）

（14）你唱、我跳（主谓关系，不包含共同词的同构）

（15）蓝天、白云（定中关系，不包含共同词的同构）

（16）努力学习、认真工作（状中关系，不包含共同词的同构）

（17）吃饱、喝足（述补关系，不包含共同词的同构）

以上是各种不同关系的包含共同词和不包含共同词的同构，通过语料调查，我们发现，这种具有同构关系的结构在现代汉语中大量存在，往往构成并列结构体。例如：

（18）或许是命运弄人，或许是命中注定，过去的事情，我早已经看破。

（19）男人爱潇洒，女人爱漂亮。

（20）不仅如此，张丰毅还非常注意饮食与作息，他每天都进食大量水果，很少吃高脂肪、高热量的食物；每天晚上 11 点他准时睡觉，次日早上 7 点准时起来晨跑。

（21）少数医生会把病人变成职业病人，"你得下个月来复查，你得每个月都来看看"，一些病人，尤其是外地的病人就没有时间去工作，没有时间去生活，完全变成职业看病的了。

（22）无论他受到怎样的法律制裁，我还是我，我个人的未来幸福不幸福，我高兴不高兴，其实跟他没什么关系，我能想得开这件事。

（23）对我来说，确实这些年一直坚持着一个理想，就是想当一个优秀的医生，想要治别人治不好的病，挑战疑难的眼疾，开发新的技术。

（24）即使出院了，我的精力和体力也不可能再像原来那样，不能一天看那么多病人了，但我不是"一条腿走路"，手术做不了还可以做科研、带学生。

例（18）中的"或许是命运弄人，或许是命中注定"、例（19）中的"男人爱潇洒，女人爱漂亮"、例（20）中的"高脂肪、高热量"、例（21）中的"你得下个月来复查，你得每个月都来看看""没有时间去工作，没有时间去生活"、例

（22）中的"我个人的未来幸福不幸福，我高兴不高兴"和例（23）中的"治别人治不好的病，挑战疑难的眼疾，开发新的技术"都是包含共同词的同构。共同词分别是"或许、爱、高、得、没有、不、的"等，其中有实词，也有虚词。

值得注意的是，对于同构关系的识别，虚词也起到至关重要的作用。如例（22）中的"A_1 不 A_1，A_2 不 A_2"（幸福不幸福，高兴不高兴），在确知变量都是形容词的前提下，仅从"不"就可以知道两个结构是同构关系。再如例（23）中的结构助词"的"（治不好的病、疑难的眼疾、新的技术），它也可以作为同构的定中关系的识别标志。例（24）中的"做科研、带学生"是不包含共同词的同构。

三、同构关系不等于并列关系

具有同构关系的两项如果语义上是平行的，那么整个结构就是并列结构体。如果结构上是同构的，而语义上不是平行的，那么整个结构就不是并列结构体。例如：

（25）我们<u>不见不散</u>。

（26）财聚人散，财散人聚。

例（25）中的画线部分由两个词组组成，两个组成成分"不见、不散"包含共同的副词"不"，但二者并不构成并列结构体，"不见"是假设条件，"不散"是结果。例（26）由两个分句组成，前后分句是相反相对的并举关系，属于并列关系。而构成分句的"财聚"和"人散"、"财散"和"人聚"，虽然在结构上也是同构关系，但是在语义上却是假设关系，即"如果财聚，那么人散""如果财散，那么人聚"。

可见，虽然具有同构关系，特别是包含共同词的同构关系的成分之间往往具有并列关系，但不能把同构关系作为并列关系的标志，同构关系只能作为判断并列结构体的一个参考项。要判断具有同构关系的成分之间是否为并列关系，还要看显性的关联成分和内在的逻辑语义关系。例如：

（27）财产所有民主制的背景制度，连同它的（可行的）竞争性市场，<u>是试图分散财产和资本的所有，并因而试图阻止社会的一小部分人控制经济并间接控制政治生活本身</u>。

例（27）中包含两个具有同构关系的词组——"试图分散财产和资本的所有"和"试图阻止社会的一小部分人控制经济并间接控制政治生活本身"，同构的两项用"并因而"连接。"并"是并列关系连词，"因而"是因果关系连词，"并"在"因而"之前，是前一个层次的连接词，"因而"是后一个层次的连接词，因此，两个具有同构关系的成分是并列关系。

如果具有同构关系的成分直接用"因而"或表示其他关系的连接词连接，或者表示其他关系的连接词在前一个层次，表示并列关系的连接词在后一个层次，具有同构关系的两项或几项就不是并列关系。例如：

（28）我想吃泰国菜，但是也想吃韩国菜。

例（28）中包含两个具有同构关系的词组——"想吃泰国菜"和"想吃韩国菜"，中间用"但是也"连接。"但是"是转折关系连词，"也"是副词，经常用来表示并列关系或递进关系，"但是"在"也"之前，是前一个层次的连接词，因此，两个具有同构关系的成分是转折关系。

再如：

（29）你不来，我不走。你来了，我再走。

例（29）中包含两个具有同构关系的词组——"你不来"和"我不走"，中间没有使用连接成分，有构成并列关系的潜在可能性。可是，结合上下文语境，后面是"你来了，我再走"，可以看出"你不来"和"我不走"不是并列关系，而是假设或条件关系。可以完整表达为：

（30）如果你不来，我就不走。你来了，我再走。

（31）只要你不来，我就不走。你来了，我再走。

可见，两个成分虽然有同构关系，有构成并列关系的潜在可能性，但在具体语境中，还要看是否使用了显性的关联词语，或者在逻辑和语义上是否并列。例如：

（32）现在我们要系统运作，逮住溜进来的人，发现输入病例。

例（32）中的"逮住溜进来的人"和"发现输入病例"都是动宾关系的词组，结构上是同构关系，但是逻辑和语义上却不是并列的。首先，二者有明确的先后顺序，先要"逮住溜进来的人"，不能让他们自行进入社区等公共场所，然后"发现输入病例"，所以，虽然前后项是同构关系，但语义上有先后，分别陈述先后发生的动作行为，二者是连贯关系。其次，时间上的先后同时能够隐含"条件—结果"关系，因此，我们也可以把"逮住溜进来的人"看作"发现输入病例"的一个前提条件。因为只有"逮住溜进来的人"，才能"发现输入病例"；如果不能"逮住溜进来的人"，让他们自行进入社区等公共场所，就很难"发现输入病例"。因此，无论从动作行为的先后顺序来看，还是从"条件—结果"的顺序和关系来看，具有同构关系的"逮住溜进来的人"和"发现输入病例"都不是并列关系。

可见，同构关系不能作为并列关系的判别依据，不能看到同构关系，就按照并列关系去理解，还要看词语之间的语义关系和所表达的语义内容的先后顺序等。语言结构的分析包括静态分析和动态分析，静态分析是可能性的分析，动态分析是现实性的分析。前者是潜在的，后者是显现的。潜在的逻辑语义关系只是一种可能性，显现的逻辑语义关系才是现实中实际体现的，需要结合语境和言者的交际意图进行分析。

9. "结构决定性质，性质决定用途" 在语言中有何体现？

化学中有"结构决定性质，性质决定用途"的规律，语言也有类似的特点。例如，对于一个组合，定中结构决定其体词性特征，状中结构决定其谓词性特征，述宾结构和述补结构也决定其谓词性特征，等等。这是"结构决定性质"的体现。不过，并列结构比较特殊，它可以是名词性的，也可以是动词性的、形容词性的等。例如：

（1）北京上海、老师和学生（名词性结构）

（2）学习交流、贯彻并执行（动词性结构）

（3）聪明可爱、端庄而优雅（形容词性结构）

对语言结构来说，性质确定了，功能（语言结构的功能相当于化学中物质的"用途"）就明确了。比如，名词性成分的主要功能是充当主语和宾语，谓词性成分的主要功能是充当谓语或谓语中心。例如：

（4）<u>北京和上海</u>是中国最大的两个城市。（做主语）

（5）我们来接<u>老师和学生</u>。（做宾语）

（6）我们<u>学习交流</u>了一整天。（做谓语中心——述语）

（7）我们要坚决<u>贯彻并执行</u>党中央的工作部署。（做谓语中心——述语）

（8）这些孩子非常<u>聪明可爱</u>。（做谓语中心）

（9）他的夫人<u>端庄而优雅</u>。（做谓语）

可见，"结构决定性质，性质决定用途"在语言中也有相应的体现。也就是说，语言单位的功能与它的性质有关，而它的性质又与它的结构有关，因此，对语言单位的结构分析至关重要，因为它与语言结构的功能密切相关。虽然并列结构的性质有多种不同的类型，但是不同类型的并列结构在用法上是不同的，所以并不会造成混乱。不同性质的并列结构，其构成成分也是不同的，构成成分的性质决定了并列结构的整体功能。因此，"结构决定性质，性质决定用途"的规律不但在化学中起作用，在语言学中同样起作用。

10. 并列词组可以充当什么句法成分？

就并列词组在表达中的作用而言，语言输出中涉及的各种信息都有可能是并列的成分。例如：

（1）<u>我和他</u>都是留学生。（主语是并列词组）

（2）今天我们学<u>词语和课文</u>。（宾语是并列词组）

（3）黄英的妈妈<u>亲切、热情</u>。（谓语是并列词组）

（4）<u>聪明又可爱</u>的孩子，谁会不喜欢？（定语是并列词组）

（5）老师<u>细致而耐心</u>地给我讲解。（状语是并列词组）

（6）房间收拾得<u>干干净净、整整齐齐</u>。（补语是并列词组）

以上六种句法成分均由并列词组充当，在此，各类分别只举了一个例子，每一种成分都还可以有多种不同情况的并列。下面以介词宾语为例：

（7）丽莎和姐姐分别从<u>上海和法国</u>去海南。（介词宾语是由名词性成分构成的并列词组）

（8）他为了<u>学习汉语和了解中国文化</u>，来到中国。（介词宾语是由动词性成分构成的并列词组）

（9）为了<u>健康和安全</u>，建议大家五一期间不要参加聚集性活动。（介词宾语是由形容词性成分构成的并列词组）

英语表达中经常涉及的成分及语义内容主要包括"who、what、why、when、where、how"等，相当于汉语中的"谁、什么、为什么、什么时候、哪里、怎样"。其中，"谁、什么"是指称性的，在句中往往做主语、宾语或介词宾语，"为什么、什么时候、哪里、怎样"都是修饰性的，往往充当状语。这些成分也都可以由并列词组充当。

指称性的"谁、什么"做主语、宾语和介词宾语的情况，上面已经举了例子，下面再看不同类型的修饰性成分并列的情况。例如：

（10）为了<u>家人和朋友</u>，你要照顾好自己。（表示目的的"为谁"的成分是并列词组）

（11）他因<u>身体、家事</u>等个人原因，申请退学了。（表示原因的"为什么"的成分是并列词组）

（12）我<u>星期六和星期天</u>都可以陪你去。（表示时间的"什么时候"的成分是并列词组）

（13）他在<u>北京和上海</u>都买了房子。（表示处所的"哪里"的成分是并列词组）

（14）他<u>认真仔细</u>地校对了三遍。（表示性状的"怎样"的成分是并列词组）

可见，无论表达哪种类型的语义，都可以采用并列结构的形式，具体包括人、事、物、原因、目的、时间、处所、方式等。并列关系是基本的逻辑关系，在语言表达中大量存在，并列词组可以充当各种句子成分，包括主语、谓语、宾语、定语、状语、补语及介词宾语等。

11. 复句中是否可以包含并列词组或并列复句？

联合复句中的并列复句、承接复句、递进复句、选择复句等的前后项都可以包含并列词组或并列复句，同样，偏正复句中的因果复句、让步复句、假设复句、条件复句等的前后项也都可以包含并列词组或并列复句。下面以联合复句中的并列复句、承接复句以及偏正复句中的因果复句、条件复句为例，说明复句的分句包含并列词组或并列复句的情况。

（1）旅游不要只是<u>拍照</u>、<u>睡觉</u>，要好好地<u>欣赏风景</u>，<u>听导游讲解</u>。（并列复句前后分句包含并列词组）

（2）大家不要只是上车睡觉，也不要只是下车拍照，要好好地欣赏风景，也要听一听导游的讲解。（并列复句前后分句包含并列复句）

例（1）是简单复句，只有一个层次，是并列关系。前后分句分别包含并列词组"拍照、睡觉"和"欣赏风景，听导游讲解"。例（2）是多重复句，包含两个层次，第一层是并列关系，第二层也是并列关系。

（3）你们先<u>喝酒</u>、<u>吃菜</u>，一会儿给你们上<u>汤和主食</u>。（承接复句前后分句包含并列词组）

（4）你们先一边喝酒，一边聊天儿，一会儿我给你们做汤，给你们煮饺子。（承接复句前后分句包含并列复句）

例（3）是简单复句，只有一个层次，是承接关系。前后分句分别包含并列词组"喝酒、吃菜"和"汤和主食"。例（4）是多重复句，包含两个层次，第一层是承接关系，第二层是并列关系。

（5）他喜欢<u>汉语和中国文化</u>，所以来中国留学了。（因果复句原因分句包含并列词组）

（6）<u>他喜欢汉语</u>，<u>也喜欢中国文化</u>，所以来中国留学了。（因果复句原因分句包含并列复句）

（7）他喜欢中国，所以来中国学习<u>汉语和中国文化</u>。（因果复句结果分句包含并列词组）

（8）他喜欢中国，<u>所以来中国学习汉语，学习中国文化</u>。（因果复句结果分句包含并列复句）

例（5）和例（7）是简单复句，只有一个层次，是因果关系。例（5）中的原因分句包含并列词组"汉语和中国文化"，例（7）中的结果分句包含并列词组"汉语和中国文化"。例（6）和例（8）是多重复句，包含两个层次，第一层是因果关系，第二层是并列关系。

（9）只要认真听课，按照老师的要求完成练习和作业，你的水平就会<u>有提高，有进步</u>。（条件复句前后分句包含并列词组）

（10）只要认真听课，并且按照老师的要求完成练习和作业，你的成绩就会提高，汉语水平也会有进步。（条件复句前后分句包含并列复句）

例（9）是简单复句，只有一个层次，是条件关系。前后分句分别包含并列词组"认真听课，按照老师的要求完成练习和作业①"和"有提高，有进步"。例（10）是多重复句，包含两个层次，第一层是条件关系，第二层是并列关系。

上面以联合复句中的并列复句和承接复句、偏正复句中的因果复句和条件复句为例，举例说明了复句中包含并列词组或并列复句的情况，其他类型的复句中也可以包含并列词组或并列复句。理论上说，无论是联合复句的前后分句还是偏正复句的前后分句，都可以包含并列结构体，包括并列词组、并列复句，表示具有逻辑语义关系的可以不止一项，而是两项或多项成分。

---

① 并列词组"认真听课、按照老师的要求完成练习和作业"中的"练习和作业"也是并列词组。并列词组中还可以包含并列词组，即并列词组可以套叠使用。

第二部分　并列连接成分的特点与功能

12. 现代汉语中的连词有哪些类别?

周刚(2002: 29)讨论了连词分类的复杂性,"单纯根据意义分类,没有形式上的证明,可操作性不强,连词的复杂用法对教学者而言,就不易说明,对学习者而言,也难以掌握","单纯根据形式分类,尤其是根据位置分类,对连词的用法的教学和学习,都有一定的可操作性,但是这种分类缺乏语义上的解释,不利于理解,会造成学习上的困难","形式和意义相结合的标准可以克服单一标准的不足"。

根据形式和意义相结合的标准,周刚(2002)从语义关系和句法功能两个角度对连词进行了分类。

周刚(2002)从语义关系角度对连词的分类是分层次进行的:第一层将连词分为表示联合关系和表示偏正关系两大类;第二层对表示联合关系和偏正关系的连词进行下位分类。其中,表示联合关系的连词分为四类:并列连词32个,连贯连词15个,递进连词42个,选择连词13个。表示偏正关系的连词分为五类:原因目的连词37个,转折连词27个,假设条件连词47个,让步连词24个,取舍连词8个。

周刚(2002)从句法功能角度对连词的划分也是严格采用层次二分的方法,具体分类层级如图12-1所示:

```
                              连词
                   ┌──────────┴──────────┐
                  前置                    后置
             ┌─────┴─────┐          ┌──────┴──────┐
            定序         非定序      可后移        不可后移
       ┌─────┴─────┐                        ┌──────┴──────┐
      先行          后续                    单用          双用
   ┌───┴───┐    ┌──────┴──────┐
  可后移  不可后移  连接         连接
              词和短语      短语和小句
           ┌────┴────┐    ┌──────┴──────┐
          连接      连接    可连接        不可连接
         体词性成分 谓词性成分 句子和语篇     句子和语篇
```

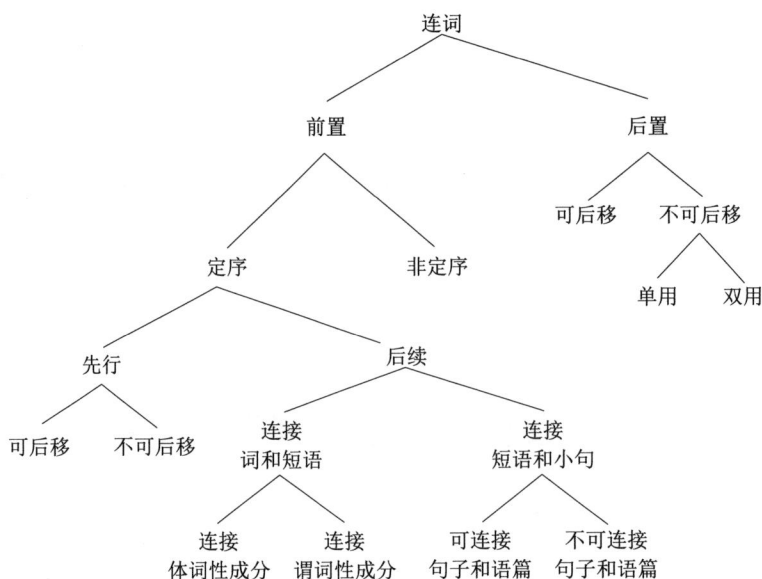

图 12-1　连词句法功能分类树形图

第一层，根据连词与所连接的成分的前后位置，把连词分为前置连词和后置连词两大类。

第二层，根据连词在所连接的话语中的语序固定与否，把前置连词分为定序与非定序两小类。后置连词都是定序、先行的，因此根据连词与所连接的成分可否后移，把后置连词分为可后移与不可后移两小类。

第三层，根据连词在所连接的话语中语序的先后，把前置连词中定序的一类分为先行与后续两小类。根据单用与否，把后置连词中不可后移的一类分为单用和双用两小类。

第四层，根据连词与所连接的成分可否后移，把先行连词分为可后移与不可后移两小类；根据所连接的成分的语法性质，把后续连词分为连接词和短语，以及连接短语和小句两小类。

第五层，根据所连接成分的语法性质，把后续连词中连接词和短语的一类分为连接体词性成分和连接谓词性成分两小类，把后续连词中连接短语和小句的一类再分为可连接句子和语篇，以及不可连接句子和语篇两小类。

13. 现代汉语中的并列连词有哪些?

本书主要讨论的是并列关系，而并列连词又是并列关系的显性标记，因此有必要在此对其做一个具体详细的说明。周刚（2002）总结的 32 个并列连词如下：

既₁（既₁……又……）、一来、一则、一者、跟、和、及、暨、同、以及、与、并、而₂、且₁（既₁……且₁……）、反之、否则、不然、此外、另外、要不、要不然、二来、二则、二者、另一方面、一边（一边……一边……）、一方面（一方面……一方面……）、一面（一面……一面……）、一头（一头……一头……）、则已、也罢、也好

上述 32 个连词可以用来连接两个或多个成分，被连接的两个或多个成分可能是词、短语，也可能是小句，或是句子、语篇。但是，在进行输入理解的时候，不能只要看到上面的词语，就把前后成分作为并列关系来理解，这样可能会造成误解。例如：

（1）客户要我们公司派个开发人员去项目现场，<u>你跑一趟北京，要不，就小王去一趟</u>。

（2）你明天上午 11 点以前来报名，<u>要不就下午 1 点以后来</u>。

例（1）中的"要不"连接的是"你跑一趟北京"和"小王去一趟（北京）"，二者构成并列关系的组合。例（2）中的"要不"连接的是"你明天上午 11 点以前来报名"和"（你）下午 1 点以后来（报名）"，二者也构成并列关系的组合。《现代汉语词典》（第 7 版）中"要不"的义项有：连词，不然、否则；连词，要么；等等。其中所举的例子都是表达并列关系的。例如：

（3）从上海到武汉，<u>可以搭长江轮船，要不坐火车也行</u>。

（4）今天的会得去一个人，<u>要不你去，要不我去</u>。

但是在下面的例句中，情况就不同了。例如：

（5）我这几天手头的事情比较多，<u>要不让小王去吧</u>。

（6）下雨了，<u>要不我们在房间看电视吧</u>。

例（5）中的"要不"连接的是"我这几天手头的事情比较多"和"让小王

去吧"，例（6）中的"要不"连接的是"下雨了"和"我们在房间看电视吧"。结合语义分析我们可以知道，"要不"连接的前后项在语义上不是联合关系，而是有主有次的偏正关系，前者均是后者的原因，"要不"表转折，用于提出一种建议。

虽然《现代汉语词典》（第7版）中没有举非并列关系的例子，但在现实语料中，与例（5）和例（6）中的"要不"用法一样的有很多。这就更需要我们在教学的时候结合语义、语境进行分析，判别结构关系和逻辑关系。

关于偏正关系，有一点需要说明。学者们在对连词进行第一个层次的分类时，通常将其分为两类，即表示联合关系的连词和表示偏正关系的连词，如张志公（1956）、胡裕树（1995）、胡明扬（1996）等。有的学者使用的概念术语有所不同，例如黎锦熙、刘世儒（1959）首先把连词分为等立连词和主从连词两大类，陆俭明、马真（1985）首先把连词分为表示联合关系和表示主从关系两大类。学者们使用的概念术语虽然不同，但所指是大致相同的。这一点，从进一步的下位分类可以看出来。不论是表示联合关系还是等立关系的连词，下位类别都包括并列连词、选择连词等；不论是表示偏正关系还是主从关系的连词，下位类别都包括因果连词、假设连词、条件连词等。这里面有争议的是转折连词，黎锦熙、刘世儒（1959）将转折连词和并列连词、选择连词、承接连词、进层连词归为一类，共同作为等立连词的下位类别。而张志公（1956）、陆俭明和马真（1985）、胡明扬（1996）则是将转折连词和假设连词、因果连词、条件连词、让步连词、目的连词等归为一类，共同作为偏正或主从连词的下位类别。

复句的分类，除了二分系统，还有邢福义（2001）的三分系统，将复句的关系类别划分为三大块："因果"一块，"并列"一块，"转折"一块。"以此为基点，建构汉语的复句三分系统。"从这个三分系统可以看出，邢福义（2001）没有将"转折"类与"因果"类合并为"偏正"类，不认为转折关系属于广义的偏正关系，但同时，邢福义（2001）也没有将转折关系归入广义的并列关系。可见，转折关系有其自身的特殊性，与并列关系大类、因果关系大类都需要进行区分。

另外，现代汉语的并列连词不止周刚（2002）列举的32个，邢福义（2001）提出的"点标志"和"标志群"能够帮助我们更加清晰地了解汉语中表示并列关系的连词和其他成分。根据邢福义（2001）的观点，"标志"包括代表性标志和它的义同形式、类同形式。"代表性标志，是表明关系聚合点的最一般最常用的形式，是'点标志'；义同形式、类同形式，它们围绕'点标志'形成一个关系相同、相通或相近的群体，这就是'标志群'。相对地说，母类是大标志群，子类是小标志群。最小的子类，可能只有一种形式标志，或由一种形式标志及其义同形式组成的小标志群。"以周刚（2002）所举 32 个并列连词的第一个"既₁"为例，周刚（2002）给出了一个使用的结构模式"既₁……又……"，实际上，"既₁"的结构模式还包括"既₁……也……、既₁……且……、既₁……还……"等，它们和"既₁……又……"共同构成一个关系相同的"标志群"。"既₁……又……"是其中具有代表性和典型性的、最一般的、最常用的"点标志"，"既₁……也……、既₁……且……、既₁……还……"是"既₁……又……"的义同形式、类同形式。再以周刚（2002）列举的 32 个并列连词中的"此外"为例，它还有义同、类同的"除此之外、除此以外、在此之外"等，这里也有一个"标志群"，其中"此外"是这个"标志群"的"点标志"。

总之，从"点标志"和"标志群"的角度来认识现代汉语具有并列连接功能的成分的话，并列连词不止上文周刚（2002）列出的 32 个，而且有些非连词性成分也有并列连接的功能，可以看作并列标志。例如：

（7）他是我们学院的书记兼院长。

（8）我们班男生加女生一共 18 人。

（9）我去过北京、上海、南京、杭州等城市。

（10）我去过中国的很多地方，例如北京、上海、杭州、苏州……

例（7）中的"兼"是动词；例（8）中的"加"也是动词，例（8）中还有副词"一共"；例（9）中的"等"是助词；例（10）中的"例如"是动词，例（10）中还有表示列举未尽的省略号。它们都不是连词，但都能够标记并列关系，可以作为并列关系的判别依据。

14. 并列连词可以分为几类?

根据周刚（2002），并列连词可以进一步进行下位分类，分类是逐层进行的。

第一层，根据并列连词在所连接成分的前面还是后面可将其分为前置并列连词和后置并列连词。

第二层，前置并列连词又可根据其在关联组合中的位置是否确定分为前置定序并列连词和前置非定序并列连词。

第三层，前置定序并列连词又可根据其在关联组合中的位置分为前置定序先行并列连词和前置定序后续并列连词。

第四层，前置定序后续并列连词又可根据它连接的前后成分结构的不同分为连接词和短语的并列连词，以及连接短语和小句的并列连词。

第五层，连接词和短语的并列连词又可以根据连接的词和短语的语法性质分为连接体词性成分的并列连词和连接谓词性成分的并列连词。连接短语和小句的并列连词则还可以分为可连接句子和语篇的并列连词，以及不可连接句子和语篇的并列连词。

后置并列连词内部的情况相对简单，主要分为单用和双用两种。并列连词的分类具体见表 14-1。

表 14-1   现代汉语并列连词系统分类表

并列连词							
前 置					后 置		
定 序				非定序	单 用	双 用	
先行	后 续						
	连接词和短语		连接短语和小句				
	连接体词性成分	连接谓词性成分	可连接句子和语篇	不可连接句子和语篇			
既₁ 一来 一则 一者	跟 和 及 暨 同 以及 与	并 而₂ 且₁	反之 否则 不然 此外 另外 要不 要不然	二来 二则 二者 另一方面	一边 一面 一方面 一头	则已	也好 也罢

值得注意的是，上述 32 个并列连词并非现代汉语中全部的并列连词，根据邢福义（2001）"点标志"和"标志群"的概念，以上只是基本的并列连词，可以看作"点标志"，每一个"点标志"还关联了一些义同或类同的成分，它们具有同样的功能，即并列连接功能，在教学中需要进行扩展说明。

另外，与前置非定序连词的关联搭配模式相同、表达功能相近的"有的……有的……、有时候……有时候……、一会儿……一会儿……"等也有并列连接功能，但"有的、有时候、一会儿"都不是连词，因此没有出现在表 14-1 中，但也可作为并列关系的识别标志，帮助判断并列结构，用于表达并列的逻辑语义关系。例如：

（1）我们班的同学来自不同的国家，<u>有的是韩国的，有的是日本的，有的是泰国的，有的是印尼的</u>。

（2）住在学校里吃饭很方便，我<u>有时候去外宾楼餐厅，有时候去韩国餐厅，有时候去食堂</u>。

（3）他特别喜欢旅游，<u>一会儿去日本，一会儿去美国，一会儿又去欧洲</u>。

例（1）～（3）中分别用"有的、有时候、一会儿"连接并列成分，三个句子都是表示并列关系的复句，虽然句中没有使用并列连词，但是"有的、有时候"等可以作为标记成分，用来解读和表达并列关系。

15. 并列连词和表示并列关系的关联副词有什么区别？

张斌（2008）从句法表现形式出发，将并列连词界定为连接词和短语，不充当句子成分，无限定、修饰功能，仅承担连接功能的一类词，如"和、跟、与、同、及、或"等。

学界基本认同关联副词是副词的一个次类，但对于关联副词的范围划定又各不相同。之所以将并列连词和表示并列关系的关联副词放在一起考察，是因为它们都是并列类关联词语，都能起到一定的关联作用。并列连词和表示并列关系的关联副词的区别是二者句法功能和句法位置不同，其中"关联性是基础，句法位置是关键"（徐朝红，2017）。

一、句法功能不同

并列连词作为连词，不充当句子成分，即使有一些修饰功能，也是附带的。表示并列关系的关联副词作为副词的一个次类，必然还要保留其充当状语的句法功能，主要是作为状语修饰中心语，同时还有连接功能。例如：

（1）问到这里，老人凄然了，他说："<u>一来</u>离城远，<u>二来</u>也没钱啊！"

（2）妈妈<u>一面</u>做饭<u>一面</u>唱歌。

例（1）中的"一来"和"二来"是并列连词，只起到连接作用，连接的是两个原因，在句中不充当任何成分；例（2）中的"一面"在句中充当状语，具有时间性，连接作用是次要的。

二、句法位置不同

前人在区分关联副词和连词时，最具代表性的是位置标准。（文桂芳，2021）关联词语在句中的位置受关联词语本身的性质及其所连接的分句两方面的限制。

本身为副词的关联词语，总是在分句中述语的前面。例如：

（3）他住的房子，<u>又</u>小，<u>又</u>潮湿。

例（3）中表示并列关系的关联副词"又"位于分句的述语前。

连词用在并列复句中时，通常位于主语前。例如：

（4）故宫人很多，<u>而</u>长城人不多。

（5）*故宫人很多，长城<u>而</u>人不多。

（6）她想学钢琴，<u>此外</u>，她也想学小提琴。

（7）*她想学钢琴，她<u>此外</u>也想学小提琴。

例（4）和例（6）中都使用了并列连词，但与关联副词的位置不同。关联副词通常位于主语后，而连词通常位于主语前。例（4）中，"而"在分句主语"长城"前；例（6）中，"此外"在复句主语"她"前。如果位置错误，句子就不合法。例（5）和例（7）就是因为将连词"而、此外"错误地放在了主语后而产生了偏误。

关联副词"又"可以单独使用连接并列成分，也可以重复使用连接并列成分；可以组成并列词组，也可以组成并列复句。

（8）我家有个小弟弟，聪明又淘气。

（9）我家有个小弟弟，又聪明又淘气。

（10）我家有个小弟弟，又聪明，又淘气。

例（8）中，"聪明又淘气"是"又"单独使用连接并列成分，组成并列词组。例（9）中，"又聪明又淘气"是"又"重复使用连接并列成分，组成并列词组。例（10）中，"又聪明，又淘气"是"又"重复使用连接并列成分，组成并列复句。

关联副词"亦"可以单独使用，组成并列复句；也可以重复使用，组成并列词组。例如：

（11）此事目前不会发生，未来亦不可能发生，不必如此担心。

（12）亦真亦幻

例（11）带有文言色彩，这一点从"此、亦、如此"的使用可以看出。"亦"是现代汉语中的文言词汇。例（12）"亦真亦幻"是并列词组，表示有一点儿真实，也有一点儿梦幻。"亦"在现代汉语口语中常用"也"替换。例如：

（13）这种事现在不会发生，将来也不可能发生，不要这么担心。

总之，"又、也"是比较常用的能够连接并列成分组成并列词组、并列复句的关联副词，"亦"是带有文言色彩的能够连接并列成分组成并列词组、并列复句的关联副词。

16. 并列词组与并列复句有哪些词汇衔接方式？

并列关系在语句中大量存在，并列关系的表达有多种衔接方式，包括词汇衔接、结构衔接。胡壮麟（2017）认为，词汇衔接指语篇中出现的一部分词汇相互之间存在语义上的联系，或反复，或由其他词语替代，或共同出现。词汇衔接方式可分为重复、泛指词、相似词、分类关系和组合搭配五大类。这五大类在并列关系的表达中都有所体现。

一、重复

词汇衔接中最直接的方式是具有同样语义、同一形式的词汇在同一语篇中反复出现。它与句法衔接中的重复不同，句法衔接强调同一结构的重复出现，词汇重复则是一个词或词组的重复。重复出现的词或词组在结构上是并列的关系。例如：

（1）妈妈！妈妈！快开门！

（2）好了，好了，我们走了。

（3）真的真的，我没骗你。

词语重复虽然有一定的表达效果，但是如果使用过多，会给人以词汇贫乏、苍白无力之感。因此，有时可以使用意义相近的词语或表达式替换。例如：

（4）快点儿！麻利点儿！抓紧时间！

（5）怎么了？有什么问题？

例（4）和例（5）中并列的各项使用了不同的词语或结构，但意义和功能相近。例（4）中的三个组成部分都表达"让对方快一点儿"的语义，均具有催促义；例（5）中的两个组成部分都是问"出了什么状况"，均具有询问义。这样的表达不会让人感觉词汇贫乏，反而富于变化。

二、泛指词

（6）他辞了工作，迁了户口，卖了房子，处理了所有的事情，然后去了深圳。

（7）他再一次检查了护照、手机、电脑、钱包、钥匙，检查好所有必带物品之后，才打电话叫出租车。

例（6）中的"事情"为泛指词，对应上文中的"辞工作、迁户口、卖房子"等事件；同理，例（7）中的"物品"为泛指词，对应上文中的"护照、手机、电脑、钱包、钥匙"等物品。正如胡壮麟（2017：127）所言："如把全部内容复述一遍完全不符合交际的经济原则，累赘不堪。"这些泛指词概括上文提到的事情或物品，与上文在结构上平行并列。

值得注意的是，泛指词不仅可以回指篇章中已经交代过的词语，还可以用来下指。例如：

（8）在柜子下面找到很多<u>东西</u>，找到了<u>袜子、玩具、书、笔</u>等。

（9）他买了很多<u>下酒菜</u>回来，<u>买了酱牛肉，买了猪耳朵，还买了油炸花生</u>，今天必须要喝几杯了。

例（8）中的"东西"为泛指词，对应下文中的"袜子、玩具、书、笔"，"袜子、玩具、书、笔"是并列关系，那么"东西"与它们是构成总分关系，还是并列关系呢？从意义上看，"东西"可以概括地指称下文中的名词，是总分关系；从结构上看，"找到了很多东西"和"找到了袜子、玩具、书、笔等"是并列关系。例（9）中的"下酒菜"是泛指词，"买了很多下酒菜"对应下文中的"买了酱牛肉，买了猪耳朵，还买了油炸花生"。从意义上看，"买了很多下酒菜"可以概括下文中的一系列小句；从结构上看，它们之间是并列关系。

三、相似词

相似词主要是意义上有密切关联的词语，具体包括同义性与近同义性，以及反义性两类。注意，解注关系是同义性关系。例如：

（10）他是班里<u>成绩最好</u>的学生，就是<u>第一名</u>。

（11）回归<u>最朴素最平淡</u>的日常生活，反而能挖掘出最精彩最跌宕的故事。

（12）你<u>让他在门口等一会儿</u>，<u>叫他先不要进来</u>。

例（10）中的"成绩最好"与"第一名"是相同的意思，后者对前者进行解释、注释，二者语义相同，结构上是并列关系。例（11）中的"最朴素"和"最平淡"是近同义性的关系，二者并列，共同修饰"日常生活"。例（12）中的"让他在门口等一会儿"和"叫他先不要进来"意思相近，"让"和"叫"均是具有使令义的相近动词，可以构成兼语结构，由它们构成的这两个分句是并列关系。

词汇的反义性关系是指两个词项之间存在一种意义有区别的对比关系，包括相反、互补、对立、序列。

1.相反关系指可以分等的有程度差别的词类关系。例如：

黑—灰—白　　　老—中—青

大—中—小   冷—凉—暖—热

（13）这个房子好，<u>冬暖夏凉</u>。

例（13）中的"暖"和"凉"具有相反关系，分别与表示季节的词语"冬"和"夏"结合，"冬暖夏凉"构成表示并列关系的组合。

2.互补关系只由两个对立项组成，对一个词项的否定意味着对另一个词项的肯定，反之亦然。例如：

死—活   对—错

（14）有的人死了，他还活着；有的人活着，他已经死了。

例（14）中的"死"和"活"是互补关系，"有的人死了"和"有的人活着"形成互补对立，"他还活着"和"他已经死了"同样形成互补对立，整个句子是表示并列关系的复句。

3.对立关系表明的不是两个词项一正一反的关系，而是两个词项的意义有赖于两个词项的同时的、对立的存在，缺一不可。例如：

父母—孩子   老师—学生

（15）<u>老师和学生都很好。老师教得认真，学生学得努力</u>。

例（15）中的"老师"和"学生"具有对立关系，二者互相依存，"老师教得认真"和"学生学得努力"分别对二者进行陈述，形成并列。

4.序列关系是指每一词项都与同组内其他词项对立，但这些词项间又存在一定的顺序。例如：

前年—去年—今年—明年—后年

10 岁的时候—20 岁的时候—30 岁的时候

（16）10 岁的时候，他开始发表作品；20 岁的时候，他已经出版了两本散文集。

例（16）中的"10 岁的时候"和"20 岁的时候"构成序列关系，充当时间状语，整个句子是表示并列关系的复句。

反义性相似词也可以起到并列衔接的作用。例如：

（17）<u>便宜的东西质量不好，贵的东西经久耐用</u>，一般来说都是这样的。所以说"便宜没好货"嘛。

例（17）中，"便宜的东西质量不好"和"贵的东西经久耐用"的意思相反相对。其中，"便宜"与"贵"、"质量不好"与"经久耐用"都是意思相反的词语，但两个分句构成表示并列关系的复句。类似的例子还有：

（18）谦虚使人进步，骄傲使人落后。

（19）龙生龙，凤生凤，老鼠的儿子会打洞。

例（19）中，"龙生龙"和"凤生凤"是近义性的并列，它们与"老鼠的儿子会打洞"在意思上是相反相对的，构成反义性并列。这种并列主要依靠词汇衔接，与结构无关。"龙生龙，凤生凤"与"老鼠的儿子会打洞"的结构完全不同，这里没有结构衔接手段，是靠词汇的反义性关系进行衔接。如果改成下面的句子，就是结构衔接了。

（20）龙生龙，凤生凤，老鼠生老鼠。

例（20）中，三个分句同时使用了结构衔接手段、同义性词汇衔接手段、近义性词汇衔接手段和反义性词汇衔接手段。结构衔接手段是同构关系"主谓宾"结构，同义性词汇衔接手段是动词"生"，近义性词汇衔接手段是词义相近、相类同的"龙"和"凤"，反义性词汇衔接手段是词义相对的"龙、凤"和"老鼠"。

四、分类关系

词汇衔接也可经词语间的分类关系体现，因为有些词在语义上有类属关系，人们可以利用这种语义关系使一些词语相互替代或共同出现。类属关系包括上义—下义关系、整体—局部关系、集合—个体关系、物质—材料关系等。这些具有语义上的类属关系的词汇也可以作为并列关系的词汇衔接手段。例如：

（21）花瓶里的花该换了，百合该换了，康乃馨也该换了。

（22）感冒全身都不舒服，头晕、鼻塞、嗓子疼，哪儿都难受。

（23）做生意的最看重的是赚钱，有的不良商人为了赚钱可以不择手段。这个超市在春节期间涨价就是只想着赚钱。

（24）这件衣服手感真好，羊绒摸起来真舒服。

例（21）中的"百合、康乃馨"都是花的品种，因此，"花"和"百合、康乃馨"是上下义的关系。"百合该换了"和"康乃馨也该换了"是并列关系,"花瓶里的花该换了"与二者是总分关系,具有总分关系的成分在结构上也是并列的。例(22)中的"全身"和"头、鼻、嗓子"是整体和局部的关系。例(23)中的"做生意的"和"这个超市"是集体和个体的关系,集体是由同质的个体组成的,"超市"是"做生意的"中的一种,二者在性质上是相同的。例(24)中的"衣服"和"羊绒"是物质与材料的关系,两个分句语义相近,是并列关系。

五、组合搭配

词汇衔接手段中的组合搭配指有些词语倾向于在同一语境中出现,具有组合关系,能够起到篇章衔接作用。组合搭配也能够标示并列关系。领属关系是一种组合搭配的关系,具有领属关系的词语可以作为并列关系的词汇衔接手段。例如:

(25)他个子很高,腿很长。

(26)她手很漂亮,手指细长。

例(25)和例(26)都是表示并列关系的复句,分句的主语分别是"个子、腿"和"手、手指",前一分句的主语和后一分句的主语具有领属关系。

胡壮麟(2017:135~136)指出,"属于组合搭配的首先是结果关系,即一个词项的出现是另一个词项语义上的结果,具有一定的因果关系……另一种关系属修饰关系,一般在同一结构中出现"。这种具有因果关系和修饰关系的组合搭配不能作为并列关系的词汇衔接手段,如"杀死、骂哭"和"轻拍、怒骂"等。

具有某种语义关系的词语倾向于在同一语境中出现。同一主题、同一语义场中的词语倾向于在同一语境中出现,这既符合自然逻辑,也符合客观规律。不过,组合搭配的成分有各种不同的语义关系和结构关系,有的可以作为并列关系的词汇衔接手段,有的不能。

总之,语篇衔接中的词汇衔接手段在并列关系中也大量存在,对并列关系的识别能够起到一定的提示作用。

17. 并列词组的连接成分与顿号在使用中有区别吗?

并列词组中可以使用连接成分,如并列连词或表示并列关系的关联副词;也可以不使用连接成分,直接并列或在口语中使用语音停顿、在书面语中使用顿号。连接成分与顿号的使用是有差异的,如并列词组中的"和"与顿号,差异主要表现在对书面语和口语的选择上。先看下面的例句:

(1)小声点儿,别影响老人和孩子。

(2)小声点儿,别影响老人、孩子。

(3)别影响老人和孩子,小声点儿。

(4)别影响老人、孩子,小声点儿。

例(1)~(4)的深层语义是相同的,其中,前两句主要成分的序列是相同的,并列成分的序列也是相同的,后两句也是如此。不同之处在于,并列成分的连接手段有所区别,一种是用连词"和"连接,一种是用顿号这一标点符号连接。标点符号是存在于书面语中的书写符号,口语中没有标点符号,口语中只有语音停顿,停顿时间由长至短可大致对应于句号、分号、逗号、顿号等标点符号。因为口语中的语音停顿长短没有统一标准,停顿多久相当于书面语的顿号、停顿多久相当于书面语的逗号等不是那么明确,所以,对于并列词组,口语中倾向于使用连接词语,不倾向于使用停顿。因此,上面的句子用书面语呈现时,都没有问题,但是在口语中,则首选例(1)和例(3),即"别影响老人和孩子"。口语中,连词"和"读得比较轻、比较短,只是起连接和标示作用,是结构关系的标志,会使口语表达中的并列词组在结构上更加紧密,整体性更强,也有助于对并列词组整体语义的把握和理解,但并不是语义内容的主要载体。

不仅名词性的并列词组如此,动词性和形容词性的并列词组也是如此,口语中倾向于使用并列连词,不倾向于使用停顿。例如:

(5)我们商量讨论了一上午,终于决定了。

(6)我们商量和讨论了一上午,终于决定了。

(7)我们商量、讨论了一上午,终于决定了。

从例（5）～（7）可以看出，动词"商量、讨论"组成并列词组，在书面语中可以不使用连词，直接并列为"商量讨论"，也可以用连词"和"连接构成并列词组"商量和讨论"，还可以使用顿号连接为"商量、讨论"。但是，口语中通常使用前两种表达方式，而不使用停顿这一连接手段。

再如：

（8）聪明可爱的孩子谁都喜欢。

（9）聪明又可爱的孩子谁都喜欢。

（10）又聪明又可爱的孩子谁都喜欢。

（11）聪明、可爱的孩子谁都喜欢。

同理，形容词"聪明、可爱"组成并列词组，在书面语中可以不使用连词，直接并列为"聪明可爱"，也可以单独或重复使用具有连接功能的副词"又"组成并列词组"聪明又可爱、又聪明又可爱"，还可以使用顿号连接为"聪明、可爱"。但是，口语中通常使用前三种表达方式，而不使用停顿这一连接手段。

可见，书面语中的标点符号虽然在口语中可以用长短不同的停顿来表示，但是一方面停顿的长短没有统一标准，另一方面口语中的停顿往往会破坏并列词组结构的整体性和语义的完整性，所以，口语中，并列词组往往采用直接并列或使用连接成分的方式进行表达。

18. 并列词组与并列复句中一定要使用并列连词或关联词语吗？

并列词组中可以使用连接成分，包括并列连词、表示并列关系的关联副词等，也可以不使用连接成分。例如：

（1）我想去北京上海。

（2）我想去北京和上海。

（3）我想去北京跟上海。

"北京、上海"可以组成并列词组，例（1）中是不使用连接成分直接并列，例（2）和例（3）中分别使用了并列连词"和、跟"连接并列的两项。

（4）这是谁家的孩子？这么<u>聪明可爱</u>。

（5）这个孩子<u>聪明而且可爱</u>。

（6）这个孩子<u>聪明又可爱</u>。

（7）这个孩子<u>又聪明又可爱</u>。

"聪明、可爱"可以组成并列词组，例（4）中是不使用连接成分直接并列，例（5）～（7）中分别使用了并列连词"而且"、关联副词"又"、关联词语"又……又……"连接并列的两项。

（8）对于你说的这个事情，我们还要做进一步的<u>调查研究</u>。

（9）对于你说的这个事情，我们还要做进一步的<u>调查和研究</u>。

（10）我们<u>调查并且研究</u>了目前的市场状况，决定调整我们的销售策略。

（11）<u>又是调查又是研究</u>，整整占用了我们半年的时间。

"调查、研究"可以组成并列词组，例（8）中是不使用连接成分直接并列，例（9）～（11）中分别使用了并列连词"和、并且"、关联词语"又（是）……又（是）……"连接并列的两项。

并列复句中可以使用连接成分，包括并列连词、表示并列关系的关联副词等，也可以不使用连接成分。例如：

（12）她对中国历史文化感兴趣，<u>想去北京，想去南京</u>。

（13）她<u>想去北京，并且想去南京</u>。

（14）她<u>想去北京，也想去南京</u>。

（15）她<u>想去北京，又想去南京</u>。

（16）她<u>也想去北京，也想去南京</u>。

（17）她<u>又想去北京，又想去南京</u>。

（18）她<u>既想去北京，也／又想去南京</u>。

"她想去北京、（她）想去南京"可以组成并列复句，例（12）中是不使用连接成分直接并列，例（13）～（18）中分别使用了并列连词"并且"、关联副词"也、又"、关联词语"也……也……、又……又……、既……也／又……"连接并列的两个分句。

19. 关联词语如何使用？它对复句的理解有何作用？

"关联词语，也叫关系词语，是用在复句中联结各分句，并表示一定语义关系的词语。"（张斌，2010：640）在不引起理解上的歧义的情况下，有时可以省略成套关联词语中的一个，有时甚至可以完全不用关联词语。例如：

（1）只要你去，我肯定去。

（2）昨晚下了雨，地上全湿了。

例（1）和例（2）均不会引起理解上的歧义。例（1）中只用了成套关联词语中的一个，即"只要"，可以表示确定的条件关系。例（2）中虽然没有使用关联词语，但仍可以从逻辑和语义上判断出因果关系。

而有些复句中如果不用关联词语，要么其分句间的关系表达不出来，要么意思晦涩，要么有歧义，这种情况下就必须使用关联词语。例如：

（3）尽管我们的革命有自己的许多特点，可是中国共产党人把自己所干的事业看成伟大的十月革命的继续。

（4）写封信去，拍个电报去，叫他回来。

（5）或者写封信去，或者拍个电报去，叫他回来。

例（3）和例（4）中必须使用关联词语。例（3）中不用关联词语的话，分句间的意思接不上；例（4）中不用关联词语时，前两个分句是并列关系，用了关联词语表示选择关系，如例（5）。

具体来说，关联词语的作用主要有：

第一，显示。关联词语可以把分句间隐含的较为单纯的语义关系直接显现出来。例如：

（6）几何画板有很多优势，它的局限性和它的优势是一致的。

（7）虽然几何画板有很多优势，但是它的局限性和它的优势是一致的。

例（6）中，分句间有隐含的转折关系；例（7）中用关联词语"虽然……但是……"凸显了这种关系。

第二，选示。复句各分句间隐含的语义关系往往允许做多种理解，关联词语可以有选择性地只显示其中一种。例如：

（8）会唱歌，会跳舞。

（9）<u>又</u>会唱歌，<u>又</u>会跳舞。

（10）<u>不但</u>会唱歌，<u>还</u>会跳舞。

例（8）中既可以添加"又……又……"标记为并列关系，如例（9），也可以添加"不但……还……"标记为递进关系，如例（10）。

第三，强化。通过关联词语的复用，可以把复句各分句间隐含的多种语义关系同时表现出来。例如：

（11）<u>即使</u>是个别情况，<u>也</u>是重要情况。

（12）<u>即使</u>是个别情况，<u>但也</u>是重要情况。

例（11）是让步复句；例（12）在"即使……也……"格式上添加转折连词"但"以后，突出强调让步、转折两种语义关系。

第四，转化。关联词语构成的复句格式，有时可以突破分句原有的逻辑事理的限制，甚至表达与客观实际完全相反的意义。例如：

（13）当时他打了我，过后我并不记恨他。

（14）<u>即使</u>当时他打了我，<u>可</u>过后我并不记恨他。

例（13）中没有使用关联词语；例（14）中使用"即使……可……"表示虚拟让步，本为事实的前一分句"当时他打了我"被赋予虚拟语气，被"实事虚说，化实为虚"，是视点转移的过程。

可见，关联词语在一定条件下可以省略，并不影响复句表示的关系。除此之外，关联词语与复句关系之间的联系是多种多样的，对复句的理解有显示、选示、强化和转化四种作用。

表示并列关系的关联词语也具有显示、选示的作用。例如：

（15）联欢会上，大家唱歌，跳舞，开心得不得了。

（16）联欢会上，大家<u>又是</u>唱歌，<u>又是</u>跳舞，开心得不得了。

（17）联欢会上，大家<u>一会儿</u>唱歌，<u>一会儿</u>跳舞，开心得不得了。

例（15）中虽然没有使用关联词语，但"唱歌"和"跳舞"之间的并列关系也是毋庸置疑的。例（16）中使用了表示并列关系的关联词语"又……又……"，显示出并存并列的关系。例（17）中使用了表示并列关系的关联词语"一会儿……一会儿……"，有选择性地显示出交替并列的关系。

并列关系是基本的逻辑关系，往往能够隐含递进、承接、转折、因果等其他类型的逻辑语义关系，因此，可以在并列关系上使用其他类型的关联词语，使复句的关系得以强化或转化，但很难在别的复句关系上使用表示并列关系的关联词语，进行复句关系的强化或转化。例如：

（18）联欢会上，大家唱歌，*也跳舞*，开心得不得了。

（19）联欢会上，大家唱歌，*而且也跳舞*，开心得不得了。

（20）联欢会上，大家唱歌，*不过也跳舞*，开心得不得了。

例（18）中的"唱歌"和"跳舞"具有并列关系，中间使用了具有关联作用的副词"也"。例（19）在此基础上添加了连词"而且"，例（20）在此基础上添加了连词"不过"，分别强化了递进、并列和转折、并列的复句关系，同时也将并列关系分别转化为了递进和转折关系。

20. 体词性和谓词性的并列词组中主要使用什么连接成分？

词组有两方面的功能：一方面是做句法成分，另一方面是成句。词组的功能是凭它相当于哪类词的功能决定的。（黄伯荣、廖序东，2011）

词组的功能类别是根据外部的语法功能进行的分类。功能相当于名词的叫作名词性词组；功能相当于谓词的叫作谓词性词组，通常以动词、形容词为中心。其中，名词性词组包括由名词、代词、数词、量词等组成的并列词组，动词性词组包括由两个或两个以上动词组成的并列词组，形容词性词组包括由两个或两个以上形容词组成的并列词组。（齐沪扬，2005）

并列词组内部的两个或两个以上成分之间存在平列、选择、连贯或递进的关系，并列词组内部成分之间有不同的组合方式，最常见的结构形式可分为两大类，一类是无标记的直接组合，一类是有标记的组合，标记类别有连词、停顿、副词、助词、语气词[①]等。

一、体词性并列词组的组合方式

（一）无标记的直接组合

体词性并列词组是由两个或更多的并列成分组成的，并列成分可以直接组合在一起，中间没有形式上的标记。例如：

（1）以前实行过一段时间的分号行车，每个星期分成<u>一三五</u>、<u>二四六</u>的开车，车少了也就不堵了。

（2）假仁假义，你吃不吃<u>鸡鸭鹅</u>、<u>猪牛羊</u>?

例（1）中的"一三五""二四六"都是组成成分直接并列的并列词组，例（2）中的"鸡鸭鹅""猪牛羊"也都是组成成分直接并列的并列词组。不过，例（1）中的"一三五、二四六"和例（2）中的"鸡鸭鹅、猪牛羊"之间则分别添加了停顿，这一方式的说明如下文。

（二）停顿

体词性并列词组中的并列成分也可以用停顿隔开。例如：

（3）早餐吃得要像皇帝一样，吃得要营养全面，<u>牛奶</u>、<u>鸡蛋</u>、<u>水果</u>、<u>蔬菜</u>营养不同，样样都要有。

（4）我最讨厌体育课了！但是喜欢<u>音乐课</u>、<u>美术课</u>、<u>书法课</u>。

例（3）和例（4）中没有使用连接词语，但是使用了停顿的连接手段连接并列的各项，书面上用顿号表示。

（三）"和"类连词

为了显示层次、分清主次等，体词性并列成分也可以用"和、同、跟、与、及"等连词连接起来。（邵敬敏，2007）例如：

（5）宁夏等地对<u>1991 年制定的《中华人民共和国未成年人保护法》和 1999 年制定的《中华人民共和国预防未成年人犯罪法》</u>的实施情况进行了执法检查。

（6）我发现<u>男生跟女生</u>的视角真有些不一样。

---

① 使用助词或语气词是非必要手段，使用连词或停顿则是必要手段。在直接组合、使用连词或停顿的基础上，还可以使用助词或语气词等辅助手段表示并列关系。

（7）<u>魏晋风度及文章与药及酒之关系</u>

例（5）～（7）中分别使用了并列连词"和、跟、与、及"连接并列成分。

（四）助词

有时，体词性并列成分后会加上助词"等"或"什么的"表示列举。"等"可以表示列举已尽，也可以表示列举未尽。"什么的"通常表示列举未尽。例如：

（8）他去过的国家可多了，有<u>英国、法国、德国、美国、日本、韩国等</u>。

（9）我的包里没有什么特别的东西，就是<u>手机、钥匙和餐巾纸什么的</u>。

（五）语气词

有时，体词性并列成分后加上语气词"啊"或"啦"（了＋啊），具有表示列举的作用。（朱德熙，1982）例如：

（10）花园里有<u>小鱼儿啊，蝌蚪啊，蝴蝶什么的</u>。

（11）<u>书啦，报啦，杂志啦</u>，摆满了书架。

值得注意的是，像"爸爸妈妈""爸爸、妈妈""爸爸和妈妈"这三种情况，表面上看所指相同，都是指有直系血缘关系的男女双亲二人，但是不同的体词性并列词组的语义特点和语用价值有所不同。"爸爸、妈妈"这一形式表示发话者逐一举出他所关心的语义对象，"爸爸和妈妈"这一形式表示发话者从诸多事物中选取并举尽他所关心的语义对象，而"爸爸妈妈"这一形式是当发话者以为一套或一组事物范畴的几个构成成员都齐备时所选择的。（铃木庆夏，2008）

二、谓词性并列词组的组合方式

（一）无标记的直接组合

谓词性并列词组的内部成分也可以直接组合，形式上的距离对应语义上的距离，即无标记直接组合的谓词性并列成分的语义接近程度较高。例如：

（12）大家作<u>诗画画儿</u>。

（13）他的房间<u>干净整洁</u>。

例（12）中的"作诗画画儿"和例（13）中的"干净整洁"分别是动词性成分并列和形容词性成分并列组成的并列词组，并列成分以无标记直接组合的形式并列。

（二）停顿

谓词性并列词组中的并列成分也可以用停顿隔开。例如：

（14）他天天跑步、游泳、打网球。

（15）她美丽、大方、脾气好。

例（14）和例（15）中，并列的成分之间添加了停顿，书面上往往表现为顿号。

（三）"而"等连词

谓词性并列成分可以用"而、并、并且"等连词连接。例如：

（16）淡而无味 / 聪明而且可爱

（17）讨论并通过 / 贯彻并且落实

形容词性成分并列往往使用连词"而、而且"，如例（16）。动词性成分并列往往使用连词"并、并且"，如例（17）。

（四）副词

谓词性并列成分使用副词连接，可以增加句子的生动性、形象性，常用关联副词"又、也"或关联词语"又……又……、也……也……"等连接。例如：

（18）这个孩子聪明又可爱。

（19）这个孩子又聪明又可爱。

（20）这个办法怎么说呢，好也不好。

（21）这个办法怎么说呢，也好也不好。

（五）助词

谓词性并列成分后面也可以加上助词"等"或"什么的"表示列举。"等"可以表示列举已尽，也可以表示列举未尽。"什么的"通常表示列举未尽。例如：

（22）初中的时候一到周末他就不在家，跟一帮同学在外面疯玩儿，钓鱼、捉鸟、掏鸟蛋、抓鱼等，就没有他没玩儿过的。

（23）班长主动表示，她可以代表我们班表演节目，唱歌、跳舞、弹琴什么的，她都会。

（六）语气词

口语中，谓词性并列成分后常常可以加上语气词"啊""呀"或"啦"（了＋

啊），实际上可以将它们看作词汇化的停顿标记。（马清华，2006）需要注意的是，因为语气词已经表示较长停顿，所以当并列项末尾以语气词结尾表列举时，并列项之间只能用表示停顿较长的逗号而不能用顿号。例如：

（24）他退休后生活很丰富，遛遛鸟呀，打打麻将呀，听听戏呀。

（25）打工不用操太多心，创业就不一样了，经营啊，管理呀，销售啊，公关啊，都得考虑。

此外，储泽祥、唐爱华、肖旸等（2002）指出：词性相同的两项构成并列词组，可能没有标记；词性不同的两项构成并列词组，一定要有标记。不过，汉语中也有词性不同的成分并列却没有标记的情况。例如：

（26）勤劳勇敢智慧的中国人民向世界展示了中国力量。

例（26）中，"勤劳、勇敢"是形容词，"智慧"是名词，三者组成并列词组修饰"中国人民"时，没有使用连词作为标志，而是直接并列。可见，词性不同的两项或几项成分构成并列词组时，也可以没有标记。

21."加上、另外"有没有连接功能？它们在使用上有什么异同？

《现代汉语词典》（第7版）中，"加上"是连词，可以连接并列的两项。例如：

（1）我们班韩国的同学加上印尼的同学占了三分之二多。

（2）这个团大人加上小孩儿一共36个人。

例（1）中，"韩国的同学加上印尼的同学"意思是"韩国的同学和印尼的同学"，"加上"主要起连接并列的两个成分的作用，虽然"加"是动词性语素，但这里的"加上"主要不是表达"加合、增加、添加"等动词义，而是起连接作用。例（2）中，"大人加上小孩儿"意思是"大人和小孩儿"，后面有表示总括的副词"一共"，"A加上B一共……"即"A和B一共……"。这里的"加上"同样起连接并列的两个成分的作用。

"加上"除了可以连接词语组成并列词组，还可以连接分句，组成并列复句。例如：

（3）他不太用功，加上基础也差，成绩老是上不去。

（4）今天天气不好，加上你还有很多作业，我们还是别去公园了吧。

例（3）中，"加上"连接的两个分句是"他不太用功"和"（他）基础也差"，后一分句中还使用了表示并列关系的关联副词"也"，因为表达功能相同，所以"加上"跟"也"在并列复句中可以共现。例（4）中，"加上"连接的两个分句是"今天天气不好"和"你还有很多作业"，共同构成后续句的原因，即"因为天气不好，（因为）你还有很多作业"，所以说话人建议"我们别去公园了"。

《现代汉语词典》（第7版）中，"另外"有三种不同的语法性质，分别是代词、副词、连词。连词"另外"是"此外"的意思，也可以连接并列的分句，组成并列复句。例如：

（5）你一个人去行李太多，另外家里人也不放心，还是让哥哥送你去吧。

（6）他们去欧洲旅游的时候，租了一辆车，另外又找了一个导游，玩儿得很好。

（7）他新买了一台电脑，另外还买了一部手机。

（8）今天中午我炖个牛肉，做条鱼，另外再炒一个素菜，怎么样？

例（5）中，"另外"连接"你一个人去行李太多"和"家里人也不放心（你）"，后一分句中还使用了表示并列关系的关联副词"也"，因为表达功能相同，所以"另外"跟"也"在并列复句中可以共现。例（6）中，"另外"连接"租了一辆车"和"又找了一个导游"，后一分句中还使用了关联副词"又"。例（7）中，"另外"连接"新买了一台电脑"和"还买了一部手机"，后一分句中还使用了关联副词"还"。例（8）中，"另外"连接"炖个牛肉，做条鱼"和"再炒一个素菜"，后一分句中还使用了关联副词"再"。并列连词"另外"经常和关联副词"也、又、还、再"等配合使用。

"加上"和"另外"虽然都有并列连接功能，但在使用上还有差异。"加上"可以连接词语和小句，组成并列词组或并列复句；"另外"只能连接并列小句，而不能连接并列词语。在连接并列小句，组成并列复句时，二者有时可以互换。例如：

（9）他不太用功，<u>加上 / 另外</u>基础也差，成绩老是上不去。

（10）你一个人去行李太多，<u>加上 / 另外</u>家里人也不放心，还是让哥哥送你去吧。

"另外"后面可以有较长的停顿，书面上用逗号表示；"加上"后面往往不能有较长的停顿，书面上其后往往不使用逗号。例如：

（11）他不太用功，<u>另外</u>，基础也差，成绩老是上不去。

（12）你一个人去行李太多，<u>加上</u>家里人也不放心，还是让哥哥送你去吧。

总之，"加上、另外"都可以是并列连词，都能够起到连接并列成分的作用。二者的不同之处在于："加上"可以连接词语和小句，与并列后项之间往往没有较长的停顿；"另外"通常不连接并列词语，只连接并列小句，与并列后项之间可以有较长的停顿。

22. 哪些固定格式经常组成并列词组？

汉语中有些固定格式常常可以组成并列词组，《国际中文教育中文水平等级标准》中整理了一些固定词组、固定格式、口语格式等，如"又……又……、不……不……、一……一……、半……半……"等，这些格式中插入相应的成分后，通常组成并列词组。下面结合具体的格式举例说明。[①]

一、又……又……

"又……又……"中间可以插入动词性成分，表示动作同时进行或交替进行。例如：

（1）联欢会上，大家都特别开心，<u>又唱又跳</u>。

（2）他喝多了，<u>又哭又笑</u>的。

例（1）"又唱又跳"中的"唱（歌）"和"跳（舞）"可以同时进行，也可以

---

① 　一些例句选自《国际中文教育中文水平等级标准》，有的稍做改动。

交替进行，同时进行可以替换成"边唱边跳"，交替进行可以替换成"一会儿唱一会儿跳"。例（2）"又哭又笑"中的"哭"和"笑"不能同时进行，只能交替进行。

"又……又……"中间也可以插入性质形容词，表示同时具有两种性质。例如：

（3）这些模特又高又漂亮。

（4）网上买衣服又方便又便宜。

例（3）表示模特具有"高"和"漂亮"两个特点，例（4）表示网上买衣服具有"方便"和"便宜"两个特点。

常用的"又……又……"格式的并列词组还有：又白又胖、又香又脆、又尖又细、又大又圆、又圆又大、又高又大、又高又壮、又高又瘦、又瘦又高、又矮又瘦、又黑又瘦、又黑又长、又黑又亮、又香又甜、又酸又甜、又香又软、又软又烂、又香又辣、又甜又腻、又麻又辣、又快又好、又好又快、又快又准、又累又饿、又困又累、又累又困、又饿又渴、又冷又饿、又馋又懒、又懒又馋、又气又恨、又急又气、又惊又喜、又喜又忧、又滑又顺、又细又软、又粗又硬、又浓又密、又红又大、又大又红、又明又亮、又深又长、又细又长、又宽又长、又跑又跳、又哭又闹、又打又骂、又爱又恨、又恨又爱等。[①]

二、不……不……

"不……不……"中间可以插入动词性成分，表示两种动作行为都不进行。例如：

（5）他身体不舒服，一整天不吃不喝的。

（6）这个孩子吃饱了就自己玩儿，不哭不闹，真好。

例（5）表示他一整天"既不吃也不喝"，例（6）表示孩子"既不哭也不闹"。

"不……不……"中间也可以插入意义相反的性质形容词，表示比较适中或比较合适。例如：

（7）这件衣服他穿不大不小，不长不短，正合适。

（8）她说话不快不慢，听起来很舒服。

---

① "又……又……"中间插入单音节的动词或形容词，有时前后两项可以互换位置，语义不变。如"又高又瘦、又瘦又高""又爱又恨、又恨又爱"等等。

例（7）表示衣服合适，例（8）表示她说话语速适中。

"不……不……"中间还可以插入区别词、数词。例如：

（9）这是男装还是女装？我怎么感觉有点儿<u>不男不女</u>的。

（10）不必花些<u>不明不白</u>的钱，找些<u>不三不四</u>的人，说些<u>不痛不痒</u>的话。

例（9）表示服装既没有男装的特点，也不像女装，特征不够明显，不够明确。例（10）中，"不三不四"形容不正派或不像样。

常用的"不……不……"格式的并列词组还有：不伦不类、不枝不蔓、不僧不俗、不上不下、不紧不慢、不痛不痒、不卑不亢、不骄不躁、不疾不徐、不阴不阳、不痴不聋、不好不坏、不多不少、不冷不热、不早不晚、不高不矮、不远不近、不悲不喜、不喜不悲、不聋不哑、不急不躁、不慌不忙、不干不净、不清不楚、不清不白、不明不白、不死不活、不屈不挠、不依不饶、不即不离、不离不弃、不偏不倚、不知不觉、不声不响、不闻不问、不理不睬、不忧不惧、不温不火、不眠不休、不休不眠等。①

三、大……大……

"大……大……"中间可以插入动词性成分，表示做某事比较过度、比较过分。例如：

（11）每天<u>大吃大喝</u>，对身体不好。

（12）这孩子特别任性，如果不满足他，他就<u>大吵大闹</u>、<u>大喊大叫</u>，不依不饶。

例（11）表示吃喝过度、超量，对身体不好。例（12）表示吵闹、喊叫的声音比较大，行为比较过分。

"大……大……"中间也可以插入形容词性成分和区别词，表示程度高。例如：

（13）他每天都盼望自己有一天能<u>大红大紫</u>。

（14）香港的饭馆里<u>大红大绿大金大银</u>，语声喧哗，北人皆以为俗气，其实

---

① 　"不……不……"中间插入单音节动词、形容词、区别词、数词等，组成的并列词组有的形式固定，前后项位置不能互换，如"不三不四"不能说成"不四不三"，"不清不楚"不能说成"不楚不清"，等等。有的形式比较自由，前后项可以互换位置，如"不悲不喜"也可以说成"不喜不悲"，"不休不眠"也可以说成"不眠不休"，等等。

你读唐诗,正是这种世俗的热闹,铺张而有元气。

例(13)中,"大红大紫"表示特别红,红得发紫。例(14)中,"大红大绿"表示颜色浓艳,"大"表示程度深、程度高。例(14)"大金大银"中的"金、银"是区别词,区别词插入"大……大……"格式组成的并列词组不多。

常用的"大……大……"格式的并列词组还有:大摇大摆、大是大非、大慈大悲等。

四、一……一……

"一……一……"中间可以插入名词性成分、动词性成分。意义可以相近、相关,也可以相反、相对。例如:

(15)解放军从来不拿群众<u>一针一线</u>。

(16)他腿受伤了,走路<u>一瘸一拐</u>的。

(17)从住的地方到公司很远,<u>一来一回</u>需要5个多小时。

例(15)"一针一线"中的"针、线"是名词性的,都是缝纫用品,"一针一线"比喻非常细小的东西,整个句子表示解放军纪律严明,不拿群众任何财物。例(16)"一瘸一拐"中的"瘸、拐"是动词性的,意义相近,表示走路不稳,整个句子表示他腿受伤以后走路时不敢用力、身体向一边歪的样子。例(17)"一来一回"中的"来、回"是动词性的,意义相反,整个句子表示从住的地方到公司来回一趟需要的时间。

常用的"一……一……"格式的并列词组还有:一朝一夕、一心一意、一模一样、一点一滴、一生一世、一草一木、一字一句、一东一西、一丝一毫、一分一厘、一五一十、一颦一笑、一唱一和、一举一动、一治一乱、一吹一唱、一拉一唱、一弹一唱、一来一往、一张一弛、一悲一喜、一明一暗等。①

―――――――――

① "一……一……"格式中"一"的语义比较复杂,具体而言:可以表示"小、少",如"一针一线、一点一滴、一丝一毫、一分一厘"等;也可以引申出"大、全"的语义,如"一举一动"表示所有举动,"一颦一笑"表示所有表情,等等;还可以表示"无二",如"一心一意"表示没有二心,"一模一样"表示没有两样,等等;还可以表示两个人或事物"一个……一个……",如"一东一西"表示两个人或事物一个在东或一个往东,一个在西或一个往西,"一吹一唱"表示两个人一个吹一个唱,等等。

五、半……半……

"半……半……"中间可以插入动词性成分、形容词性成分等，表示不完全，或者具有各一半的相反性质的特征。例如：

（18）他说话总是半真半假的。

（19）我对他的话半信半疑。

（20）他吃牛排喜欢吃那种半生半熟的，就是五分熟。

例（18）表示他的话有一半是真的，有一半是假的。例（19）表示"我"对"他的话"有一半信任，有一半怀疑。例（20）表示他喜欢吃的牛排介于生的和熟的之间。

常用的"半……半……"格式的并列词组还有：半梦半醒、半新半旧、半明半暗、半饥半饱等。

六、……来……去

"……来……去"中间可以插入表示位移的动词，表示动作向相反的或不同的方向多次重复进行。例如：

（21）他就是个"空中飞人"，总是飞来飞去的。

（22）别在这里走来走去的，影响我工作。

例（21）"飞来飞去"和例（22）"走来走去"中插入的动词"飞、走"都是位移动词，与"来、去"组合表示动作的方向。"飞来飞去"表示不停地飞到这儿，飞到那儿。"走来走去"表示不停地走过来，走过去。

"……来……去"中间还可以插入非位移动词，表示动作的重复，后面还经常使用"都（是）……"或"就（是）……、还（是）……"等，表示"无论如何×，都是/就是/还是……"。例如：

（23）挑来挑去，都不满意。

（24）找来找去，就是找不到满意的。

（25）讨论来讨论去，还是没讨论出什么结果来。

例（23）表示无论怎样反复挑选，都不满意。例（24）表示无论怎样反复找，就是找不到满意的。例（25）表示无论怎样讨论，还是没有得出最终的结果或一致的结论。

常用的"……来……去"格式的并列词组还有：翻来覆去、说来说去、看来看去、听来听去、绕来绕去、拐来拐去、直来直去[①]等。

七、有……有……

"有……有……"中间可以插入名词性成分、动词性成分、形容词性成分等，表示"既有……也有……"。插入的成分可以是意义相近、相关的，也可以是意义相反、相对的。例如：

（26）杭州很宜居，<u>有山有水</u>，环境很好。

（27）一路上<u>有说有笑</u>，不知不觉就到了上海。

（28）他的话<u>有真有假</u>，不知道哪些能信，哪些不能信。

（29）一个团队里面最好<u>有男有女</u>，因为男性和女性的思维方式有所不同，在工作中可以互补。

例（26）中，"山、水"是名词，都是自然环境中的事物，意义相关，整个句子表示杭州风景好、环境好。例（27）中，"说、笑"是动词，意义相关，"有说有笑"表示"说说笑笑"。例（28）中，"真、假"是形容词，意义相反、相对，整个句子表示他说的话有的真、有的假。例（29）中，"男、女"是区别词，区别词插入"有……有……"格式组成的并列词组不多，这里"有男有女"的意思是"既有男人也有女人"。

常用的"有……有……"格式的并列词组还有：有情有义、有时有晌、有利有弊、有吃有喝等。

八、没……没……

"没……没……"与"有……有……"意义相反，中间可以插入名词性成分、动词性成分、形容词性成分等。用在意义相同、相近的成分前，表示"既没有……也没有……"，强调没有。用在意义相反、相对的成分前，表示应区别而

---

① "直来直去"表示"来、去"的方式比较直接。"直来、直去"是偏正关系的组合，这种类型的"……来……去"词组不多。

未区别。例如：

（30）这个老爷爷没儿没女，老伴儿也去世了，一个人生活。

（31）葡萄好吃也不能没完没了地吃，吃多了会伤脾胃。

（32）说话别没轻没重的，要有分寸。

例（30）中，"儿、女"是名词性的，"没儿没女"表示"既没有儿子，也没有女儿"。例（31）中，"完、了"是动词，"没完没了"表示没有止境，无休无止。例（32）中，"轻、重"是形容词，"没轻没重"表示说话不知轻重，没有分寸。

常用的"没……没……"格式的并列词组还有：没脸没皮、没皮没脸、没心没肺、没着没落、没颠没倒、没大没小、没深没浅、没老没少、没老没小、没羞没臊等。

九、无……无……

"无……无……"中间可以插入名词性成分、动词性成分等，表示"既没有……也没有……"。例如：

（33）老先生无儿无女，一个人生活。

（34）他受不了公司无休无止地加班，上个月辞职了。

例（33）中，"无儿无女"也可以说成"没儿没女"，表示"既没有儿子，也没有女儿"。例（34）中，"无休无止"表示没有休止、不停地，整个句子表示公司不停地加班，没有休止，他受不了，辞职了。

常用的"无……无……"格式的并列词组还有：无法无天、无情无义、无声无息、无穷无尽、无依无靠、无忧无虑、无拘无束等。

需要注意的是，"无……无……"与"没……没……"虽然结构义相同，但是组成固定的四字格时中间插入的成分有所不同，往往不能随意替换。如"没脸没皮、没心没肺"通常不说成"无脸无皮、无心无肺"，"无法无天、无情无义"通常不说成"没法没天、没情没义"，等等。但也有的可以替换，如"无儿无女、无依无靠"可以说成"没儿没女、没依没靠"等。

十、非……非……

"非……非……"中间通常插入名词性成分，整个格式表示"既不是……也不是……"。例如：

（35）我和他非亲非故，他突然找我借这么多钱，不知道有什么事儿。

（36）这件事情的关键人物非你非我，所以这件事情你和我都解决不了。

例（35）中，"非亲非故"表示他对于"我"来说既不是亲人，也不是故交。例（36）中，"非你非我"表示事情的关键人物不是你也不是"我"，而是另有其人。

常用的"非……非……"格式的并列词组不多，还有"非驴非马"等。

十一、左……右……

"左……右……"中间可以插入名词性成分、动词性成分等。"左、右"可以指具体的方位，也可以不指方位，只表示邻近的事物，或表示动作行为的多次反复。例如：

（37）你们在公司里是老板的左膀右臂，要帮老板分担工作和压力。

（38）他一进会场就左顾右盼，好像在找什么人。

例（37）中，"左膀右臂"不是真的左右臂膀，而是比喻亲近的、信任的、可以倚重的人。同样，"左邻右舍"也不一定只是左右两边的邻居，前后的、上下楼层的邻居也可以用"左邻右舍"或"左邻右里"指称。例（38）中，"左顾右盼"不是只向左右两边看，而是环顾四周，向四周看。此外，"左思右想"中的"思、想"本身没有方向性，因此这里的"左、右"也不表示方向，整个词组表示反复思考、反复忖度。"左拥右抱"中"拥、抱"的动作需要通过左右手臂来实施，但整个词组已经产生了比喻义，比喻姬妾众多。此时，"左、右"的方向义也已经不重要了。

十二、东……西……

"东……西……"中间可以插入动词性成分，可以表示动作的方向，也可以不表示方向，而表示动作的重复。例如：

（39）他一进会场就<u>东张西望</u>、<u>东看西瞧</u>的。

（40）很多人买东西喜欢<u>东挑西选</u>。

例（39）中，"东张西望、东看西瞧"表示向东或向西张望，进一步引申为向四处看、向四处瞧。例（40）中，"东挑西选"不表示具体的方向，而是指在很多东西中挑挑拣拣，反复挑选。

常用的"东……西……"格式的并列词组还有：东拉西扯、东躲西藏、东奔西走、东奔西跑、东奔西逃、东逃西窜、东挪西借、东挪西凑、东倒西歪、东跑西颠、东征西讨、东游西逛、东躲西闪、东问西问、东看西看、东找西找等。

十三、前……后……

"前……后……"中间可以插入名词性成分、动词性成分等，既可以表示动作的方向，也可以表示动作的多次重复。例如：

（41）凡事都有个<u>前因后果</u>，所谓"种瓜得瓜，种豆得豆"。

（42）都是街坊邻居，<u>前街后巷</u>地住着，有什么事儿大家都相互照应着。

例（41）"前因后果"中的"前、后"指时间上的先后，即"先有因，后有果"。例（42）"前街后巷"中的"前、后"指空间方位。

（43）他笑得<u>前仰后合</u>。

（44）去哪里留学不是小事情，一定要慎重，他<u>前思后想</u>，反复衡量，最后决定去欧洲。

（45）做事情要勇敢，不能<u>前怕狼后怕虎</u>的。

（46）在这<u>前不着村后不着店</u>的地方，上哪儿给你买牛奶啊。

例（43）"前仰后合"中的"前、后"指具体的方向。例（44）中，"前思后想"是固定词组，指反复思考，"前、后"不表示方向。例（45）中，"前怕狼后怕虎"从字面看似乎是前方有虎，后方有狼，但整个结构也是固定词组，比喻胆小怕事，顾虑太多。此处，"前、后"也不表示方向，这句话也可以说成"前怕虎后怕狼"。例（46）中，"前不着村后不着店"从字面看似乎是前面没有村，后面没有店，但整个结构也是固定词组，表示"走远道处在无处落脚的境地"，后又引申为"比喻处境尴尬或生活无依靠"。此处,"前、后"同样不表示方向。

常用的"前……后……"格式的并列词组还有:前倨后恭、前赴后继、前仆后继、前俯后仰、前呼后拥、前瞻后顾等。

十四、……前……后

"……前……后"中间可以插入动词性成分、形容词性成分,表示动作"向前、向后",可以进一步引申为"前前后后",表示忙碌。例如:

(47)家里来了很多客人,他跑前跑后地招呼客人。

(48)最近事情多,他忙前忙后的,把自己的生日都忘了。

例(47)中,"跑前跑后"比喻前前后后地跑,前前后后地张罗、忙碌。例(48)中,"忙前忙后"比喻前前后后、大大小小的事情都需要考虑,并为此忙碌。

常用的"……前……后"格式的并列词组还有:瞻前顾后、顾前不顾后等。

十五、……这……那

"……这……那"中间可以插入动词性成分,其中"这、那"不是具体指某一事物,而是泛指"很多、各种各样"。例如:

(49)他问题可多了,总是问这问那的,什么都问。

(50)他这个人事儿特别多,特别挑剔,总是嫌这嫌那的。

例(49)中,"问这问那"不是只问两个问题,而是问很多问题,"什么都问"。例(50)表示他对很多方面不满足,"嫌这嫌那"不是只嫌弃"这"和"那",而是对很多事物都很不满,很嫌弃。

常用的"……这……那"格式的并列词组还有:说这说那、打听这打听那等。

十六、忽……忽……、时……时……

"忽……忽……"中间可以插入动词性成分、形容词性成分等,表示交替变化,间隔时间比较短。例如:

(51)远处的光忽隐忽现,是什么东西?

（52）远处的灯光忽明忽暗，不知道怎么回事儿。

（53）他特别紧张，心跳得忽快忽慢。

例（51）表示"远处的光"一会儿隐去了，一会儿又出现了，变化很快。例（52）表示"远处的灯光"一会儿明一会儿暗，变化很快。例（53）表示他的心跳速度一会儿快一会儿慢，变化很快。

"时……时……"也表示交替变化，不过间隔时间比"忽……忽……"稍长。例如：

（54）手机信号不好，我听你的声音时断时续，一会儿有一会儿没有。

（55）他跟人相处时远时近，要找人帮忙了，可会套近乎了，忙帮完了，就远了。

（56）他的成绩时好时坏，很不稳定。

例（54）表示从手机里听对方的声音一会儿断了，一会儿又有了。例（55）表示他跟人相处时的距离有时候远，有时候近，取决于他是否需要他人帮忙。例（56）表示他的成绩有时候好，有时候坏。

虽然同样表示交替变化，但"时……时……"中两种状态的间隔时间不像"忽……忽……"那么短暂。与人相处时的距离以及学习成绩虽然有变化，但不会像紧张导致的心跳速度变化那么快。"忽隐忽现、时隐时现"都可以说，差别就在于间隔时间的长短。

常用的"忽……忽……"格式的并列词组还有：忽冷忽热、忽高忽低等。

常用的"时……时……"格式的并列词组还有：时快时慢、时轻时重、时隐时现、时有时无等。

十七、连……带……

"连……带……"中间可以插入动词性成分，表示两个动作"连带"进行，意思相当于"又……又……"。例如：

（57）他通过了 HSK 六级，高兴得连蹦带跳的。

（58）这个孩子想买玩具汽车，他妈妈不同意，他就连哭带闹的，一定要买。

（59）他汉语不太好，连说带比画，总算让别人听懂了他的意思。

（60）（从送医到去世）就一个礼拜以内，他妈就去世了……等于说<u>连种地带</u>
<u>伺候病人</u>给他妈妈身体累垮了。

例（57）表示由于高兴，他又蹦又跳。例（58）表示由于愿望得不到满
足，孩子又哭又闹。例（59）表示他为了让别人了解他的意思又说又比画。例
（60）表示他妈妈既要种地，又要伺候病人，非常辛苦。例（57）～（60）中的
"连……带……"可以分别替换为"又蹦又跳、又哭又闹、又说又比画、又种地
又伺候病人"。①

需要注意的是，"又……又……"虽然表达的意义与"连……带……"相近，
但用法有所不同。"连……带……"中间可以插入名词性成分，"又……又……"
不可以。

"连……带……"格式中还可以插入名词性成分、形容词性成分等。例如：

（61）肉皮美容，你可以<u>连皮带肉</u>一起吃。

（62）红烧肉就要<u>连肥带瘦</u>一起吃才香。

例（61）中，"连皮带肉"的意思是"皮和肉"。例（62）中，"连肥带瘦"
的意思是"肥的（肉）和瘦的（肉）"。

常用的"连……带……"格式的并列词组还有：连汤带水、连皮带骨、连枝
带叶、连头带尾、连滚带爬、连蒙带唬、连蒙带骗、连哄带骗、连跑带颠、连喊
带叫、连踢带打、连打带骂、连拉带扯、连拉带拽、连说带笑等。

十八、也……也……

"也……也……"中间可以插入形容词性成分，可以是一个肯定形式、一个
否定形式，意思相反，此时，"也……也……"表示同时拥有相反的两个方面的
特征。"也……也……"中间还可以插入意义相关的成分，表示同时具有两种相
关的特征。例如：

（63）住学校的宿舍<u>也好也不好</u>，好是离教室近，不好是没有厨房，不能自
己做饭。

---

① 虽然"连……带……"格式的一些词组可以变换为"又……又……"格式的词组，但两个格式的习
得难度不同，"又……又……"格式的词组难度较低，"连……带……"格式的词组难度较高。

（64）他也聪明也努力，就是考试成绩不好。

例（63）表示住学校的宿舍有好的一面，也有不好的一面。例（64）表示就学习而言，他"既聪明也努力"。

十九、可……可……

"可……可……"中间可以插入动词性成分、形容词性成分等。"可……可……"中的"可"有可以、值得的意思，整个格式表示"既可以……也可以……"或"既值得……也值得……"。例如：

（65）朋友的孩子考上了北京大学，真是一件可喜可贺的大好事！

（66）这个女孩子有的时候帅气，有的时候可爱，"可盐可甜"。

（67）开学后大家又见到了可亲可敬的王老师。

例（65）中，"可喜可贺"指值得欣喜、值得庆贺。例（66）中，"可盐可甜"表示既可以很帅酷霸气，又可以很可爱，风格多样，可以在这些风格之间无缝切换。此处的"盐"指帅酷霸气，不是作为调料的名词性的"盐"。例（67）中，"可亲可敬"表示王老师易于接近，有亲和力，因其美德受到学生的尊重。

常用的"可……可……"格式的并列词组还有：可悲可叹、可歌可泣、可敬可爱等。

二十、若……若……

"若……若……"中间可以插入动词性成分、形容词性成分等，表示"好像……又好像……"。例如：

（68）云丝若有若无，可能是仙女和织女扯下的棉絮。

（69）你也许没有若隐若现的酒窝，但你微笑时一定是月闭花羞，鱼沉雁落。

（70）远处的光影若明若暗，看得不甚分明。

例（68）中，"若有若无"表示好像有，又好像没有，看得不是太分明。例（69）中，"若隐若现"表示好像隐去，又好像显现出来，隐隐约约，很难分清。例（70）中，"若明若暗"表示好像是明的，又好像是暗的，不甚分明。

常用的"若……若……"格式的并列词组还有：若隐若显、若即若离等。

二十一、似……似……

"似……似……"中间可以插入形容词性成分，表示"似乎……又似乎……"，跟"若……若……"的表意功能比较相近，但插入成分不完全相同。例如：

（71）恍惚中，眼中映入一个窈窕的身影，<u>似真似幻</u>。

（72）女主角就像美梦，<u>似真似幻</u>，<u>似远似近</u>。这种气息，为古龙的作品蒙上了诗的韵致。

例（71）和例（72）中，"似真似幻"表示好像是真的，又好像是幻想出来的。例（72）中，"似远似近"表示好像很远，又好像很近。

常用的"似……似……"格式的并列词组不多，还有"似梦似真"等。

需要注意的是，由于表达的意义相近，"似……若……"也可以组成并列词组。例如：

（73）思念是一种很玄的东西，<u>似有若无</u>。

（74）他深情诠释出一种从希望到失望的伤感，透露出一种<u>似有若无</u>的惆怅感。

例（73）和例（74）中，"似有若无"从字面看表示好像有，又好像没有，也可以形容不太在意。

二十二、如……如……

"如……如……"中间可以插入名词性成分、形容词性成分等，表示"像……又像……"，跟"似……似……"的表意功能比较相近，但插入成分不完全相同。例如：

（75）琴音响彻天地，<u>如梦如幻</u>，<u>如醉如痴</u>。

（76）他们噼噼啪啪地鼓掌，<u>如痴如狂</u>地赞美。

（77）赵家人真是<u>如狼如虎</u>，威风不减当年。

（78）人家说三十如狼四十如虎，诸葛雄起三十五六，正是<u>如狼如虎</u>的年龄。

例（75）中，"如梦如幻"表示很美，朦朦胧胧，不像在现实中，而像在幻梦中;"如醉如痴"表示好像醉了,好像痴了,形容沉迷于某种事物而无法自制的神态。例(76)中,"如痴如狂"表示好像痴了,好像狂了,形容神态失常,不能自制,也可以指为某人某事所倾倒。例(77)和例(78)中,"如狼如虎"表示好像是狼,也好像是虎,形容勇猛、猛烈。

常用的"如……如……"格式的并列词组还有:如醉如狂、如醉如梦、如梦如醉、如痴如醉、如饥如渴、如手如足、如兄如弟、如火如荼等。

需要注意的是,由于表达的意义相近,"如……似……"也可以组成并列词组。例如:

(79)这些如花似玉的姑娘在舞台上翩翩起舞。

(80)他迫不及待地扑进图书馆,如饥似渴地吸收看到的知识。

例(79)中,"如花似玉"表示好像是花,好像是玉,形容女子姿容出众,像花和玉那样美好。例(80)中,"如饥似渴"表示好像饿了急着要吃饭,渴了急着要喝水一样,比喻需求迫切。

常用的"如……似……"格式的并列词组还有:如花似锦、如胶似漆、如狼似虎、如龙似虎、如山似海等。

二十三、由……组成

"由……组成"中间可以插入组成成分,组成成分如果不止一个,那么通常以并列词组的形式出现。例如:

(81)选择题由题目和选择项组成。

(82)试卷由听力、语法、写作三个部分组成。

例(81)表示选择题的组成部分包括题目和选择项,例(82)表示试卷的组成部分包括听力、语法和写作。

二十四、什么X的Y的、什么X不X的

"什么X的Y的"表示不必区分"X的"和"Y的",有"无论/不管……都……"的意思。例如:

(83)咱俩这关系,还分什么你的我的。

（84）<u>什么大的小的</u>，都一样吃。

例（83）表示"你的我的"不必区分，都一样。例（84）表示"大的小的"不必区分，都一样吃。

"什么X不X的"的表达功能与"什么X的Y的"一样，也表示不必区分"X"和"不X"，二者不影响结果，或者还有更重要的内容。例如：

（85）<u>什么进口不进口的</u>，都一样甜。

（86）<u>什么漂亮不漂亮的</u>，都不重要，人品最重要。

例（85）表示无论是进口的，还是不是进口的，都不影响甜度。例（86）表示"漂亮不漂亮"不重要，人品最重要。

二十五、无所谓 X 不 X

"无所谓"有不重要的意思，"无所谓X不X"表示"X"或"不X"不重要，其他方面才更重要。例如：

（87）我要找有能力的，<u>无所谓学历不学历</u>。

（88）<u>无所谓贵不贵</u>，质量好才更重要。

例（87）表示学历不重要，能力才重要。例（88）表示价格不重要，质量才重要。

有时"无所谓X不X"格式中还可以插入连词"还是"，变成"无所谓X还是不X"，或者变换成"无所谓XY""无所谓X还是Y"。例如：

（89）<u>无所谓贵还是不贵</u>，质量好才更重要。

（90）<u>无所谓贵贱</u>，质量好才更重要。

（91）<u>无所谓贵还是贱</u>，质量好才更重要。

例（89）～（91）与例（88）表达的意义相同，只是使用了"无所谓X不X"不同的变换形式。

二十六、无论 / 不论 / 不管 / 别管（是）XY，都……

"无论 / 不论 / 不管 / 别管（是）XY，都……"是条件复句。后一分句包含总括副词"都"，可以作为识别并列关系的辅助手段。前一分句中，"无论 / 不论 /

不管/别管（是）"后面的"XY"是并列的两项或多项，组成并列词组，表示即便是不同的条件，也不会对结果造成影响。例如：

（92）很多人喜欢去海南旅游，<u>无论冬天夏天，海南的游客都很多</u>。

（93）春节是最热闹的节日，<u>不论男女老少，都特别开心</u>。

（94）考试结束了，<u>不管成绩好坏，都要放松一下</u>。

（95）天这么阴，<u>别管现在下雨不下雨，都带把伞</u>。

例（92）中，"无论"后面并列的成分有两项，即"冬天、夏天"。整个句子表示冬天和夏天海南的游客都很多。例（93）中，"不论"后面并列的成分有四项，即"男、女、老、少"。整个句子表示男人、女人、年纪大的人、年纪轻的人，春节的时候都特别开心。例（94）中，"不管"后面并列的成分是"（成绩）好、（成绩）坏"，整个句子表示成绩好或成绩不好，考试以后都要放松一下。例（95）中，"别管"后面并列的成分是"（现在）下雨、（现在）不下雨"，整个句子表示现在下雨不下雨，出门都应该带雨伞。

23. 哪些固定格式经常组成并列复句？

汉语中有些固定格式常常可以组成并列复句，《国际中文教育中文水平等级标准》中整理了一些固定格式、口语格式等，如"X是X，Y是Y""X也得X，不X也得X""X的X，Y的Y""X也X不得，Y也Y不得"等，这些格式通常组成并列关系的复句。下面结合具体的格式举例说明。[①]

一、X是X，Y是Y

"X是X，Y是Y"表示X与Y不同，不能混为一谈，不可同日而语。例如：

（1）<u>你是你，我是我</u>，你的想法不代表我的想法。

（2）<u>理想是理想，现实是现实</u>，理想不能当饭吃。

---

① 一些例句选自《国际中文教育中文水平等级标准》，有的稍做改动。

（3）一是一，二是二，该怎么就怎么，不要混为一谈。

例（1）表示你只能代表你自己，不能代表"我"。例（2）表示理想和现实不一样，要尊重现实，面对现实。例（3）表示该区分的一定要区分，不要混在一起。

二、X 也得 X，不 X 也得 X

"X 也得 X，不 X 也得 X"有必须如此的意思，不容置疑。例如：

（4）这件事你做也得做，不做也得做，没得商量。

（5）钢琴是你要买的，你学也得学，不学也得学。

（6）生病了必须去医院，你去也得去，不去也得去。

例（4）表示无论想不想做，都要做这件事。例（5）表示无论想不想学钢琴，都学。例（6）表示无论愿意不愿意去医院，都得去。

三、X 的 X，Y 的 Y

"X 的 X，Y 的 Y"用来描述不同的情况，表示"有的……有的……"。例如：

（7）公园里面踢球的踢球，放风筝的放风筝，很热闹。

（8）放假了，同学们回国的回国，旅游的旅游，都走了。

例（7）表示公园里面有人踢球，有人放风筝，分别在做着不同的事情。例（8）表示放假后有的同学回国，有的同学旅游，大家分别选择不同的方式度过假期。

四、X 也 X 不得，Y 也 Y 不得

"X 也 X 不得，Y 也 Y 不得"的"不得"表示"不能，没有办法"。整个格式表示"既不能……也不能……"。例如：

（9）孩子大了，打也打不得，骂也骂不得。

（10）腰疼的时候，他站也站不得，坐也坐不得。

例（9）表示对长大了的孩子进行教育既不能打，也不能骂。例（10）表示

他在腰疼的时候既不能站，也不能坐，非常痛苦。

五、X（也）是它，Y也是它

"X（也）是它，Y也是它"表示X和Y虽然有所不同，但都"是它"，后续小句表示结果不变。例如：

（11）只有这一个，好也是它，坏也是它，没有别的选择。

（12）只有这一班车，等五分钟是它，等五十分钟也是它，只能等了。

（13）既然必须这么做，成也是它，败也是它，我不后悔。

例（11）～（13）包含"只有、只能、必须"等词语，表示只有一种选择，不论好坏，没有其他选择，结果不变。需要注意的是，如果代词指代的是人，"它"可以换成"他/她"。例如：

（14）只有一个孩子，好也是他/她，坏也是他/她。

当"X（也）是它，Y也是它"中X和Y的语义相反、相对时，Y也可以替换为"不X"。例如：

（15）只有这一个，好也是它，不好也是它，没有别的选择。

六、X归X，Y归Y

"X归X，Y归Y"中的X和Y通常是动词性成分，语义可以是相近的。"X归X，Y归Y"与后续小句存在转折关系，表示"虽然……但是……"，后续小句中往往使用"还是"。例如：

（16）兄弟俩吵归吵，闹归闹，关系还是非常好。

（17）打归打，骂归骂，心疼还是照样心疼。

例（16）中，"吵、闹"语义相近，整个句子表示兄弟俩虽然吵，虽然闹，但关系还是很好。例（17）中，"打、骂"语义虽然不同，但在同一语义类中，都可以表示对待别人的方式。整个句子表示虽然打，虽然骂，但还是一样地心疼。

"X归X，Y归Y"中，X和Y的语义还可以是相对的，凸显X和Y的差异。例如：

（18）<u>说归说，做归做</u>，关键看他做了什么，不能光听他说。

（19）<u>朋友归朋友，生意归生意</u>，不能免费。

例（18）表示说和做不同，不能只听他说什么，要看他做什么。例（19）表示朋友跟生意不同，不能因为是朋友就不做生意，免费帮忙。

七、X 一＋量词，Y 一＋量词

"X 一＋量词，Y 一＋量词"可以表示具体的以"各一＋量词"的形式进行分配，也可以表示数量多、杂乱。例如：

（20）还有最后两块鱼，<u>你一块，我一块</u>，我们都吃了吧。

（21）这么多人，<u>你一句，我一句</u>，根本听不清楚在说什么。

例（20）表示对"两块鱼"的分配，即"你一块，我一块"，两个人每人一块。例（21）表示"这么多人"都在说话，不是只有"你、我"两人，很多人说，声音叠在一起，因此"听不清楚在说什么"。"你一言，我一语"具有同样的表意功能和表达效果。

"X 一＋量词＋Y 一＋量词"可以组成并列词组。例如：

（22）你怎么了？怎么身上<u>青一块紫一块</u>的？

（23）<u>鼻涕一把泪一把</u>，一般属于风寒感冒，是病毒引起的。

例（22）中的"青一块紫一块"和例（23）中的"鼻涕一把泪一把"都是并列词组，"一"不表具体的数目，整个词组表示"多"。前者意思是身上有很多青紫的地方，后者意思是因为感冒而流了很多鼻涕和眼泪。

八、东一 X，西一 X

"东一 X，西一 X"中的"东、西"往往不表示具体的方位，而是指多而杂乱。例如：

（24）他说话<u>东一句，西一句</u>，完全没有重点。

（25）他做事情总是<u>东一下，西一下</u>，既无计划更无耐心。

例（24）表示他说话没有重点，主题不明确，内容混乱。例（25）表示他做事没有明确的计划，而且没有持久的耐心，容易变化。

"东一X，西一X"还可以变换为"东一X，西一Y"，表意功能和表达效果不变。例如：

（26）他说话东一榔头，西一棒槌，完全没有重点。

（27）他做事情总是东一榔头，西一棒槌，既无计划更无耐心。

例（26）中，"东一榔头，西一棒槌"比喻说话没有头绪。例（27）中，"东一榔头，西一棒槌"比喻做事没有计划。

根据具体的"X"，"东、西"也可以用语义相关的成分替换。例如：

（28）天黑还下雨，他东一脚、西一脚地赶回来了。

（29）天黑还下雨，他深一脚、浅一脚地赶回来了。

例（28）中，"东一脚、西一脚"表示由于"天黑、下雨"，路滑且看不清楚，所以踩在哪里也不知道，脚步杂乱且脚印深浅不一，也可以用"深一脚、浅一脚"替换，如例（29）。

九、早（也）不X，晚（也）不X

"早（也）不X，晚（也）不X"表示做某事的时间不合适。例如：

（30）早不来，晚不来，我们要出门的时候他来了。

（31）早也不走，晚也不走，需要他的时候他却走了。

例（30）表示他来的时间不合适、不凑巧，早来可以，晚来也可以，在"我们要出门"这个不早不晚的时间来，不合适。例（31）表示他走的时间不合适，早走可以，晚走也可以，在"需要他"这个不早不晚的时候走，走的时间不合适。

十、这/那也不X，那/这也不X

"这/那也不X，那/这也不X"中的指示代词不指具体的"这"和"那"，对举使用表示很多甚至所有的都"不X"。"X"可以是动词性成分，也可以是形容词性成分。例如：

（32）这个孩子特别挑食，这也不吃，那也不吃。

（33）这也不满意，那也不满意，你到底想要什么样的？

例（32）中，"这也不吃，那也不吃"不是只不吃"这"和"那"，而是很多东西都不吃，显示出"这个孩子特别挑食"。例（33）中，"这也不满意，那也不满意"同样不是只不满意"这"和"那"，而是对很多事物都不满意，显示出对想要的事物的挑剔。

这个格式还可以变换为"这/那也不 X，那/这也不 Y"。例如：

（34）这也不吃，那也不喝，结果身体越来越差。

（35）就是买辆自行车，这也不合适，那也不对，真不明白他到底想买什么样的。

例（34）中，"不吃"和"不喝"陈述的同是饮食类的事物。例（35）中，"不合适"和"不对"陈述的同是要买的自行车。虽然并列的后项 X 变成了 Y，但表达效果不变。

十一、X（也）不是，不 X 也不是

"X（也）不是，不 X 也不是"表示"X"和"不 X"的做法都不好，都不合适，感觉不知所措、无所适从。例如：

（36）笑（也）不是，不笑也不是，很尴尬。

（37）站也不是，不站也不是，不知道该怎么办。

例（36）表示笑或不笑都不太好，因此不知该做什么表情。例（37）表示站或不站都不太好，因此不知该怎么办。

有时，"X（也）不是，不 X 也不是"中的"不 X"也可以替换为跟"X"意义相反或相对的词。此时，格式变换为"X（也）不是，Y 也不是"。例如：

（38）站也不是，坐也不是，不知道该怎么办。

（39）走也不是，留也不是，不知道到底该走还是该留。

十二、X 也好／也罢，Y 也好／也罢

"X 也好／也罢，Y 也好／也罢"有"无论 X 或 Y"的意思，往往需要后续句，后续句中常常使用"反正、都"等副词，表示结果不受条件影响。例如：

（40）你同意也好，不同意也好，反正我已经决定了。

（41）<u>线上也好，线下也罢</u>，都要点名，不参加的都算缺席。

例（40）表示"我"的决定不因对方同意或不同意而改变，例（41）表示点名不因线上或线下而有所不同。

十三、X了又Y，Y了又X

"X了又Y，Y了又X"中的X和Y是动词，整个格式表示两个动作交替、反复进行。例如：

（42）他把家里的收音机<u>拆了又装，装了又拆</u>，不知道拆、装了多少遍。

（43）他对自己写的东西不满意，<u>撕了又写，写了又撕</u>。

例（42）表示他反复地拆开家里的收音机又装好，例（43）表示他反复地撕掉自己写好的东西又重写。

十四、X也X不……，Y也Y不……

"X也X不……，Y也Y不……"表示达不到某种结果。例如：

（44）他为儿子的事担心，<u>每天吃也吃不下，睡也睡不着</u>。

（45）他准备了太多东西，<u>吃也吃不完，用也用不完</u>。

例（44）指知道应该吃，但是吃不下；知道应该睡，但是睡不着。整个句子表示他处于一种非常担心的状态。例（45）表示吃但是吃不完，用但是也用不完，意思是他准备的东西非常多。

十五、要X有/没X，要Y有/没Y

"要X有/没X"可以看作紧缩复句，表示"如果要X，那么是有/没X的"，"要Y有/没Y"同样如此。往往两项并列使用，组成并列复句，表示X和Y两者兼具或兼无。例如：

（46）他<u>要个头有个头，要学历有学历</u>，很多女生都喜欢他。

（47）他<u>要学历没学历，要能力没能力</u>，什么都不懂，什么都不会做。

例（46）表示他兼具个头和学历两个方面的优势，例（47）表示他缺少学历和能力两方面的条件。

十六、不 X 不……，一 X……

"不 X 不……，一 X……"前后项都是紧缩复句，共同组成并列复句，表示"如果不……，那么不……；只要一……，就……"。例如：

（48）不看不知道，一看吓一跳，现在小学生的作业都这么难了！

（49）这衣服不试不知道，一试真好看！

例（48）表示如果不看是不知道的，只要看了就会知道。例（49）表示如果不试是不知道的，只要试了就会知道。

24. 固定词组或固定格式中有哪些识别并列关系的辅助手段？

汉语中有很多固定词组或固定格式，其中包含具有并列关系的组合，同时包含能够辅助识别并列关系的相关成分。例如：

（1）形神兼备、德才兼备、文武兼备、标本兼治、品学兼优、软硬兼施、日夜兼程、公私兼顾等

上述固定词组或固定格式中的"形神、德才、文武、标本、品学、软硬、日夜、公私"等都是具有并列关系的组合，"兼"是动词，表示"同时涉及或具有几种事物"①，可作为识别并列关系的辅助手段。

（2）身心俱疲、泥沙俱下、声色俱厉、声泪俱下、玉石俱焚、玉石俱碎、身胆俱碎、身胆俱裂等

上述固定词组或固定格式中的"身心、泥沙、声色、声泪、玉石、身胆"等都是具有并列关系的组合，"俱"是副词，表示"全、都"，可作为识别并列关系的辅助手段。

（3）男女平等、君臣平等、上下平等、师生平等等

---

① 释义来源于《现代汉语词典》（第7版），下文中"俱、平等、并、相"等的释义同样出自《现代汉语词典》（第7版）。

上述固定词组或固定格式中的"男女、君臣、上下、师生"等都是具有并列关系的组合，"平等"是形容词，泛指"地位相等"，可作为识别并列关系的辅助手段。

（4）手脚并用、口耳并重、人赃并获、恩威并施、声情并茂、图文并茂、水陆并进等

上述固定词组或固定格式中的"手脚、口耳、人赃、恩威、声情、图文、水陆"等都是具有并列关系的组合，"并"是副词，表示"不同的事物同时存在，不同的事情同时进行"，可作为识别并列关系的辅助手段。

（5）福祸相依、生死相依、肝胆相照、形影相随、形影相吊、骨肉相连、针锋相对、唇齿相依等

上述固定词组或固定格式中的"福祸、生死、肝胆、形影、骨肉、针锋、唇齿"等都是具有并列关系的组合，"相"是副词，表示"互相"，可作为识别并列关系的辅助手段。

（6）夫妻同心、雌雄同体、福祸同门、鸡兔同笼、猫鼠同眠、凤枭同巢、玉石同烬等

上述固定词组或固定格式中的"夫妻、雌雄、福祸、鸡兔、猫鼠、凤枭、玉石"等都是具有并列关系的组合，"同"是副词，表示"一同、一齐（从事）"，可作为识别并列关系的辅助手段。

（7）草木皆兵、啼笑皆非、妇孺皆知、宠辱皆忘、须发皆白、毛发皆竖、心胆皆碎、鸡犬皆仙、穷通皆命等

上述固定词组或固定格式中的"草木、啼笑、妇孺、宠辱、须发、毛发、心胆、鸡犬、穷通"等都是具有并列关系的组合，"皆"是副词，表示"都、都是"，可作为识别并列关系的辅助手段。

（8）生死与共、福祸与共、宠辱与共、荣辱与共、朝夕与共、安危与共、甘苦与共等

上述固定词组或固定格式中的"生死、福祸、宠辱、荣辱、朝夕、安危、甘苦"等都是具有并列关系的组合，"与共"是动词，表示"在一起"，可作为识别并列关系的辅助手段。

（9）人神共愤、雅俗共赏、天人共鉴、牛骥共牢、松萝共倚等

上述固定词组或固定格式中的"人神、雅俗、天人、牛骥、松萝"等都是具有并列关系的组合，"共"是副词，表示"在一起、一齐"，可作为识别并列关系的辅助手段。

（10）高下立分、不分伯仲、不分胜负、不分胜败、不分彼此、不分青红皂白、是非不分等

上述固定词组或固定格式中的"高下、伯仲、胜负、胜败、彼此、青红皂白、是非"等都是具有并列关系的组合，"分"是动词，表示"辨别"，"（立）分、（不）分"可作为识别并列关系的辅助手段。

（11）黑白分明、赏罚分明、爱憎分明、恩怨分明、泾渭分明等

上述固定词组或固定格式中的"黑白、赏罚、爱憎、恩怨、泾渭"等都是具有并列关系的组合，"分明"是形容词，表示"清楚"，可作为识别并列关系的辅助手段。

（12）不辨是非、明辨是非、雌雄难辨、真假难辨、真伪难辨、真伪莫辨、不辨真伪、龙蛇不辨、不辨龙蛇、不辨菽麦、不辨菽粟等

上述固定词组或固定格式中的"是非、雌雄、真假、真伪、龙蛇、菽麦、菽粟"等都是具有并列关系的组合，"辨"是动词，表示"辨别、分辨"，"（不）辨、（莫）辨、（难）辨、（明）辨"可作为识别并列关系的辅助手段。

（13）悲喜交集、饥寒交迫、星月交辉、纵横交错、水乳交融、上下交困、内外交困、贫病交侵、涕泪交垂、公私交困等

上述固定词组或固定格式中的"悲喜、饥寒、星月、纵横、水乳、上下、内外、贫病、涕泪、公私"等都是具有并列关系的组合，"交"表示"一齐、同时（发生）"，可作为识别并列关系的辅助手段。

（14）互为因果、互为表里、瑕瑜互见、左右互搏、中外互动等

上述固定词组或固定格式中的"因果、表里、瑕瑜、左右、中外"等都是具有并列关系的组合，"互"是副词，表示"互相"，可作为识别并列关系的辅助手段。

（15）身心合一、知行合一、洗护合一、中西合璧、中外合璧、日月合璧、

<u>表里相合等</u>

上述固定词组或固定格式中的"身心、知行、洗护、中西、中外、日月、表里"等都是具有并列关系的组合,"合"是动词,表示"结合到一起,凑到一起","合(一)、合(璧)、(相)合"可作为识别并列关系的辅助手段。

(16) <u>上下一心、夫妻一心、兄弟一心</u>等

上述固定词组或固定格式中的"上下、夫妻、兄弟"等都是具有并列关系的组合,"一"是数词,表示"同一",可作为识别并列关系的辅助手段。

(17) <u>劳逸结合、内外勾结</u>等

上述固定词组或固定格式中的"劳逸、内外"等都是具有并列关系的组合,"结合、勾结"是动词,"结合"表示人或事物间发生密切联系,"勾结"表示为了进行不正当的活动暗中互相串通、结合,二者都可以作为识别并列关系的辅助手段。

总之,上述"兼、俱、平等、并、相、同、皆、与共、分、辨、交、合、一"等在语义上有共同的特点,即要求相关联的成分不能是一项,而是两项或更多项,相关联的各项以词组的形式表现出来就是具有并列关系的组合,因此,它们可以作为识别并列关系的辅助手段。

25. 判别并列词组的辅助手段能作为判定并列词组的形式依据吗?

德国语言学家洪堡特指出,语言的最大特征就是有限手段的无限运用。并列的手段(形式、方法、模式)是有限的,但是它们可以组成无限多的并列结构体。在教学的时候,我们要将有限的并列手段总结、展示出来,帮助学习者在语言实践中运用。汉语的并列手段非常丰富,不仅限于并列连词。并列连词是比较基本的、典型的、常用的并列手段,除此之外,还有一些其他语法性质的词语也有表示并列关系的功能。比如说:具有[+总括]义的词语,如副词"都"、形容词"所有"、动词"包括、包含"等等;具有[+共同]义的词语,如副词

"一起、一同、一齐、共同"、动词"组合、合作、并存、一体化"、名词"一体"等等；具有［＋范围］义的词语，如介词结构"从……到……"等；具有［＋群体］义的代词"这些、那些"等，表示列举的助词"等、什么的"，等等。例如：

（1）新疆、西藏我都没去过。

（2）哈利、丽莎和芳子，你们一起去看看佳佳。

（3）中国的直辖市包括北京、上海、天津、重庆。

（4）这本集子是由诗、散文和小说三部分组合而成的。

（5）本书集史料性、知识性、趣味性于一体，同时独具深沉的历史厚重感。

（6）强化教育科研，促进教学和科研一体化。

例（1）～（6）中加波浪线的副词"都、一起"、动词"包括、组合、一体化"，以及名词"一体"等都能够作为判别并列词组的辅助手段，有的常常与其他词语组成非连续的结构，如"由……组成、集……于一体、将……融为一体"等，但它们不是一定表示并列关系。例如：

（7）我们都不喜欢周末加班。

（8）上周一起去横店影视城的还包括我。

（9）诗歌意象的组合是诗歌话语的组织。

（10）城市规划三位一体，构成人居环境科学的大体系中的"主导专业"。

（11）嘉兴一体化社会保障体系逐步完善。

例（7）～（11）中，"都、一起、包括、组合、一体、一体化"虽然在语义上都能够指向两个或者更多的相关成分，但具体而言：这些成分可以是复数的形式，如"我们"；可以不出现，如例（8）中并没有说明谁和谁"一起"，例（10）中也并没有说明是哪"三位"；可以出现一部分，"一起去横店影视城的"除了"我"还包括谁也没有在句中出现；等等。此时，这些词语所在的语句中都没有使用并列词组。

另外，上述能够作为判别并列词组的辅助手段的词语往往有不止一个义项，有的义项涉及两个或多个组成成分，有的义项则与并列词组的判别无关。以"所有"为例，根据《现代汉语词典》（第7版），"所有"有动词、名词、形容词三个词性，只有形容词义项"一切的、全部的"具有［＋总括］义。因此，在作为动词或名词使用时，"所有"不具有表示并列关系的功能。例如：

（12）矿产资源归国家所有。

（13）为了做好慈善工作尽其所有。

另外，形容词"所有"即使具有［＋总括］义，也不总是用作并列连接手段。例如：

（14）把所有力量都贡献给祖国。

（15）所有人都出去。

例（14）中的"所有力量"和例（15）中的"所有人"在语义上分别指的是"力量"的总括、全部的力量，及"人"的总括、全部的人。由于使用了具有［＋总括］义的形容词"所有"，我们在理解的时候可以了解，"所有力量"是一个集合，"所有人"也是一个集合，集合里面包含很多个体，这些个体在集合内部是并列的，但是在语言表达中并没有体现出来。

只有所有个体在语言表达中呈现出来时，"所有"的并列提示功能才能够体现出来。例如：

（16）初等一级、初等二级、初等三级，所有初等的学生都可以报名参加朗读比赛，其他同学只能报名参加演讲比赛。

（17）他把包里的手机、钱包、钥匙、伞、书、笔袋……所有物品都拿出来，放在桌子上，等待检查。

例（16）中，将"所有初等"集合内的个体列举出来，分别是"初等一级、初等二级、初等三级"，此时，"所有"标示并列词组的功能才得到体现。例（17）同理，"所有物品"集合内的个体"手机、钱包、钥匙、伞、书、笔袋"也在语言表达中列举了出来，"所有"总括的就是这些物品，具有标示并列词组的功能。

可见，具有标示并列词组功能的成分在现实语句中是否起到标记作用，还要结合语境进行判别，语境在语言分析中的作用是至关重要的。

再如介词结构"从……到……"，可以表示起止，也可以表示范围。例如：

（18）从北京到上海坐飞机一个多小时。

（19）住在学校里很方便，从宿舍到教室，从宿舍到食堂，从宿舍到操场，都很方便。

例（18）中的"从北京到上海"和例（19）中的"从宿舍到教室、从宿舍到食堂、从宿舍到操场"分别是将"北京"和"宿舍"看作位移的起点，把"上海"和"教室、食堂、操场"看作位移的终点，起点和终点不能互换位置，如果互换，虽然结构不会变，但是语义相反。"从北京到上海"，"北京"是位移的起点，是出发点，"上海"是位移的终点，是目的地，"从上海到北京"则相反。

"从……到……"还可以表示范围，范围内的成员相当于集合内的成员，具有并列关系。例如：

（20）他们家书房很大，书很多，<u>从经济类、金融类到法律类、社会类、历史类、政治类等</u>，全都有，还有计算机的书。

（21）她把计划列得很详细，<u>从几点起床、几点吃饭，到几点练书法、几点练琴</u>……都列得清清楚楚。

例（20）和例（21）中的"从……到……"结构中填充的成分，不是起点和终点，也不涉及位移，而是列举范围或集合内的具体成员。例（20）中列举的是"他们家书房"里的书的种类，有"经济类、金融类、法律类、社会类、历史类、政治类"等；例（21）中列举的是"她的计划"的细目，包括"几点起床、几点吃饭、几点练书法、几点练琴"等。此时，介词结构"从……到……"可以作为判别并列关系的提示成分，帮助进行并列关系的结构分析和语义解读。其中，例（20）在列举成分之后使用了助词"等"，例（21）在列举成分之后使用了省略号，表示列举未尽，在"等"和"……"之后常用总括副词"全、都、均、皆"等进行总括。

由此可见，同一个形式可能会有不同的功能，具体体现哪一种功能，要结合语境进行分析和解读。判别并列词组的辅助手段不是并列关系识别的必要条件，不能作为判定并列词组的形式依据。

26. 名词能起到识别并列关系的提示作用吗?

名词在并列词组和并列复句的识别中能够起到提示^①的作用。例如:

（1）这里所说的"受教育者"指的是"全体受教育者"，不仅有<u>城乡、区域</u>的<u>区别</u>，而且有受教育层次和类型的<u>区别</u>。

（2）<u>人类社会和动物社会</u>的本质<u>区别</u>在于动物最多是收集，而人则能从事生产。

名词"区别"指的是彼此不同的地方，强调彼此、双方。例（1）中，"城乡、区域"双方存在区别，"层次和类型"双方也存在区别，二者都是并列词组。例（2）中，"人类社会和动物社会"双方也存在区别，它也是并列词组。通常来说，需要进行比较的往往是两种相似的事物，它们之间的不同点就是区别。在结构上，这两种不同的事物往往能够构成并列结构。因此，名词"区别"能够起到识别并列关系的提示作用。又如:

（3）<u>战斗机和汽车</u>的唯一<u>交集</u>，就是一体性。

（4）这部电影表现出一种<u>幻想和现实</u>的<u>交集</u>。

名词"交集"的意思是不同的感情、事物等同时出现，其语义已经明确指出句子中应当包含不同的感情、事物。"交集"的关涉对象至少要有两个，这些对象在结构上通常具有并列关系。例（3）中，存在交集的"战斗机和汽车"是并列词组。例（4）中，存在交集的"幻想和现实"也是并列词组。可见，名词"交集"同样能够起到识别并列关系的提示作用。再如:

（5）学习教育理论的目的，就在于使人们正确认识和处理<u>教育与社会发展、教育与人的自身发展</u>的<u>关系</u>，树立科学的教育价值观，认识和把握教育的基本规律。

（6）我和刘岱峰同志的<u>交情</u>很深，既是亲密的革命战友，又是情同手足的兄弟。

---

① 提示作用与标示作用不同。并列连词、表示并列关系的关联词语对于并列关系的识别所起的作用是标示作用；其他一些表示总括、范围，或语义指向两个或更多成分的名词、动词等对于并列关系的识别所起的作用是提示作用。提示作用是一种辅助作用。

例（5）中，名词"关系"指的是事物之间相互作用、相互影响的状态，在语义上要求语境中明确指出至少两个事物。如例（5）中的"教育与社会发展"和"教育与人的自身发展"的关系，还可以是"政治"和"经济"的关系等。一般来说，用到"关系"时，句中应给出相互作用、相互影响的具体对象，这些事物通常是并列关系。因此，名词"关系"能够起到识别并列关系的提示作用。例（6）中，"交情"的意思是人与人互相交往而产生的感情，句中一般包含至少两个对象，对象间呈并列关系。

前文谈到的名词都属于普通名词，这类能够起到识别并列关系的提示作用的名词具有一大显著的共同点：它们的意义都包含两个及两个以上的关涉对象，在语义上要求语境中明确指出两个或两个以上的事物。除了此类名词外，汉语中还有一类特殊的名词也能够起到识别并列关系的提示作用，即表示方向或相对位置关系的名词——方位词。例如：

（7）成昆铁路，<u>北起四川成都，南至云南昆明</u>。

（8）万里长城<u>西起甘肃嘉峪关，东至山海关</u>。

（9）北京的北面是连绵不断的山，北京的南面是绿色的大平原。

表达"同一事物在不同方向上的范围或状态"这一语义时，常常用上述结构模式。例（7）描述成昆铁路南北两个方向的范围，例（8）描述万里长城东西两个方向的范围，例（9）描述北京南北两面不同的景色。这类结构有一些共同的特点：分句包含表示方位的名词，陈述的对象相同，对对象的描述不同。

并列关系的识别往往不是只有一种形式手段起作用，而是几种形式手段同时起作用。除了方位词的提示作用，这类并列结构更加显著的标记是平行手段。在运用结构平行手段的复句中，各分句在结构上是相同的或相似的，分句中相对应的成分在语义上一般具有同义、反义、类义或对义的关系。可以是全部成分的对应，即分句和分句的各个成分之间一一对应，也可以是某个成分之间的对应。从句法和语义上看，这种对应关系是一种平等的对举关系，采用这种表达方式可以将分句和分句联结起来，组成并列复句。

27. 可以将具有顺序关系的时间词语看作并列关系的标志吗？

具有顺序关系的时间词语对并列关系的识别具有提示的作用。例如：

（1）以前都觉得肥肉香，现在只觉得肥肉腻。

（2）不了解的时候觉得他都是优点，了解了以后才知道他也有很多缺点。

例（1）描述对"肥肉"的感觉，"以前"和"现在"具有提示并列关系的作用。例（2）描述对"他"的认识，"不了解的时候"和"了解了以后"具有提示并列关系的作用。表达"对同一事实，在不同时间、不同阶段有不同认识"这一语义时，常常采用上述结构模式。这类结构有一些共同的特点：分句包含表示时间的词语；陈述的对象相同；对对象的描述不同，往往相反或相对。再如：

（3）以前不觉得这里好，现在觉得这里特别好。

（4）平时很喜欢吃肉，感冒的时候一点儿也不想吃肉。

（5）没学汉语的时候以为汉语不难，学了以后才知道汉语太难了。

例（3）～（5）包含的表示时间的词语分别是"以前—现在""平时—感冒的时候""没学汉语的时候—学了（汉语）以后"，"好、喜欢、难"等陈述或支配的对象分别是"这里、吃肉、汉语"。需要注意的是，"吃肉"虽然是动词性的词组，但位于主宾语位置时，具有指称性。例（4）中的"吃肉"就位于宾语位置，在"喜欢吃肉、不想吃肉"结构中是被支配的对象，具有指称性。

具有顺序关系的时间词语不是只能帮助表达并列关系，还有其他的功能。因此，不能看到前后分句包含了具有顺序关系的时间词语，就将复句判定为并列复句。例如：

（6）少壮不努力，老大徒伤悲。

（7）今天沾一口野味，明天（去）地府相会。

例（6）中具有顺序关系的时间词语是"少壮—老大"，意思是"小的时候、年轻的时候"和"长大以后、老了以后"，整个句子为假设复句，前一分句是假设条件，后一分句是结果。例（7）的意思是"（如果）今天吃了一口野味，明天

（就）可能去地府相会"，也是假设关系的复句。

时间上的先后关系蕴含着并列关系、连贯关系，以及"假设—结果""条件—结果""原因—结果"等关系。因此，如果前后分句包含具有顺序关系的时间词语，复句各分句间不一定是并列关系，要结合前后分句的语义内容和语境进行分析，确定逻辑关系。

28. 动词能起到识别并列关系的提示作用吗？

名词在并列词组和并列复句的识别中能够起到提示的作用，动词在并列词组和并列复句的识别中也能够起到提示的作用。例如：

（1）王医生将给我们讲一讲如何区分感冒、流感和新型冠状病毒。

（2）霍金的言论将隐喻的上帝和作为信仰的上帝完全区分开来了。

动词"区分"在语义上要求语境中明确出现需要区分的事物。例（1）中需要区分的"感冒、流感和新型冠状病毒"是并列词组，例（2）中需要区分的"隐喻的上帝和作为信仰的上帝"是并列词组。此外，还有"区分物质层面和精神层面、区分细菌和病毒、区分谓语和述语"等。能够被"区分"和需要被"区分"的往往是不同的事物或事物的不同方面，在结构上，它们可以组成并列词组，因此，动词"区分"能够起到识别并列关系的提示作用。再如：

（3）细胞体形极微，在显微镜下始能窥见，形状多种多样。主要由细胞核与细胞质构成，表面有细胞膜。

（4）由欢笑泪水构成了记忆，由理想汗水构成了未来。

例（3）中的"由……构成"是一个提示成分，"与"是一个标志。并列关系的识别不是最终目的，最终目的是要知道输出信息的人在表达一种什么逻辑关系。"由……与……构成"在语义上要求提供具体的构成成分，具体的构成成分在结构上具有并列关系，并列连词"与"是一个显性标志。没有并列连词的"由……构成"中，填充项如果不止一项，则也构成并列词组，如例（4）中的"欢笑泪水"和"理想汗水"。再如：

（5）每一个视镜都分配了一个研究小组，<u>包括一位物理学家、一位语言学家</u>。

例（5）中的动词"包括"后面有两个名词性词组"一位物理学家"和"一位语言学家"，这两个名词性词组在结构上是同构的，修饰语都是数量词组"一位"，中心语都是指人名词，根据二者的同构关系，可以判断它们具有构成并列词组的可能性。同时，例（5）中还有另外一个可以帮助识别并列关系的提示成分，即动词"包括"。用到"包括"时，后面通常需要给出具体的对象，即所"包括"的事物。这些被"包括"的事物具有并列关系，如果它们之间没有时间上的先后关系，则它们还可以互换位置，如例（5）中的"一位物理学家"和"一位语言学家"。

如果被"包括"的事物之间有时间上的先后关系，则它们通常不能互换位置。例如：

（6）这里是我们学校的西校区，有四个年级，包括<u>初三、高一、高二、高三</u>。

例（6）中的"初三、高一、高二、高三"有时间上的先后关系，也有级差，一般不能互换位置。

有时，"包括"后面的成分只有一项，这时就不存在并列关系了。例如：

（7）我的意思是，所有的人都要从东门进出，包括我自己。

例（7）中，"包括"后面的"我自己"只有一个指称对象，不存在与之并列的成分。这是"包括"的另一种用法，即表示所指范围内的成员超过一个的成分在前，"包括"后面只是集合中的某一个，强调这一个成分也在集合之中，不在集合之外。例（7）便是如此，先说"所有的人……"，再说"包括我自己"，表示"我自己"也在前面"所有的人"这一集合之中，和"所有的人"一样，没有特殊，没有例外，只用于强调这种情况。

"包括"还可以表示列举，如果列举未尽，往往在列举的最后一项后面加"等"或"等等"。例如：

（8）AI工具包括<u>神经网络、机器学习、深度学习、机器视觉、自然语言处理（NLP）</u>等，这些工具几乎都很难在数据治理领域发挥作用。

例（8）中，助词"等"和动词"包括"共现，构成"包括……等"这一封闭结构，其间各项的并列关系就更易于识别了。有时，"等"不和"包括"共现，也可以作为列举各项的提示成分，而列举的各项在结构上也是并列关系。

综上，并列关系的识别往往不是只有一种形式手段起作用，而是几种形式手段同时起作用。因为都能够用于并列结构，起到识别并列关系的提示作用，所以各种不同的形式手段的功能是一致的，可以共现。不同的形式手段所处的位置不同，或起作用的机制不同，并不存在冗余，例如连词和同构关系的共现、顿号和同构关系的共现、顿号和连词的共现、动词和助词的共现等。

总之，动词在并列词组和并列复句的识别中也能够起到提示的作用，这样的动词还有很多。从集合的角度看，只要动词所涉及的某一类语义角色是一个集合，包含两个或多个成员，这两个或多个成员在结构上就可以具有并列关系，具有这样的语义特征的动词，都能起到识别并列关系的提示作用。

29. 数词能起到识别并列关系的提示作用吗？

和名词、动词一样，数词在并列关系的识别中也能够起到提示的作用。例如：

（1）这家装潢公司让您上班装修两不误。

（2）北京上海这两座中国最大的城市，吸引了很多外国人来这里学习、工作、生活、旅游。

例（1）和例（2）中都包含数词"两"，一个在"两不误"中充当主语，一个是数量词组"两座"中的数词。它们虽然所处的句法位置不同，但基本的词汇意义是相同的，都是用来指数的，具体的数目是"2"，汉字上写作"两"。既然所指的数目是"2"，那么我们就可以在上下文中找到具体是哪"两"个事物。例（1）中，"两不误"的"两"指的是上文中的"上班装修"。"上班"和"装修"是两个动词，在这里用来指称这两件事情。通常，"装修"需要操很多心，花费不少时间，而"上班"同样如此。因此，同时"上班"和"装修"就有可能顾此失彼。但是如果找到让人放心的装修公司，就有可能"上班"和"装修"都能处理好，即"上班装修两不误"。如果目前需要考虑的事情只有"上班"和"装修"两项，那么"两"也可以用"全"或"都"替换，如下：

（3）这家装潢公司让您上班装修全不耽误。

（4）这家装潢公司让您上班装修都不耽误。

表示范围的副词"全、都"也可以作为识别并列关系的提示成分。"两"有时用在所指称的成分之后，如例（1）和例（2）中；有时放在所指称的成分之前，如例（5）中。

（5）这两个人的组合真是奇特：一个身穿军装，发式是军队里的板刷头，手提铝制公文箱，不满地打量四周环境；另一个一看就知道是个学院型，一圈络腮胡子，上唇也留着髭须，穿一身灯芯绒衣服，正浏览着重重叠叠钉在附近布告板上的招贴告示。

例（5）中的"两个人"在下文中分别有具体的描述，"一个……；另一个……"构成表示并列关系的复句。数词"两"能够起到提示并列关系的作用。

除了数词"两"，其他数词如"三、四"等也可以作为识别并列关系的提示成分。例如：

（6）获奖的集体包括老、中、青三代人。

（7）我们的语言班包括初、中、高三个等级。

（8）小张、小王、小李三个人暑假一起去海南旅游了。

（9）认识有三个阶段：看山是山、看山不是山、看山还是山。

（10）哨声一响，人们纷纷向东、西、南、北四个方向跑去。

（11）相声有四门功课：说、学、逗、唱。

例（6）～（11）中都包含数词"三"或"四"，无论是"三代人、三个等级、三个人、三个阶段"还是"四个方向、四门功课"，所涉及的具体内容都以并列的形式在句子中列出，数词"三、四"能够起到识别并列关系的提示作用。

表示不确定的数词"几"也可以作为识别并列关系的提示成分。例如：

（12）我们从几个简单的动词着手：走、跳、说、写。

（13）欧洲、美洲、亚洲、非洲几个大洲都派了代表出席这次会议。

（14）北大、清华、复旦、交大、南大、浙大几所大学的毕业生在招聘市场上很受欢迎。

例（12）~（14）中，"几个简单的动词、几个大洲、几所大学"的具体所指在句子中均有列举，各项之间是并列关系。概数词"几"可以帮助识别并列关系。

总之，数词表示数目，在文中能够起到提示的作用，提示读者或听者上下文中有与数目相关的指称性成分的具体所指，"两"个城市、"三"个等级，或"四"个方向等等。表示不确定的数词"几"在上下文中也有具体的所指，不过数目是不确定的。无论数词是"二、两"，还是所表数目比 2 大的数词"三、四"等，它们在上下文中具体所指的词语都具有并列关系，即所指数目为 2 或大于 2 的数词提示其所指称的具体事物不是单一的个体，而是包含的元素数目大于等于 2 的一个集合，集合中的各元素对集合来说是构成关系，而各元素之间是并列关系。

30. 副词能起到识别并列关系的提示作用吗？

副词也能够帮助识别并列关系，包括常用的表示类同的副词"也"、表示范围的副词"都、均、通通、统统"、表示同步的副词"一齐"、表示分述的副词"各自"、表示交互的副词"互相、相互"等等。例如：

（1）你只知道这一刻，活在这一刻，没有过去也没有未来。

（2）它们行动，使既定的事件成为现实，也使事件有了先后顺序。

例（1）中，"没有过去也没有未来"中的"也"是副词，修饰动词"没有"，用在"没有过去"和"没有未来"中间，除了具有修饰的功能以外，也具有连接的功能，"也"在这样的句法位置上的普遍、高频使用，会使其自身的意义进一步虚化，成为具有连接功能的成分。例（2）中，"也"也是副词，充当状语，具有修饰功能，语义上表示"类同"，同时也有提示结构关系的作用，提示"也"前后的成分具有并列关系。

使用范围副词"都"时，前面往往有具体的范围，如果将"都"所指的范围看作一个集合的话，集合内的元素至少是两个，这些元素之间是并列的关系。因此，范围副词"都"对并列关系的识别具有提示作用。并列的元素之间可以用连词或顿号等其他并列手段进行连接，也可以直接并列。例如：

（3）上海交大和复旦大学都有医学院。

（4）下面我说的话很重要，每一个字、每一句话你们都要记住。

例（3）中的"上海交大和复旦大学"用"和"连接了并列的两项，例（4）中的"每一个字、每一句话"用顿号连接了并列的两项。

"通通、统统"是总括副词，表示"全、都、全部"。使用时涉及的语义内容如果在上下文中显现出来，则通常构成并列词组。例如：

（5）他爸爸前几年经常出差，读中学以前，他的生活方面、学习方面的事情，通通是妈妈负责。

（6）他喝多了，昨天晚上见过的人、说过的话、做过的事，他统统不记得了。①

例（5）中的"生活方面（的事情）、学习方面（的事情）"和例（6）中的"见过的人、说过的话、做过的事"都是并列词组，是与"通通、统统"语义相关的成分，"通通、统统"所涉及的对象需要为两个或两个以上，因此以并列词组的形式进行表达。

使用表示同步的副词"一齐"时，前面往往有发出同步动作的两个或更多的人或物，它们之间是并列关系，副词"一齐"对并列关系的识别具有提示作用。发出同步动作的两个或更多的人或物可以用连词或顿号等其他并列手段进行连接，也可以直接并列。例如：

（7）坐在他们对面的一个男生和一个女生一齐站了起来。

（8）朗诵的时候第一段男生读，第二段女生读，第三段男生女生一齐读。

例（7）中的"一个男生和一个女生"用连词"和"连接了并列的两项。例（8）中的"男生女生"没有使用并列连接手段，而是将并列的两项直接并列。

---

① 在表示总括时，"通通"和"统统"经常可以互换，例（5）中也可以用"统统"，例（6）中也可以用"通通"。

使用表示分述的副词"各自"时，前面往往有分述的具体对象，它们之间是并列关系，"各自"对并列关系的识别具有提示作用。具体的分述对象可以用连词或顿号等其他并列连接手段进行连接，也可以直接并列。例如：

（9）照你这么说，它们的文字和说的话是两套各自独立的语言。

（10）在我的冥想中，前因与后果不再是各自独立的两个个体，而是交织在一起，互相影响，互相作用，二者不可分割。

例（9）中的"文字和说的话"用连词"和"连接分述的两项，例（10）中的"前因与后果"用连词"与"连接分述的两项。副词"各自"除了与连接手段共现之外，也可以与数词"两、三"等共现，"两、三"等数词对并列关系的识别也具有提示作用。因为功能具有一致性，所以多种并列标记可以兼容、共现。

使用表示交互的副词"互相"时，前面往往有交互的双方，它们之间是并列关系。"互相"等表示交互的副词对并列关系的识别具有提示作用。交互的双方可以用连词或顿号等其他并列连接手段进行连接，也可以直接并列。例如：

（11）在野外拓展活动中，中国学生与留学生互相帮助，共同完成了任务。

（12）既然是合作，设计方和施工方之间就要互相配合，这样才能共同完成项目。

例（11）中的"中国学生与留学生"用连词"与"连接并列的两项，例（12）中的"设计方和施工方"用"和"连接并列的两项。例（11）和例（12）中还有表示协同的副词"共同"，"共同"在语义上也要求有多个成员参与，这样才能体现出"协同"义。共同参与的多个成员具有并列关系，因此，"共同"对并列关系的识别也具有提示作用。例如：

（13）老师和家长携手并肩，为培养祖国的下一代而共同努力。

（14）小梅的爷爷奶奶已经共同生活几十年了，一直相敬如宾。

例（13）中的"老师和家长"用连词"和"连接并列的两项，例（14）中的"爷爷奶奶"直接并列。例（13）和例（14）中都使用了协同副词"共同"，表示其后的"努力、生活"需要多方参与才能完成，参与的多方如果在句中都出现了，则往往可以组成具有并列关系的组合。参与的多方也可能以其他表示复数或群体的形式出现，如"我们、大家"等，此时，句中可以不使用并列组合。例如：

（15）全世界各民族应该友爱互助，共同发展。

（16）同学们要加强团结，互相帮助，取长补短，共同进步。

例（15）和例（16）中分别使用了表示复数或群体义的"全世界各民族、同学们"与副词"共同"在语义上形成呼应，而没有使用并列组合。

需要注意的是，"共同"是兼类词，除了有副词词性，还有形容词词性，语义上表示多方都具有的，如果句中出现了具有某一特征的各方，那么它们往往以并列的形式出现。例如：

（17）散文和小说，它们共同的特点是玉想琼思，宏观博识，妙喻珠联，警句泉涌，谐谑天生，涉笔成趣。

例（17）中，形容词"共同"在语义上指向"它们"，"它们"在语境中指代并列词组"散文和小说"。

以上列举了一些对并列关系的识别具有提示作用的副词，只是列举，并不完备。从语义上看，只要副词在语义上要求有两个或两个以上的参与者，而且这些参与者可以形成一个集合，作为整体与副词的语义发生关联，那么集合中的成员在句法上就可以构成并列组合，这是副词对并列关系的识别起到提示作用的语义基础。

31. 助词能起到识别并列关系的提示作用吗？

助词在并列关系的识别中能够起到提示的作用，常用的能够提示并列关系的助词有"等、（什么）的、啊、了、啦（了＋啊）"等。此外，具有同样语法功能的"等等、之类（的）、之流（的）"也能起到提示并列关系的作用。例如：

（1）他的零花钱都买了书和文具等。

（2）年轻人都喜欢去北京上海等大城市。

（3）女孩子要注意安全，太晚了不要一个人出去，不要上陌生人的车，不要喝别人给的东西，等等。

例（1）和例（2）中用"等"结束列举，例（3）中用"等等"结束列举。

二者不同的是，"等"通常用在并列词组后，"等等"既可以用在并列词组后，也可以用在并列复句后。

需要注意的是，有学者认为并列结构体末尾出现替代未列举部分的"等"或列举归总的"等等"时，并列成分之间不用连词作为并列标志。例如：

（4）研究教育问题，需要运用<u>哲学、政治学、经济学、社会学、心理学、生理学、卫生学等</u>多方面的知识，才能揭示其规律，论证其原理，说明其方法，指导其实践。

（5）人的心理发展指<u>感知觉、记忆、思维、想象、情感、意志等</u>心理活动能力的发展以及<u>性格、能力等</u>个性心理特征的形成。

但在很多实际表述中，并列成分之间可以使用连词作为并列标志，如"和、外加、以及"等"煞尾标记"（马清华，2006）。关于这类现象，张谊生（2001）认为，"等等"前的并列成分虽有列举之意，但并未囊括全部内容，列举之外仍有遗漏。因此在并列结构体后用上表省略的词语，表示并列成分有可能只是冰山一角，除此之外还有发挥的余地。例如：

（6）教师在教学中必须加强直观形象性，运用<u>实物、模型、图片以及教师的语言等</u>直观手段。

（7）<u>人的感情、兴趣、道德情操和审美观点等等</u>，是电脑无法模拟的。

"的"用在并列格式之后，表示"等等、之类"的意思。（齐沪扬、姚占龙、谢白羽等，2004）例如：

（8）他的这一节约事迹在本市的干部群众中传颂开来，后来发展到每次吃饭，部下都主动给领导专门点几个<u>鱼啊虾的</u>，原封不动打包带回。

例（8）中，"鱼啊虾的"指的是部下在聚餐时习惯于点鱼、虾之类的海鲜。刘月华、潘文娱、故韡（2001）指出，更常见的用法是在"的"的前面加上"什么"，同样表示"等等、之类"的意思。例如：

（9）下午天气真好啊，可以<u>晒晒太阳喝喝茶什么的</u>，人生就是这么惬意啊！

（10）可以根据自己的喜好，添加点儿<u>青豆、胡萝卜丝什么的</u>，如果什么都不加，熬出来的晶莹剔透的皮冻，就叫作"水晶"皮冻，听起来是不是就觉得舒爽喜悦呢?

(11)我们试了很多产品,<u>沙滩巾、化妆品、球鞋什么的</u>,销量也是非常好。

例(9)中,"什么的"用在动词性并列词组后,表示"晒太阳、喝茶"等休闲活动让人感到惬意。例(10)表示厨师可以凭兴趣添加"青豆、胡萝卜丝"之类的蔬菜制作菜肴。例(11)说的是"沙滩巾、化妆品、球鞋"等产品的销量都非常可观。有从事汉语并列结构体自动识别研究的学者通过调查统计,给出了频率值在前十位并且经过人工语言学知识内省后的并列结构体右边界特征词。这十个高频的右边界特征词中,包括"的、了"两个助词。对于并列的两个分句(词组),只在后一分句(词组)末用一个语气助词即可,它管辖前面两个分句(词组)。例如:

(12)神针婆婆却抢到蔡水择和张炭身前,像挑花一样地针灸了两人身上的几个要穴——一下子,<u>不头疼也不腹痛了</u>。

(13)他<u>上个月去巴黎,现在又去广州了</u>。

如果在第一个并列成分后加上一个"了",就成为两个独立的句子了。(刘月华、潘文娱、故韡,2001)并列成分的组合就会从并列词组变成并列复句。例如:

(14)神针婆婆却抢到蔡水择和张炭身前,像挑花一样地针灸了两人身上的几个要穴——一下子,<u>不头疼了,也不腹痛了</u>。

能够提示并列关系的语气助词除了"了"以外,还有"啊"。体词性并列成分后加上语气助词"啊"或"啦"(了+啊),具有表示列举的作用。例如:

(15)花园里有<u>小鱼儿啊,蝌蚪啊,蝴蝶什么的</u>。

(16)<u>书啦,报纸啦,杂志啦</u>,摆满了书架。

并列成分之后加"啊、啦"时,往往在并列的各项后加逗号,表示停顿。

"之类(的)"和"之流(的)"目前还没有完成词汇化,但是它们在语法功能上与"什么的"类似,也能够表示列举,列举的各项组成具有并列关系的组合。例如:

(17)天然的纤维含有一些<u>油和石蜡之类的</u>杂质。

(18)每天都要说好多遍<u>你不爱我了你变了你为什么不爱我之类的</u>。

（19）可偏有一些不识时务者急于称王，诸如<u>徐受辉、韩林儿之流</u>。

（20）把他们煽起来的人，也一准不是什么革命家，肯定是<u>张角、黄巢之流</u>。

例（17）和例（18）在列举各项之后用"之类的"，例（19）和例（20）在列举各项之后用"之流"，列举各项组成并列词组。

需要注意的是，"之类（的）"和"之流（的）"也有表示类似、类比的功能，前面可以只举一例，此时，语句中无须使用具有并列关系的组合。例如：

（21）每个人的一生中都会遇到<u>告别之类的事</u>。

（22）女人看不惯的倒非外貌不佳的男人，而是<u>连一家小饭铺都没有就自比饮食界的李嘉诚之流</u>。

例（21）中，"告别之类的事"可以包括"分别、分手、离别、离婚"等，只以"告别"为例，用"告别之类的"表达"分别、分手、离别、离婚"等语义。例（22）中，"连一家小饭铺都没有就自比饮食界的李嘉诚之流"指自大、吹牛、吹嘘、眼高手低的人，只以"连一家小饭铺都没有就自比饮食界的李嘉诚"做类比，而不做列举。

总之，能够提示并列关系的助词主要是列举助词、语气助词，以及虽然尚未完成词汇化，但与列举助词具有相同语法功能的词汇成分。

32. 冒号和破折号能起到识别并列关系的提示作用吗?

一、冒号

冒号对并列关系的识别能够起到提示的作用。例如：

（1）至于目前，我们专心致志，从最基础的做起：<u>音位／字形、词汇、句法</u>。

冒号在识别并列关系中所起的提示作用与顿号、分号等不同。顿号、分号表示其前后的成分具有并列关系，例如：

（2）<u>北京、上海</u>都是国际化程度比较高的城市。

（3）<u>她的声音，还是那么温柔；她的话语，还是那么温暖</u>。

例（2）中，"北京、上海"之间没有连词，用顿号连接，表示二者具有并列关系。同理，"她的声音，还是那么温柔"与"她的话语，还是那么温暖"之间也没有连词，而使用分号连接，表示二者具有并列关系。因此，我们说顿号、分号等可以起到识别并列关系的提示作用。

冒号虽然也能够帮助识别并列结构体，但起作用的方式与顿号、分号不同。冒号表示其后的成分具有并列关系，并列的各项之间可以用顿号、分号等连接，如例（1），再如：

（4）中国有四个直辖市：<u>北京、上海、天津、重庆</u>。

例（4）中同时运用了三种并列关系的提示成分，分别是：数词"四"、冒号、顿号。它们因为都能够起到识别并列关系的提示作用，功能是一致的，所以可以兼容、共现。

可见，能起到识别并列关系的提示作用的各种形式手段可以共现，这有助于我们快速、准确地判断并列关系，并进行准确的逻辑关系和语义内容的理解。

二、破折号

破折号有解注功能。破折号也可以用"即、也就是"等替换。例如：

（5）<u>中国的首都</u>——北京，是中国历史、文化、政治的中心。

（6）<u>中国的首都</u>，即北京，是中国历史、文化、政治的中心。

（7）<u>中国的首都</u>，也就是北京，是中国历史、文化、政治的中心。

因为破折号具有解注的表达功能，破折号后面与前面的名词性成分在指称上往往是同指的，在结构上可以构成具有同位关系的词组或具有解注关系的复句。例如：

（8）对于那些受迫害的耶和华信徒，幸好这时南方的犹太国迎来了<u>一位极有头脑的明君——约沙法</u>。

（9）耶洗别是<u>腓尼基城西顿的统治者——谒巴力</u>的女儿。

例（8）中，破折号后的"约沙法"就是破折号前面的"一位极有头脑的明君"，二者是同指的，结构上用破折号连接，构成同位关系，破折号也可以不出现，"一位极有头脑的明君约沙法"仍然是同位关系。破折号的使用使这种关系得以显化，破折号可以看作同位结构的一种形式标志。例（9）亦是如此，"腓尼基城西顿的统治者——谒巴力"也构成同位关系，使用了破折号以后，"腓尼基城西顿的统治者"和"谒巴力"得以分离，二者的同位关系更加清楚、明显，破折号起到形式标志的作用。

例（6）和例（7）中，"中国的首都，即北京"和"中国的首都，也就是北京"虽然是主谓关系的组合，但因为"即、也就是"与破折号具有一致的表达功能，表示其前后的成分语义内容或指称对象相同，而下文有对具有同指性的两个成分的陈述，所以其前后的成分在语义上是平行的，虽然不是并列结构体，但可以看作并列的两项进行语义理解。

第三部分　并列成分的排列原则

33. 并列成分的排列遵循哪些原则？

并列成分通常按照顺序原则排列，具体表现如下：

第一，按照词语本身语义的层级性排列。例如：

（1）根据《庄子·达生》的描述，斗鸡有四种境界。第一种境界"虚骄而恃气"，第二种境界"有敌则动"，第三种境界"疾视而盛气"，第四种境界"望之似木鸡"。看来鲁迅还没修炼到第四种境界，他处于第三种境界：疾视而盛气。

（2）我们的留学生语言班分三个等级：初级、中级、高级。

例（1）中的"境界"在《现代汉语词典》（第 7 版）中的其中一条释义是：事物所达到的程度或表现的情况。"境界"有［+程度］的语义特征，因此，不同的境界就是不同的程度，通常按照从低到高的顺序排列，从句中关于鲁迅所处的境界的描述中也可以清楚地看出来，即"鲁迅还没修炼到第四种境界，他处于第三种境界……"。例（2）中的"等级"在《现代汉语词典》（第 7 版）中的释义是：按质量、程度、地位等的差异而做出的区别。可见，"等级"有［+高低差别］的语义特征，因此，不同的等级有不同的高低差别，通常按照从低到高的顺序排列。

第二，按照关系的亲疏排列。例如：

（3）1926 年 8 月，鲁迅离开北京到厦门教书，前去火车站送行的有鲁迅的朋友和学生十四五人，《鲁迅日记》所记送行的名单中许美苏列第一位。

（4）洞房设在楼上，到了晚上，鲁迅由堂叔周冠五和邻居衍太太的儿子明山两人扶着上楼。

例（3）中并列的两项是"朋友"和"学生"，他们都是去火车站给鲁迅送行的。对鲁迅来说，朋友是关系比较平等的，通常是平辈的，而学生是下一辈的，因此，"朋友"和"学生"虽然是并列关系，但由连词"和"连接时，"朋友"排在"学生"前面。例（4）中，并列两项的前项是"堂叔周冠五"，后项是"邻居衍太太的儿子明山"，前者与鲁迅的关系更亲近，更密切，因此，按照由亲到疏的原则如此排序。

第三，按照内容的主次排列。例如：

（5）许美苏在鲁迅家里先后住过三次，她的主要任务就是帮老太太购物、理财，陪老太太唠嗑，当然，有时候也会帮着鲁迅干活儿。

（6）她们谁都不肯遵命，学校又要求她们各自的保证人、监护人、家长"督办"。

例（5）中，"帮老太太购物、理财"和"陪老太太唠嗑"具有并列关系。其中，就任务的性质而言，前者是主要的，后者相较于前者是次要的，因此，按照"任务"的主次排列。同理，与前两项相比，"帮着鲁迅干活儿"就更加次要了，是偶尔为之的，时间词"有时候"清楚地表明了这一点，因此，这一项排在最后。例（6）中，并列的三项是"保证人、监护人、家长"。在当时社会，女子读书一定要有保证人、监护人，只有满足了这些条件，学校才会收。学生有什么情况，也是先跟保证人、监护人联系，其次才是家长。因此，按照主次排列，是要求"保证人、监护人、家长"督办，而不是把"家长"放在前面。这里对"主次"的安排需要一定的背景知识，否则，在例（6）中，可能会按照亲疏关系原则，将"家长"排在"保证人、监护人"前面，这样就不符合当时学校对女子读书的要求了。

第四，按照人物长幼、尊卑的顺序排列。例如：

（7）1923 年，鲁迅、周作人兄弟失和，鲁迅不得不迁出八道湾。

（8）从此，许美苏经常陪着鲁老太太和朱安聊天儿，兼任"老太太和大太太的特约采购员"。

例（7）中，并列的两项"鲁迅"和"周作人"是哥哥和弟弟的关系，按照长幼有序的原则，哥哥在前，弟弟在后。这一点也体现在复合词"兄弟"的构造中，"鲁迅、周作人"和"兄弟"形成呼应。例（8）中，"鲁老太太和朱安、老太太和大太太"是按照辈分排列的，在没有特别的语用调整的前提下，长辈在前，小辈在后。

第五，解注性的成分排列在后。例如：

（9）当时她积极要求进步，带头剪掉头发，将头发剪得短短的，看上去像个男生，被鲁迅称为"令弟"。

（10）对很多人来说，婚姻生活最大的杀手也许不是争吵，而是冷漠，是无话可说。

例（9）中，"带头剪掉头发"是对"积极要求进步"的解说和注释，放在被解说和注释的成分之后。例（10）中，"无话可说"是对"冷漠"的解说和注释，放在后面。

第六，与当前话题相呼应的成分在前。例如：

（11）那些在热恋时情话绵绵，而在结婚后热情逐渐冷却的伴侣们，是不是可以从鲁迅、许广平的这些情书中得到启示呢？

（12）珍妮是美国留学生，在上海师范大学学习汉语。珍妮有一个好朋友叫丽莎。珍妮和丽莎都喜欢看电影，经常一起去看电影；珍妮还参加了一个摄影"小队"，经常和同学一起出去拍照。

例（11）中并列的两项是"鲁迅"和"许广平"，如果了解这个句子所处的更大语境，就会知道这是一篇写鲁迅婚姻的文章，因为文章的主题是鲁迅的婚姻，话题是鲁迅，所以文中都是"鲁迅、许广平"这一顺序。进一步推想，如果是一篇主题为许广平的恋爱和婚姻的文章，话题是许广平，则很可能是"许广平、鲁迅"这一排列顺序。当然，也可能受文化习俗的影响，将男性放在女性前面，仍然采用"鲁迅、许广平"这一顺序。无论何种排序，都有其理据和依据。例（12）中，"珍妮和丽莎"是并列词组，不结合语境的话，也可以说"丽莎和珍妮"。但是，结合语境，我们知道，这是一篇写珍妮的作文，珍妮是当前的话题，因此，"珍妮和丽莎"是更恰当的。

第七，意义相反或相对的成分并列时，正向、积极、肯定的成分在前。例如：

（13）同类也罢！异类也罢！合法也罢！不合法也罢！这都与我们不相干，与你们无关系，总之，风子是我的爱……

（14）我的一位教医学的先生却教给我医生的职务道：可医的应该给他医治，不可医的应该给他死得没有痛苦。

例（13）中，"同类"和"异类"在语义上分别是正向的和负向的，"合法"和"不合法"则分别是肯定的和否定的。如果没有特别的语用调整，构成并列关系的相反或相对的两项中，通常正向、积极、肯定的成分在前，负向、消极、否定的成分在后。同理，例（14）中并列的两项分别是"可医的……"和"不可医的……"，其排列也遵循该原则。

第八，根据程度的由浅入深排列。形容词表示的性质往往有程度高低的不同。例如：

（15）这段话令人动容，既道出了朱安的痛苦和绝望，也折射出鲁迅性格中的执拗与决绝。

（16）他健康、活泼、顽皮，丝毫没有被压迫得瘟头瘟脑。

例（15）中有三个并列结构，一个是"既……，也……"连接的具有并列关系的分句，还有由形容词并列构成的"痛苦和绝望、执拗与决绝"这两个并列词组。从语义上可以知道，"绝望"是程度比较高的痛苦，"决绝"则比"执拗"程度更深，因此，在排序上，按照形容词所表示的性质由浅入深的顺序排列。例（16）描述他没有被封建礼教约束，而保留了自然的天性，句中用形容词性的并列词组做谓语，陈述主语"他"，并列的三项分别是"健康、活泼、顽皮"。我们知道，一个孩子保留自然的天性，首先要健康，在健康的基础上才有活泼，过于活泼则显露出顽皮之相。因此，按照程度由浅入深、从低到高排列，即为"健康、活泼、顽皮"之序。

动词表达的动作量也有程度高低的不同。例如：

（17）她还戏言"救人一命，胜造七级浮屠"，请求鲁迅"救她一命"，对她提供思想上的指导和帮助。

（18）要知道母亲自己也是放了脚的，也是识文断字的啊。

例（17）中，并列的两项"指导"和"帮助"在程度上是由浅入深的。"指导"在《现代汉语词典》(第7版)中的释义是：指示教导；指点引导。"帮助"
在《现代汉语词典》(第7版)中的释义是：替人出力、出主意或给以物质上、
精神上的支援。在请求别人"救她一命"的时候，"帮助"比"指导"更有力。
因此，按照由浅入深的排列原则，"指导"在前，"帮助"在后。例（18）中，并
列的两项涉及"放脚"和"识文断字"，从词语本身的意义看不出时间顺序，句
中也没有交代，可能是先"放脚"后"识文断字"，也可能是先"识文断字"后
"放脚"。但从对封建礼教的反抗角度来说，"放脚"的程度轻于"识文断字"，所
以按照程度的由浅入深如此排序。

第九，根据习惯的或文化的顺序排列。例如：

（19）他有两个孩子，<u>一个儿子和一个女儿</u>，儿子今年3岁，上幼儿园，女
儿今年8岁，读小学三年级。

（20）（中年丧夫，长时间与儿子相依为命，母亲一方面希望为儿子的婚姻做
主，让儿子早早有个家，另一方面她也担心漂亮的女人会影响儿子对自己的爱，
有文化的女人也许会不听自己的话。）所以，最终为鲁迅选择了朱安这样一个<u>既
不漂亮也没什么文化</u>的女人做妻子。

例（19）中并列的两项是"一个儿子"和"一个女儿"，根据句中的内容，
我们可以明确地知道，二者的关系是弟弟和姐姐，并列项排序有一个长幼原则，
即兄弟并列的时候，哥哥在前，弟弟在后。可是当男性和女性作为并列的两项
时，即使"男"是年龄小的弟弟，人们也会按照"男"在前"女"在后的顺序排
列，这就是一种习惯的、文化的顺序。例（20）由"既……也……"连接的并列
项中，"不漂亮"在前，"没什么文化"在后，这也体现出男性在择偶时先看外貌
的心理和习惯。结合上文，鲁迅母亲的担心也是先谈"漂亮"的因素，再谈"文
化"的因素。当然，我们也可以说后面的顺序是为了与前面的顺序相呼应。但同
时，前后的顺序也都与习惯、心理、文化等有关。这种主观的认知会打破理性客
观的排列原则。

第十，根据认知凸显度由高到低的顺序排列。例如：

（21）在邻居小女孩儿的眼中，朱安"<u>穿着打扮比较老式，除夏天穿白夏布大襟短
衣，下系黑色绸裙外</u>，其他季节的衣服都是色泽较深较暗的，朴素整洁……"。

（22）一路上鲁迅一句话也没有，进屋见了新娘，新娘"<u>个子不高，身材瘦</u><u>小；脸型狭长，脸色微黄，前额、颧骨均略突出，看上去似带几分病容</u>"。

例（21）中并列的两项涉及朱安的穿着，先介绍上身的"白夏布大襟短衣"，后介绍下身的"黑色绸裙"。因为在人的视觉认知中，"上"比"下"凸显度高，所以介绍上身穿着的成分在前，介绍下身穿着的成分在后。例（22）对第一眼所见之人的描写，先从身材开始，再到脸型，最后到前额、颧骨，按照从整体到局部的顺序进行，这也是认知凸显度由高到低的顺序。

第十一，根据隐含的因果关系排列。例如：

（23）不过，闹钟在进步，那种机械大闹钟渐渐退出了历史舞台，成了"文物"，电子小闹钟的蜂鸣<u>舒缓美妙</u>，也能把人从甜美的梦境中唤醒。

（24）无论是谁，都曾经或正在经历各自的人生至暗时刻，那是一条<u>漫长、</u><u>黝黑、阴冷、令人绝望</u>的隧道。

（25）赖小民之死，尤其速死，与他犯下的"三个特别"有关：<u>受贿数额特</u><u>别巨大，犯罪情节特别严重，社会影响特别恶劣</u>。

例（23）中有两个并列结构，一个是"机械大闹钟……"和"电子小闹钟……"并列，一个是"舒缓"和"美妙"并列。前者构成并列复句，后者构成并列词组。"舒缓"和"美妙"都是形容词，都可以用来陈述"电子小闹钟的蜂鸣"。至于二者是否可以互换位置，我们认为，"舒缓"与"美妙"之间既有并列关系，同时也隐含着因果关系，即因为"舒缓"，所以"美妙"，如果是像上文提到的"机械大闹钟"一样"惊天动地"，就没有那么美妙了。正因为隐含着潜在的因果关系，所以采用"舒缓美妙"的排列顺序。至于构成复句的分句"机械大闹钟……"，之所以它在前，是因为上文一直在介绍"机械大闹钟"，这里是承接上文的话题，然后引出"电子小闹钟"，形成对举。例（24）中的"漫长、黝黑、阴冷、令人绝望"是并列词组做定语，修饰中心语"隧道"。并列的四项中，前三项可以理解为第四项的原因，即因为"（隧道）漫长、黝黑、阴冷"，所以"令人绝望"。因为存在着这种隐含的因果关系，所以"令人绝望"在并列各项中排在最后，不能与前面各项调换位置。例（25）中并列的三项是"受贿数额特别巨大，犯罪情节特别严重，社会影响特别恶劣"，上文提示这是赖小民犯下的"三个特别",但前两项可以理解为第三项的原因,即因为"受贿数额特别巨大,犯罪情节特别严重",所以"社会影响特别恶劣"。因为存在着这种隐含的因果关系,所以"社会影响特别恶劣"在并列各项中排在最后,不能与前面各项调换位置。

第十二,根据由近及远的原则和时间顺序排列。例如:

(26)然而,面对现实,面对人生,她仍然有着种种困惑。

例(26)中并列的两项关系到"现实"和"人生","现实"是眼前的,"人生"则会随生命延续到更远的未来。对说话的当下而言,一个近在眼前,一个远在未来。这种由近及远的顺序,也是一种时间上的先后顺序。正因为"面对现实,面对人生"存在着时间上的先后顺序,所以采用现在这样的排列方式。如果时间上是先远后近,那么就需要按照由远及近的顺序排列并列成分。例如:

(27)远看山有色,近听水无声。

(28)远看像要饭的,近看像逃难的,仔细一看,都是吃饱了没事儿干的。

例(27)和例(28)都包含并列复句,两个分句都是先介绍"远",再介绍"近",因为存在着先后的时间顺序。因此,在并列成分的排列上,时间顺序是优于空间顺序的。汉语在时间象似性方面比印欧语更加严格,这一点在并列成分的排列上也有所体现。

第十三,根据由易到难的原则和时间顺序排列。例如:

(29)鲁迅到上海后,许羡苏又为他织过一条毛线围巾和一件毛线背心。

(30)今天我们学习第二课的词语和课文。

例(29)中,即使我们不会编织,也知道织围巾比织背心容易一些,而且女性给男性织东西,通常先织围巾,一方面容易织,另一方面不显得那么亲密。许羡苏与鲁迅既是学生和老师、学生和担保人,也像朋友、家人,而且有学者研究表明许羡苏对鲁迅可能有爱慕之情,所以在这样的背景下,无论从哪方面说,"织围巾"都应该在"织毛线背心"之前。例(30)中,并列词组的前项是"词语",后项是"课文"。"词语"的学习难度比"课文"低,因此,通常先学"词语",后学"课文"。时间上的先后顺序与学习上由易到难的顺序是一致的。

第十四,根据感情的由浅入深和时间顺序排列。例如:

（31）这篇祭文，饱含多少<u>相知相爱</u>的深情。

（32）你问我们两个人是什么关系？我们俩是<u>同事和朋友</u>的关系。

例（31）中并列的两项是"相知"和"相爱"，直接并列，中间没有使用并列连词、标点符号等并列连接手段。结合更大的语境背景，我们知道，这是说许广平对鲁迅的感情，许广平从鲁迅的学生到他的妻子，两个人从师生到夫妻，感情由浅入深，有一个从相知到相爱的过程，所以此处构成"相知相爱"的并列词组。这里同时包含感情的由浅入深和时间上的由先到后原则。例（32）中用"同事和朋友"说明两人的关系。从感情上看，朋友比同事更深一层；从时间上看，先是同事，继而从同事变成朋友。"同事和朋友"这一排序同时遵循了感情的由浅入深和时间上的从先到后原则。

第十五，按照音节的由短到长和结构的由简单到复杂排列。例如：

（33）我想这近二百封的通信，不可能仅只<u>取书、取拓片</u>这样一个内容吧。

（34）<u>长期的劳作，没有规律的生活方式</u>，使鲁迅的健康状况一直欠佳，去上海后，鲁迅更是多病缠身。

例（33）中并列的两项是"取书"和"取拓片"，前者是双音节的，后者是三音节的，如果二者没有明显的顺序关系，通常音节短的在前，音节长的在后。例（34）中的主语部分由并列的两项构成，这两项均为定中词组。前一项是简单词组，"长期的劳作"只有一个层次；后一项是复杂词组，"没有规律的生活方式"有两个层次。成句时，通常将结构简单的成分放在前面，将结构复杂的成分放在后面。

值得注意的是，很多排序规则中都包含着时间顺序原则，这是汉语在时间象似性上要求比较高的一个重要体现。

总之，时间由先到后、程度由低到高、认知凸显度由高到低等是基本的、普遍的原则。但是，如果有特殊的语用表达需求，可以根据语用功能进行主观调整，这可能会与客观理性的顺序不同。因此，主观性原则优先于客观性原则和普遍性原则。

34. 时间顺序原则在并列成分的排列上是如何体现的?

并列成分在排序上是有一定规律的，往往不能随意调换位置。时间顺序可以体现在动词性成分上，也可以体现在名词性成分上，有时需要通过语境的提示，才能显示出来。

第一，并列项的时间顺序更多地体现在动词性成分上。例如:

（1）鲁迅便把自己与许广平同居以及怀有孩子的消息告诉了她。

（2）临终前，她曾请求把自己的遗体送回上海，与鲁迅合葬，以实现她"生为周家人，死为周家鬼"的心愿。

例（1）中，鲁迅"与许广平同居"时间上在"（许广平）怀有孩子"之前，因此，当这两项由并列连词"以及"连接构成并列词组做定语时，按照时间顺序，例（1）的排列是最恰当的。例（2）中并列的两项涉及"生"与"死"，从时间上来说，"生"在前，"死"在后，所以两者并列时也遵循这一顺序。"生死相依、十年生死两茫茫"同理，它们都遵循同样的时间顺序原则进行排列。

第二，并列项的时间顺序也可以体现在名词性成分上。例如:

（3）在人们的心目中，鲁迅一直不遗余力地批判传统文化，批判种种社会现象，他似乎应该跟政府是格格不入的吧。

（4）在得到鲁迅的回信后，许广平莫名兴奋，于是有了第二封、第三封……就这样你来我往，仅仅一个多月时间，他们的感情就由师生之情向男女之情转变了。

例（3）中，"传统文化"是从古至今流传下来的，"种种社会现象"是当前存在的，按照时间顺序，并列的两项应当是"批判传统文化"在前，"批判种种社会现象"在后。例（4）中并列的"第二封、第三封"有顺序关系，这种顺序是由序数词体现出来的，也暗含着时间先后关系，所以也是时间性特征在并列的名词性成分上的体现。

并列项的时间顺序需要有表示时间的词语的提示才能显示出来。时间顺序原则是汉语表达中遵循的一条非常普遍的原则。有的成分本身能够体现出时间上的先后关系，如例（1）中的"同居"和"怀有孩子"；有的成分本身体现不出时间顺序，但是句中有表示时间顺序的词语，于是相应的成分就被赋予了时间义，可以按照时间顺序排列。例如：

（5）他先后在<u>日本医院、法国医院、德国医院</u>等地避难。

（6）他曾先后在<u>浙江两级师范学堂（1909）、绍兴府中学堂（1910）、山会初级师范学堂（1911）、北京大学（1920）、北京师范大学（1920）、北京女子师范大学（1923）、厦门大学（1926）、中山大学（1927）、劳动大学（1927）</u>等14所学校任教，执教过<u>化学、生理学、中国小说史、中国文学史、文艺论</u>等多门课程。

例（5）中并列的三项是表示处所的名词性词语，是不同的医院，本身没有时间关系，但是因为句中出现了时间副词"先后"，于是不同医院的排序有了依据——时间顺序。例（6）中并列的各项是大学的名称，本身也没有时间关系，同样是由于句中出现了时间副词"先后"，各大学便按照鲁迅执教的时间顺序排列了，并且时间也清楚地标注出来了。这个句子中的另一个并列结构由不同的课程组成，虽然没有使用时间副词"先后"等，但也能看出这是按照开设和执教课程的时间顺序排列的。

有的并列项的时间顺序需要语境和背景的提示才能显示出来。

（7）合计鲁迅在上海十年的工作量，较之在<u>北京、厦门、广州</u>的十年，要多得多，这自然离不开许广平的奉献。

（8）许美苏她们不再像以往那样怕鲁迅，而是感觉到鲁迅的<u>亲切与幽默</u>，甚至敢于跟他开玩笑了。

例（7）中并列的三项是处所名词，是三个城市名，本身没有时间关系，但是扩大到篇章中，我们知道鲁迅是先在北京任教，然后到厦门任教，再到广州任教，所以"北京、厦门、广州"是按鲁迅工作的先后顺序排列的，这需要有足够的语境信息和背景知识才能够了解。了解了这一点，也就知道例（7）中并列的三项如此排序的原因和理据了。例（8）中并列的两项是"亲切"和"幽默"，由连词"与"连接。这两个词所表示的语义都是鲁迅具有的特征，如果没有上下文，"幽默与亲切"也可以构成并列词组，但是结合上文"她们不再像以往那样怕鲁迅，而是感觉到鲁迅的……"，可以了解到后面应该接显示鲁迅不使人害怕的特征，"不怕"首先感受到的应是"亲切"，继而才能感受到"幽默"。因此，"亲切"在前，

"幽默"在后，而"幽默"同时与后文的"敢于跟他开玩笑"形成很好的呼应。

可见，时间顺序原则不只体现在动词性成分上，在名词性成分、形容词性成分上均有所体现。不过，需要深入了解语境信息和背景知识才能更好地进行理解和表达。

35. 不能互换位置的并列成分有什么特点？

《现代汉语词典》（第 7 版）对"并列"的释义是：并排平列，不分主次。例如：

（1）比赛结果是两人并列第三名。

例（1）中，获得"并列第三名"的"两人"的确不分主次，但在语法结构中，并列的两项或多项却往往有主次之分，因此不能随意调换位置。这些不能调换位置的并列成分往往具有顺序性、时间性等特征。例如：

（2）它们则同时感知所有事件，并按所有事件均有目的的方式来理解它们，有最小目的，也有最大目的。

例（2）中，画线部分具有并列关系，用连词"并"连接。前一分句的核心动词是"感知"，后一分句的核心动词是"理解"。按照认知的顺序，要先"感知"，然后才能"理解"，如果互换位置，就违反了认知规律和认知顺序。因此，这两项虽然是并列关系，但不能互换位置。又如：

（3）这是我学会语言 B，并能够用它思考之后的记忆，从我与弗莱帕、拉斯伯里的讨论开始，直到死亡。

例（3）中，画线部分具有并列关系，用连词"并"连接，并列前项是"学会语言 B"，并列后项是"能够用它思考"。根据习得的规律和顺序，对一种语言来说，要先"学会"，然后才能"用"，如果互换位置，就违反了语言习得的规律和顺序。因此，这两项虽然是并列关系，但不能互换位置。再如：

（4）为避免中间媒介引起误解，我们采取了直接演示的手段：画线、照片、动画，均无成就，毫无进展。

例（4）中，"画线、照片、动画"是并列词组，并列关系的提示成分包括整个结构前的冒号、各项之间的顿号、整个结构之外的副词"均"，这些都可以起到识别并列关系的提示作用。并列的三项"画线、照片、动画"不能互换位置，因为它们之间有自己的排列规律，即由线到面，由静到动。"演示的手段"存在着从简单到复杂的呈现顺序，有其内在的逻辑，不能任意改变。

类似的情况还有：

（5）男孩子会凝望着这双眼睛，就像我从前与未来凝望你父亲的眼睛一样。

例（5）中，"从前、未来"由连词"与"连接，构成并列词组。"从前"与"未来"有时间上的先后顺序，关于与时间有关的成分的排序，如果没有特别的安排，通常是按照时间自然流动的顺序排列，即过去、现在、将来。例（5）中的"从前与未来"便是遵循这样的规律进行排列的结果，两项通常不互换位置。又如：

（6）从根本上说，七肢桶的语法分为两个领域：口头语言与书面文字。

例（6）中，介绍外星人"七肢桶"的语法的两个领域时，先介绍"口头语言"，再介绍"书面文字"，因为就语言的形成来说，口语在前，书面语在后。因此，按照形成的先后顺序，是"口头语言与书面文字"，而不是"书面文字与口头语言"。再如：

（7）这是一条漫长、吓人的下坡滑道，我正一步步滑下去，停不下来。

例（7）中，"漫长、吓人"共同修饰"下坡滑道"，二者都是中心语"下坡滑道"的性质或特点，并列呈现。不过，"漫长"是客观特点，"吓人"是主观特点，主观判断是基于客观事实做出的，因此，"漫长、吓人"作为"下坡滑道"的两个修饰语存在内在的认知顺序，通常不互换位置。再如：

（8）我们试着向他们说明最简单的物理特点，如质量、速度，想借此弄清楚它们语言中对应的术语。

例（8）中，介绍物理特点时，用"如"做标记进行举例，所举的例子包括"质量"和"速度"，二者都是物理特点，并无主次、客观主观、时间先后、形成先后、逻辑先后等的分别，似乎可以互换位置，可以说"如质量、速度"，也可以说"如速度、质量"。不过需要注意的是，虽然质量与速度没有关系，但加速度、惯性都与质量有关系。另外，"质量"是静态特征，"速度"是动态特征，我们认识事物往往是"从静态到动态",而不是相反的顺序。因此,虽然"质量、速度"这两个物理特点看似没有内在顺序,但仔细探究,可以发现它们实际上存在"从静态到动态"的认知顺序,所以"质量、速度"的顺序更加合理。再如:

（9）你,一个成熟女人,个子比我还高,美得让我心疼,居然会是那个需要我抱起来才能够到饮水机的小女孩儿,那个摇摇晃晃跑出我卧室,身上拖拖拉拉裹着从我衣橱里偷走的<u>长裙、帽子和四条丝巾</u>的小女孩儿。

例（9）谈到"小女孩儿"身上裹着从妈妈衣橱里偷的"长裙、帽子和四条丝巾",从衣橱里偷的东西如果不考虑修饰语"四条","长裙、帽子、丝巾"没有内在的时间顺序、认知顺序、形成顺序、逻辑顺序等。不过,如果结合前面的动词"裹（着）",则后面首先应该接"长裙",而不是"帽子"。另外,"长裙"比"帽子"凸显度更高,从认知凸显的角度看,"长裙"在"帽子"前也更为合理。

总之,语言结构中的很多并列成分都不能互换位置,并列成分的排列受多种因素的制约,包括时间顺序、认知顺序、逻辑顺序、文化顺序、客观主观顺序等。有些顺序是显性的,一目了然;有些顺序是隐性的,需要深入分析。如果并列的各项有其内在的时间顺序、认知顺序、逻辑顺序等,通常按照既定的顺序排列,而不随意互换位置。

36. 可以互换位置的并列成分有什么特点?

可以互换位置的并列成分间往往没有明显的时间顺序,或不隐含递进、连贯、转折、因果等逻辑关系,不论名词和动词,都是如此。例如:

（1）代代<u>手腕和脖颈</u>上戴的是她自己做的首饰。

（2）为国家、为民族、为和平付出宝贵生命的人们,不管时代怎样变化,我们都要永远铭记他们的<u>牺牲和奉献</u>,他们为祖国和民族建立的丰功伟绩永垂史册,他们的崇高精神永远铭刻在亿万人民心中。

（3）语言是<u>人与人交流的工具,是传递思想的载体</u>。

例（1）中的"手腕和脖颈"是"代代"戴首饰的处所,换成"脖颈和手腕"

的话，句法、语义都不会改变。例（2）中的"牺牲和奉献"是"为国家、为民族、为和平付出宝贵生命的人们"做出的贡献，换成"奉献和牺牲"的话，在句法上、语义上都符合规则。例（3）中的"是人与人交流的工具"和"是传递思想的载体"都是对语言功能的陈述，二者没有时间上的先后，不分逻辑上的主次，可以互换位置。再如：

（4）北京和上海是中国最大的两个城市。

（5）上海和北京是中国最大的两个城市。

（6）你朋友结婚，我去，你不去，这不是很奇怪吗？

（7）你朋友结婚，你不去，我去，这不是很奇怪吗？

例（4）和例（5）中的"北京、上海"是两个城市，没有时间顺序，所以在并列的时候可以说"北京和上海"，也可以说"上海和北京"。当然，选择"北京和上海"或"上海和北京"时，说话人的主观认识可能起一定的作用。北京人可能会选择"北京和上海"，上海人可能会选择"上海和北京"。这里有言者的心理因素，不过这是语言之外的因素。例（6）和例（7）中的"我去"和"你不去"是并列的两种情况，分别陈述"我"的行为和"你"的行为，没有使用关联词语连接，直接并列呈现，构成并列关系，可以互换位置。如果在二者之间加上表示转折的连词"但是"或副词"却"，二者就不是并列关系，而是转折关系了。例如：

（8）你朋友结婚，我去，但是你不去，这不是很奇怪吗？

（9）你朋友结婚，我去，你却不去，这不是很奇怪吗？

关联词语是显性的逻辑关系标志。例（8）和例（9）中分别用了"但是"和"却"，转折关系就确定无疑了。没有转折连词或关联副词时，"我去"和"你不去"可以是正反并列的两项，能构成并列关系。因此，我们可以说，并列关系有时很可能隐含着转折关系，特别是正反并列的两项，形式上是并列的，语义上却可以是转折的。

例（1）～（7）中，并列词组或并列复句的前后项可以互换位置，是因为并列成分之间没有时间先后或认知先后关系，或者并不隐含转折、因果、承接、递进等逻辑关系。此时，并列成分可以自由地互换位置，而不影响句子的句法、语义关系。

37. 并列复句"既……，也 / 又……"的前后分句可以互换吗？

语言表述有这样一个特点：语言是线性呈现的序列符号，某一成分通常与在它之前出现的成分在结构关系上更加紧密，后出现的成分是对前面语义内容的追加、补充，能够使前面的语义更加完整、丰富。例如：

（1）生活在这样一个时代，<u>既是我们的不幸，也 / 又是我们的幸运</u>。

（2）生活在这样一个时代，<u>既是我们的幸运，也 / 又是我们的不幸</u>。

例（1）和例（2）中，"既……，也 / 又……"的前后小句互换后，形式上合乎语法，但是表达的语义是否相同呢？我们先来看"也"的功能和意义。

根据《现代汉语词典》（第7版），副词"也"的前两个义项分别是"表示同样"和"单用或重复使用，强调两事并列或对待"。前者是从语义的角度对"也"进行解释，后者是从结构关系的角度对"也"进行说明，角度不同，但"也"的意义和用法是相近的，这从词典中的例子可以看出来。

（3）水库可以灌溉、发电，也可以养鱼。（也₁）

（4）他会英语，也会法语。（也₂）

（5）游客里面也有坐车的，也有步行的。（也₂）

从语义上看，例（3）中的"也"是"也"的第一个义项，表示"同样"。例（4）和例（5）中，"也"单用或复用，表示前后项语义上相对待，结构上是并列关系。"也"的基本语义是表示"类同"，例（3）和例（4）中的"也"之前都可以加"同样"。例（5）中的"也"重复使用，组成"也……，也……"的关联形式，通常不与"同样"共现。例如：

（6）水库可以灌溉、发电，同样也可以养鱼。（也₁）

（7）他会英语，同样也会法语。（也₂）

从结构关系上看，例（6）和例（7）都是并列复句。"也"后面成分的语义内容是对前面成分的语义内容的追加、补充。

根据《现代汉语词典》（第7版），副词"又"的第三个义项是"表示补充，追加"。这种用法的"又"往往用在表示追加、补充的成分前面，如例（1）和例（2）。

　　了解了副词"也、又"在表达并列关系时的意义和功能后，我们就可以来回答并列复句"既……，也／又……"的前后小句是否可以互换的问题了。答案是否定的，并列复句"既……，也／又……"的前后小句不能互换。这里的"不能互换"是结合语义内容进行分析而得出的结论。因为具有连接功能的副词"也、又"后面成分的语义内容是对前面语义内容的追加、补充，即前文是追加和补充的基础，如果"既……，也／又……"的前后小句互换了位置，则意味着追加、补充的基础和追加、补充的内容互换了位置，前后小句的语义关系就会发生变化。

　　根据焦点在后的信息传递原则，例（1）的焦点是"（我们生活在这样一个时代）是我们的幸运"，而例（2）的焦点是"（我们生活在这样一个时代）是我们的不幸"。两句的信息结构完全不同，信息焦点完全相反。前者可以理解为"我们生活在这样一个时代，虽然有不幸，但还是幸运的"；而后者表达的意思却是"我们生活在这样一个时代，虽然称得上幸运，但还是不幸的"。

　　从言者的情感态度来看，前者是积极的，后者是消极的。从语言线性序列的角度看，前者首先想到的是生活在这样一个时代的不幸，继而想到不幸中有幸运；而后者首先想到的是生活在这样一个时代的幸运，继而想到幸运中有不幸。下面的表达更能看出这一点。例如：

　　（8）生活在这样一个时代，是我们的不幸，（但转念一想，）也／又是我们的幸运。

　　（9）生活在这样一个时代，是我们的幸运，（但转念一想，）也／又是我们的不幸。

　　可见，并列复句中隐含着转折的逻辑语义关系，而带有转折语义的前后小句是不能随意互换位置的，否则要么语义不通，要么语义不同。再如：

　　（10）他是中国人，不过在欧洲留学过，所以，他既喜欢吃中餐，也／又喜欢吃西餐。

　　（11）他是个很有才华的歌手，既会唱歌，也／又会作曲，他唱的很多歌是他自己写的。

例（10）和例（11）有更大的语境，我们可以更加清楚地看出这种隐含的关系。例（10）中，他是中国人，中国人吃中餐是很自然、很正常的，但因为他在欧洲留学过，所以他也喜欢吃西餐，这样的因果和转折关系蕴含在并列之中。因此，例（10）中"既……，也/又……"的前后分句通常不能互换位置。例（11）中，他是歌手，歌手会唱歌是自然的、应该的，"歌手"与"唱歌"之间是无标记的关联，歌手会作曲是进一步的技能，这样的递进关系蕴含在并列之中。因此，例（11）中"既……，也/又……"的前后分句通常不能互换位置。

38. 包含"别的、其他"等代词的成分与并列的各项之间的位置关系是怎样的？

包含"别的、其他"等代词的成分往往用在并列的各项之后，组成"……，（以及）别的……"等结构。例如：

（1）于是我会给他们看我在视镜前与七肢桶对话的录像带，以及别的语言学家和外星人对话的录像带。

"别的"往往是对有明确指称之外的不必明说、不便明说或不甚明了的某个或某些事物的指称，因此，通常用在有明确指称的事物之后，用来统称其他事物。这样，包含"别的、其他"等词语的并列结构中各成分的位置关系就明确了，即有明确指称的事物在前，包含"别的、其他"等代词的成分在后。但也有例外的情况，当"别的、其他"等与明确指称之间构成对比时，有时为了凸显明确指称的事物，可以将"别的、其他"等并列项放在前面。例如：

（2）别的事儿今天先不说，动迁款这件事儿咱们今天要把它说清楚。

例（2）中的"动迁款这件事儿"是一件指称明确的"事儿"，"别的事儿"是指称宽泛、不明确的一件或几件"事儿"，为了突出强调"动迁款这件事儿"，结构上可以把它放在"别的事儿"之后。再如：

（3）别人你管那么多干什么？你自己的事儿能管好就不错了。

例（3）同样是将有明确指称的"你自己"与指称宽泛、不明确的"别人"

进行对比，为了凸显"你自己的事儿"，便将它放在并列两项中后面的位置。例（2）和例（3）都是语用功能凸显的句子，即突出强调后者的语义内容，前者只是作为一个对比项和烘托项而存在，所指不甚明确，后者才是要着重表达的语义内容。这是经过语用凸显而形成的有标记的并列结构。

无标记的并列结构是指称明确的并列项在前，指称宽泛、不明确的并列项在后的并列结构。这里可以再举几个例子：

（4）你把你自己的事情都安排好，别的你就别操心了。

（5）一班同学到网球场集合，二班同学到排球场集合，其他同学在操场自由活动。

从认知上说，指称明确的部分交代清楚了，除此之外的都可以用"别的、其他"统一指称，逻辑上更合理，说起来也更顺畅、更自然。因此，包含"别的、其他"等代词的成分往往用在并列的各项成分之后。再如：

（6）穿红裙子的女生是女班长，她旁边穿西装的男生是男班长，一会儿他们俩主持，别的同学我就都不认识了。

（7）哈利给小李介绍参加活动的人，金大永是韩国人，黄佳佳是印尼人，丽莎是法国人，芳子是日本人，其他同学不是他们班的，他还不太熟悉。

例（6）中，"穿红裙子的女生、她旁边穿西装的男生"和"别的同学"并列，"别的同学"在有明确所指的成分之后。例（7）中，"金大永、黄佳佳、丽莎、芳子"和"其他同学"并列，"其他同学"在有明确所指的成分之后。

第四部分　并列关系和其他关系的区别

39. 重叠、重复、并列有什么区别？

现代汉语中的重叠是一种极具特色的语言形式，可以分为：构词重叠、构形重叠与句法重叠。很多人将重叠与重复混淆，误把"很多很多、你呀你、快快快"等分析为重叠短语。其实，这只是一种重复，是出于语用的需要而产生的，通常可以构成反复等辞格，毕竟反复就是为了突出某些内容或某种思想感情而特意重复某个词语或句子。（邢福义、汪国胜，2011）我们可以从以下例句中直观地感受到二者的不同：

（1）读那一行行字就像听着一挂挂炸响的鞭炮，但这份材料写得很冷静、很老到，内容翔实精确，<u>谁谁谁</u>哪年哪月哪日在哪里见了<u>谁谁谁</u>，又谈了什么，外行人看去像一本平淡的流水账，但其中暗藏的杀机，绝非叶文雪那套小孩子把戏所能相比的。

（2）他把耳朵凑到他嘴边，才听到他说的是"钱……钱……"，于是握着他的手安慰他："钱的事儿你不用担心，我有办法。"

（3）妈妈问他比赛怎么样，他激动地说："<u>精彩精彩</u>！太精彩了！"

（4）"<u>当心当心</u>！"他一把把他拉过来，不然他可能就摔下去了。

（5）<u>盼望着，盼望着</u>，东风来了，春天的脚步近了。

（6）"<u>我们成功了！我们成功了！</u>"随着一阵阵隆隆的响声，注浆站设备全部正常运行，现场工人欢呼雀跃。

例（1）～（4）中的画线部分是词的重复，其中，例（1）中是代词的重复①，例（2）中是名词的重复，例（3）中是形容词的重复，例（4）中是动词的重复。例（5）中的画线部分是小句的重复，例（6）中的画线部分是句子的重复。再如：

（7）你太累了，今天多<u>睡睡</u>。

（8）他轻轻地<u>扫了扫</u>琴弦。

（9）你仔细<u>看一看</u>。

（10）匹诺曹有<u>长长</u>的鼻子。

（11）<u>雪白雪白</u>的棉花，像天上一朵朵的白云。

（12）一<u>簇簇</u>的花朵竞相开放。

例（7）～（9）中的画线部分是动词的重叠，例（10）和例（11）中的画线部分是形容词的重叠，例（12）中的画线部分是量词的重叠。

关于"并列"的内涵，学界有三种看法：一是认为并列是联合的下位概念，二是认为联合是并列的下位概念，三是认为联合和并列等同。本书赞成第三种看法，并采用"并列"的概念。综合各家观点，并列结构体的外在标记类别有：停顿、助词、连词等。（朱德熙，1982）除此以外，还有一类无标记的并列结构体，使用词汇手段和结构手段两种关联方式。其中，结构关联手段主要是平行句式的使用，这种形式可以使复句中的分句与分句互相关联，最常见的是对偶和排比。这种形式中，词语有重复，有变化。有重复，使得语句更流畅，更富有音乐性；有变化，避免了单调乏味。（邹哲承，2000）对偶即用一对字数相等、结构相同或相似的短语或句子对称组合起来表意的辞格。（邢福义、汪国胜，2011）对偶句的前后句是对称的，形成并列的句式，且没有显性的并列标记。排比则是由三个或三个以上的意义相关、语气一致、结构相同或相似、音节数相同或相近的词、短语或句子（分句）连用表意的辞格。（邢福义、汪国胜，2011）连用的一串词、短语或句子（分句）之间具有并列关系。很多时候，重复是构成对偶和排比的条件。例如：

（13）百花齐放是一种发展艺术的方法，百家争鸣是一种发展科学的方法。

（14）她白天要<u>收拾三个人的屋子</u>，<u>倒三个人的便盆</u>，<u>洗三个人的衣裳</u>，<u>伺</u>

---

① "谁谁谁"也可以分析为并列词组，相当于"某人、某人和某人"，并列是结构关系，重复是语法手段。

候老太太喝茶，伺候少爷抽烟，伺候小姐绣嫁妆。

例（13）是由两个"是"字句构成的，这两个"是"字句句式相同，每个成分又互相对应，构成了并列的格式。例（14）中由两组小句构成排比句，前一组中的每个小句都是动宾短语，其中宾语都是由"三个人"做定语构成的偏正短语。后一组中的每个小句都是重复同一动词的动宾短语，形成排比句，从而构成并列关系。

综上所述，重复实际上是构成并列结构体的一种手段。而重叠是一种构形手段，重叠后的成分通常不看作并列组合。例如：

（15）谢谢，我只是看看。

（16）她每天都把自己打扮得漂漂亮亮的。

（17）我们班的同学个个都很优秀。

例（15）中的"看看"是动词"看"的重叠，例（16）中的"漂漂亮亮"是形容词"漂亮"的重叠，例（17）中的"个个"是量词"个"的重叠，它们都不是并列词组，而只是相应动词、形容词、量词的一种形态变化。

40. 并列复句和递进复句有什么区别?

多数现代汉语教材对并列关系的表述为：每个分句分别说明或描写几件事情、几种情况中的一种或同一事物的几个方面中的一个，这就是并列关系。并列关系常用以下一些关联词语来表示："也、还、另外、既……又/也……、一方面……（另）一方面……"等。例如：

（1）他心慌得厉害，既要人称赞，又怕人称赞。

（2）那些人既不许他出门，又不准医生登门。

（3）这儿有密密的灌丛和参天的大树，还有静静的溪流。

这些关联词语或者表示同类事物的并列，或者表示两件事情的并存，或者表示两件事情的对立。另外，并列复句可以由关联词语连接，也可以不用关联词语连接。例如：

（4）他是学生，我是老师。

（5）百花齐放是一种发展艺术的方法，百家争鸣是一种发展科学的方法。

例（1）～（3）都是并列复句，其中分别使用了关联词语"既……，又……"和"还"。例（4）和例（5）也是并列复句，不过其中没有使用并列连接成分，而是并列成分直接并列。

和并列、并存以及对立关系不同的是，递进复句中，后一分句相比前一分句有更进一步的意思。所谓更进一步，可以表现在范围上、数量上、程度上、时间上以及其他方面。常用"不但/不仅/不只/不光……而且/并且……"来表示，除"而且、并且"之外，副词"也、还、更"等也可以同"不但"相呼应。例如：

（6）我们从事科学工作的目的不但在于认识世界，而且在于改造世界。

（7）我们的祖国，不仅土地广阔，而且物产丰富。

（8）不但学生需要努力学习，教师也需要努力学习。

（9）到八九岁时不但能挑能背了，还会种地了。

如果句子的意思是从否定方面说的，那么在"不但……"的部分说的是"不怎样"或"没有怎样"，更进一步就成了"反倒怎样"。这样的递进，常用"不但……反而/反倒……"或只在后面的分句中用"反而"来表示。例如：

（10）风不但没停，反而越来越大了。

含有反问语气的递进关系，常用"尚且……何况……"来表示。例如：

（11）这么冷的天气，大人尚且受不住，何况是孩子？

那么在没有关联词语参与的情况下，如何区别递进关系和并列关系呢？周静（2003）认为，这时候，语义基础是判断递进和并列的决定性因素。

第一，依照客观事物的比例、等次等具有级次量的进层义进行排列的应是递进而不是并列。递进主要是在时间、数量、空间、范围、程度、功能等方面更进一步。例如：

（12）这在上海是如此，在整个中国也是如此，在东方也是如此。

（13）有时我常想：他的对于我的热心的希望、不倦的教诲，小而言之，是为中国，就是希望中国有新的医学，大而言之，是为学术，就是希望新的医学传到中国去。

例（12）中的"上海、中国、东方"在空间上表示的范围逐步扩大，例（13）中的"小而言之"到"大而言之"则是在程度上更进一步的含义。

第二，客观事物之间不存在比例、等次，而是具有推移性的"次序"的也是递进，而不是并列。例如：

（14）时间<u>一天一天地过去，一月一月地过去，一年一年地过去</u>，真理老人所撒的种子，也<u>一天一天地生长，一月一月地开花，一年一年地结果</u>，一粒种变成一百粒、万粒、千万粒……

（15）那是多么好的一个早晨啊！<u>曙光升起来了，朝霞升起来了，红日升起来了</u>。

例（14）中的"一天一天、一月一月、一年一年"是按时间量的顺序排列的，时间由短到长递进。例（14）中的"生长、开花、结果"和例（15）中的"曙光、朝霞、红日"则是按照时间顺序和事物的发展规律排列的，因此也是递进关系。

41. 并列复句和承接复句有什么区别？

张斌（2010）指出，并列复句中分句之间的语义关系主要有以下几种：

第一，并存关系。并存表示同时存在的相关的性质、状态或动作。合用的格式有"既……也……、既……又……、又……又……、也……也……"等。单用的格式有"同时、同样、并、并且、也、又、还"等。例如：

（1）我们赞美英勇的斗争和艰苦的劳动，<u>也</u>赞美由此而获得的幸福生活。

（2）她回答得那么流利自然，<u>又</u>记得那么正确。

（3）海面起风了，<u>并且</u>天色也暗淡下来。

第二，并行关系。并行表示两种或多种动作同时发生，代表格式有"一边……一边……、一面……一面……"。例如：

（4）我坐在火炉跟前，<u>一边</u>抽烟，<u>一边</u>搓着手上的泥。

（5）赵书记<u>一面</u>说着，<u>一面</u>搜寻这个发言的人。

第三，并举关系。并举表示列举并存的情况，代表格式有"一方面……另一方面……、一来……二来……、一者……二者……、一则……二则……"等。例如：

（6）城市<u>一方面</u>为人类的生活带来便利，<u>另一方面</u>又对人类的生存形成威胁。

（7）最后，侄子开车送我们去了北京，<u>一来</u>他不放心我们老两口自己坐火车去，<u>二来</u>他说好久没去北京了，也想去逛逛。

第四，交替关系。交替表示动作交替、反复发生，代表格式有"一会儿……一会儿……、忽而……忽而、一时……一时……"等。例如：

（8）小姑娘<u>一会儿</u>唱歌，<u>一会儿</u>跳舞。

（9）他的情况不太好，<u>一时</u>清醒，<u>一时</u>糊涂。

第五，对照关系。对照关系是指前后分句说明一正一反两种情况，或者肯定某一事物而否定另一事物。前一种对照关系一般使用反义词或临时性反义词语，后一种对照关系经常用"不是……而是……、不是……是……、不……而……"等。例如：

（10）<u>虚心</u>使人<u>进步</u>，<u>骄傲</u>使人<u>落后</u>。

（11）在内蒙古人民心中，王昭君已经<u>不是</u>一个人物，<u>而是</u>一个象征，一个民族友好的象征。

承接关系是指几个分句一个接一个地说出连续发生的动作或事件。承接复句又叫连贯复句、顺承复句、顺递复句。张斌（2010）指出，分句间的承接关系从语义上看主要有三种：

第一，时间上的承接。指几个分句按照时间先后顺序，说明相继发生的动作、事件。例如：

（12）汽车停住，车门打开，机场上响起了一阵雷鸣般的掌声。

（13）他默默地走过去，捡起了她扔到地上的衣服，把衣服叠好。

第二，空间上的承接。指几个分句按照空间位置的先后顺序排列，一般是以人的视点变化为基础。可以由里到外或由外到里，由远到近或由近到远，由大到小或由小到大，等等。例如：

（14）走进大殿，<u>正中是一个约两米高的朱漆方台，上面安放着金漆雕龙宝座，背后是雕龙围屏</u>。

（15）他回到家，<u>客厅灯亮着，餐桌上有给他留的菜，还有一张纸条</u>。

第三，事理上的承接。指几个分句说明的事物在逻辑事理上有一定的先后顺序。例如：

（16）指挥员正确的部署来源于正确的决心，正确的决心来源于正确的判断，正确的判断来源于周到的和必要的侦察，以及对于各种侦察材料的连贯起来的思索。

（17）他总爱说，<u>行为决定习惯，习惯决定性格，性格决定命运</u>。

总的来说，承接关系和并列关系的区别是：表示承接关系的分句之间是一种纵的承续，也叫作"鱼贯句"，即具有承接关系的分句是连续而下的，呈相继的鱼贯式排列；表示并列关系的分句之间是一种横的排列，也叫作"雁行句"，意思是具有并列关系的分句是相互对待的，呈平行的雁行式排列。因此，承接复句中的各个分句一般不能互换位置，而并列复句中的各个分句互换位置不会改变原意。[①]例如：

（18）他披衣坐起，摸出香烟，点着火，怔怔地发呆。（承接复句）

（19）他一会儿站起来，一会儿又坐下去。（并列复句）

例（18）中，"坐起、摸出香烟、点着火、发呆"是按照时间先后顺序相继发生的动作、事件，不能调换顺序，属于承接复句；例（19）则是表示动作交替、反复发生，可以调换顺序为"他一会儿坐下去，一会儿又站起来"，属于并列复句。

42. 并列复句和选择复句有什么区别？

并列复句和选择复句都属于联合复句，分句间没有主次之分，两个或两个以

[①] 并列复句中的前后分句如果有内在的先后顺序，如认知的先后顺序、隐含的递进或转折等逻辑关系、受上下文制约的语境因素、言者的主观顺序等，那么也不能随意调换位置。

上的分句平行地联合在一起。联合复句的联合项无论多少都是同一层次的。例如：

（1）小王会说德语，小李也会说德语。

（2）他又能吃苦，又聪明。

（3）或者你去，或者他去，我没有意见。

（4）那些不了解他的人，要么对他产生误解，要么被他的才华惊倒。

并列复句中的几个分句往往述说相关的几件事，或者一件事的几个方面，如例（1）和例（2）；同样的，选择复句也包含两个或两个以上的分句，也是述说几件事情，但不同之处在于，选择关系表示要在这几件事情中选择一件，如例（3）和例（4）。

在关联词语的使用上，并列复句中常用以下一些关联词语：也、又、还、既……又/也……、不是……而是……、是……不是……、一边……一边……、有时……有时……、又……又……、一方面……（另）一方面……、一会儿……一会儿……，等等。这些关联词语或者表示同类事物的并列，或者表示两件事情的并存，或者表示两件事情的对立。例如：

（5）这笔钱不是我的，而是我爸爸的。

（6）一方面敌人在退却，一方面我军在进攻。

（7）北京是中国的首都，是中国政治的中心，同时也是中国的文化中心。

关于选择复句中的关联词语，需要先说明的是，选择关系可以分为两类：一类是"选择未定"的，一类是"选择已定"的。所谓"选择未定"，是指说话者在几件事情中还没有选定。常用"不是……就是……、或者……或者……、要么……要么……、是……还是……"等关联词语来表示。其中，用"不是……就是……"的话，语气比较坚决，表示要在两件事情中选取一件，排除第三种可能性。关联词语要成对使用，不能只用一个。例如：

（8）不是被困难吓倒，就是拿出勇气来战胜困难，两者必居其一。

用"或者……或者……"这类关联词语，可以表示在两件事情中选取一件，也可以表示在多件事情中选取一件，不排除第三种可能性。例如：

（9）或者把老虎打死，或者被老虎吃掉，两者必居其一。

（10）在实践和认识的关系上，<u>是用实践来检验认识，还是用认识来检验认识，还是用认识来检验实践</u>？这是辩证唯物主义认识论同唯心主义认识论的一个斗争的焦点。

所谓"选择已定"，是指说话者在几件事情中已经选择停当。常用"与其……不如……、宁可……决不 / 也不……"来表示。例如：

（11）<u>与其扬汤止沸</u>，<u>不如釜底抽薪</u>。

（12）<u>宁可</u>将可作小说的材料缩成速写，<u>决不</u>将速写材料拉成小说。

用"与其……不如……"的句子，选定的内容在后一分句；用"宁可……决不……"的句子，选定的内容在前一分句。这两类句子，选取和舍弃的两项是同时出现的。还有一类用"宁可……也……"的句子，句中出现的都是说话者所要选取的，舍弃的方面不在句子之中。例如：

（13）他<u>宁可</u>向亲戚朋友借钱，<u>也要</u>支持孩子的梦想。

可见，和并列复句相比，选择复句虽然也给出了可供选择的两项或多项，但必须有所取舍，并且取舍常常体现出说话人的主观意图，带有较强的主观性。而并列复句给出的两项或多项往往是并存、并行、并举的关系，不必进行取舍。

43. 并列复句和转折复句有什么区别？

一般来说，并列和转折存在转换关系。例如：

（1）<u>理想是理想，现实是现实</u>。人不能没有理想，<u>但</u>也不能脱离现实。

例（1）中包含两个复句，前一复句表示并列关系，后一复句表示转折关系。前一复句的第二个分句前可以添加转折连词，使前一复句变成转折关系的复句：

（2）理想是理想，<u>但</u>现实是现实。

例（1）中后一复句第二个分句前的转折连词"但"也可以删除，使后一复句变成并列关系的复句：

（3）人不能没有理想，也不能脱离现实。

可见，通过添加和删除转折连词的方式得到的结果，与原来的表达在基本语义上没有本质的差别，但是在逻辑关系上却发生了很大的改变。并列关系变成了转折关系，转折关系变成了并列关系。造成差别的主要原因就在于转折连词的有或无。

我们可以再看一组例句：

（4）看似落魄，又不失格调。

（5）看似落魄，然而又不失格调。

（6）看似落魄，但又不失格调。

（7）看似落魄，却又不失格调。

例（4）～（7）都是复句，其中，例（5）～（7）分别使用了表示转折的连接成分"然而、但、却"，是表示转折关系的复句。例（4）中的两个分句用关联副词"又"连接，根据《现代汉语词典》（第7版），副词"又"的第五个义项是：说明另一方面的情况。通常情况下，由"一方面……，另一方面……"连接构成的复句表示并列关系，"又"在表示"说明另一方面的情况"的时候可以与"另一方面"共现。例如：

（8）看似落魄，另一方面又不失格调。

例（8）中，无论"又"是否与"另一方面"共现，在不使用表示转折的连词或关联副词的前提下，前后分句都是并列关系，整个句子是并列复句。值得注意的是，即使"又"与"另一方面"共现，但只要在"另一方面"前面添加表示转折的连词或关联副词"但（是）、可（是）、却"等，整个复句的逻辑关系就会发生变化。例如：

（9）看似落魄，但另一方面又不失格调。

（10）看似落魄，可另一方面又不失格调。

（11）看似落魄，另一方面却又不失格调。

由此可见，并列关系和转折关系有很深的内在关联。在进行具体的逻辑语义关系的判别时，主要看句中是否使用了关联词语。如果句中使用了表示转折关系的关联词语"但（是）、可（是）、不过、然而、却"等，就是转折关系；如果句中没有使用转折连词，仅使用了表示类同、追加、补充义的关联成分"也、又"等，就是并列关系；如果句中没有使用任何关联词语，则也是并列关系。不过，需要注意的是，结构形式上是并列的，不代表语义关系上也是并列的。并列的结构形式隐含的逻辑语义关系可以是连贯的、选择的、递进的、解注的、转折的、因果的、假设—结果的、条件—结果的，等等。这也正是并列结构体的复杂之处，需要细致的分析和解读。

44. 正反并列和转折有什么区别？

正反并列中，虽然并列的两项表示的内容一正一反，但仍然是平行排列的并列关系。如果并列的两项是分句，则组成并列复句，从更大的层次上看属于联合复句；而转折复句中，前后分句的语义内容形成逆转，语义上有主次之分，属于偏正复句。例如：

（1）A：下雨了，你们有伞吗？

　　B$_1$：我有伞，他没伞。

　　B$_2$：他没伞，我有伞。

例（1）中的两种回答都是正反并列的复句，不同之处在于第一种回答是先正后反，第二种回答是先反后正。无论哪一种情况，正反两个分句都是并列关系，属于并列关系中的对照关系。（张斌，2010）

正反并列，一般先说正，后说反。例如：

（2）她有哥哥，没有姐姐。

（3）端午节放假，儿童节不放假。

也有相反的情况，即先说反，后说正。例如：

（4）这不是普通的牛奶，而是专门为你准备的牛奶。

（5）我不是说你，而是说他。

使用"不是……而是……"连接并列的两项时，凸显的是"而是"后面的语义内容，因此，把它放在句子后面焦点的位置。

如果一正一反并列的两项中，后面一项使用了关联词语"但是"，那么并列的两项就不是并列关系，而是转折关系了。例如：

（6）A：下雨了，你们有伞吗？

　　B₁：我有伞，<u>但是他没伞</u>。

　　B₂：他没伞，<u>但是我有伞</u>。

"但是"是表示转折关系的关联词语，前面可以用"虽然、尽管"等关联词语与之呼应。有时，"虽然、尽管"不出现，只用"但是"，仍然可以表示转折关系。转折复句是偏正复句，前偏后正，整个句子的语义重心在"但是"后面，根据"但是"后面不同的语义内容，可以接不同的后续句。例如：

（7）我有伞，<u>但是他没伞</u>。怎么办？

（8）他没伞，<u>但是我有伞</u>。我们可以一起撑。

例（7）强调"他没伞"，这是一个需要解决的问题，因此后面可以接"怎么办"；例（8）强调"我有伞"，这有助于解决前面"他没伞"的问题，因此后面可以接"我们可以一起撑"。

可见，虽然分句的语义内容是正反相对的，但是不使用关联词语，形成正反并列的对照关系时，两个分句的语义是对等的，整个复句表示并列关系。如果在后一分句中使用"但是、可是、不过"等表示转折的关联词语，则整个复句的语义重心在"但是、可是、不过"之后，分句的语义内容有主次之分，整个复句表示转折关系。这一点从所接的后续句也可以看出来。

45. 并列复句和因果复句有什么区别?

并列复句和因果复句的区别主要表现在所属复句类型、形式标志及内部小句的关系的差异上，下面具体说明。

一、并列复句和因果复句属于不同的复句类型

先看下面的例句：

（1）我抓住他的外套，<u>一方面为了让自己站稳，一方面防止他走掉</u>。

（2）他事先没有充分调查研究，<u>以致</u>得出了错误的结论。

例（1）中的画线部分是并列复句，属于联合复句，也叫等立复句，分句与分句在结构中的地位是平等的，没有主次之分。例（2）是因果复句，属于偏正复句，也叫主从复句，是与联合复句相对而言的。所谓偏正复句，由两个部分构成，两部分在意义上一偏一正或一从一主。偏句或从句修饰限制正句，是次要的、从属的；正句被修饰限制，是主要的、根本的。

二、并列复句和因果复句的形式标志是有差别的

先看下面的例句：

（3）这笔钱<u>不是</u>我的，<u>而是</u>我爸爸的。

（4）北京是中国的首都，是中国政治的中心，<u>同时也</u>是中国的文化中心。

（5）<u>因为</u>我们共同努力，<u>所以</u>竞赛取得了胜利。

（6）他对发展社会科学做出了重要贡献，<u>因而</u>获得了政府特殊津贴。

在关联词语的使用上，并列关系常用以下一些关联词语来表示：也、又、还、既……又/也……、不是……而是……、是……不是……、一边……一边……、有时……有时……、又……又……、一方面……（另）一方面……、一会儿……一会儿……，等等。这些关联词语或者表示同类事物的并列，或者表示两件事情的并存，或者表示两件事情的对立。如例（3）和例（4）属于并列关系。因果关系常用以下一些关联词语来表示：因为……所以……、由于……、……因而……、既然……就……、之所以……是因为……、……以致……，等等。例（5）和例（6）就属于因果关系。

值得注意的是，表因果关系的关联词语还有比较明确的内部分工，因果关系有两种：一种是就既定的事实来说明其中的因果关系，可以称为"说明因果"；另一种是就一定的根据来推论出因果关系，可以称为"推论因果"。

"说明因果"常用"因为……所以……、……因此……、由于……、……因而……、……以致……"等关联词语来表示。例如：

（7）<u>因为</u>今天进城要办的事情多，<u>所以</u>天刚亮他就出门了。

（8）<u>由于</u>老师耐心教导，他很快地掌握了这一门技术。

（9）精英分子任何时候在人民中都是少数，<u>因此</u>精英分子任何时候都有义务同群众合作。

表"推论因果"的复句，偏句在前，提出前提；正句在后，加以推论。常用"既然……就……、……可见……"来表示。例如：

（10）你既然知道做错了，就应当赶快纠正。

（11）敌人把最后的兵力也抛出来了，可见他们的力量基本上已被我们消灭了。

三、并列复句和因果复句内部小句之间的关系是不同的

先看下面的例句：

（12）因为人民有这种想法，所以要去试一试和平的但也麻烦的方法。

（13）小王会跳舞，小李也会跳舞。

（14）他又能吃苦，又聪明。

张斌（1998）把复句关系概括为三种：第一，事理关系，即客观事实之间的关系，如并列关系等；第二，逻辑关系，即判断与判断之间的关系，如因果关系等；第三，心理关系或语用关系，即说话人的主观认识，如递进关系等。例（12）是因果复句，前后小句强调一件事情内部的逻辑关系；例（13）和例（14）是并列复句，其内部的几个分句往往说明或描写几件事情、几种情况或同一事物的几个方面。

另外，我们还要注意并列项的排序问题，这种排序和逻辑关系密切相关。例如：

（15）安装工人整天爬高落低，十分辛苦。

（16）你评起理来声色俱厉，使人畏服三分。

例（15）和例（16）形式上为并列项的组合，但前一分句表示原因，后一分句表示结果，有因才有果，这种严密的逻辑关系制约着分句的排序。例（15）中，安装工人"十分辛苦"，是因为他们"爬高落低"了，其中，"爬高落低"是因，"十分辛苦"是果。例（16）中，"使人畏服三分"是因为"你""声色俱厉"，所以"声色俱厉"在"使人畏服三分"之前。

综上所述，并列复句与因果复句在复句类型、形式标志、内部分句之间的关系上都是不同的。

46.并列复句和条件复句有什么区别?

并列复句和条件复句的区别主要表现在所属复句类型、形式标记及内部小句的关系的差异上,下面具体说明。

一、并列复句和条件复句属于不同的复句类型

先看下面的例句:

(1)<u>一方面</u>敌人在退却,<u>一方面</u>我军在进攻。

(2)<u>只要</u>给他们以音乐的教育,他们<u>就</u>能够成为音乐界的杰出人物。

并列复句属于联合复句,也叫等立复句,分句与分句在结构中的地位是平等的,没有主次之分,如例(1)。条件复句属于偏正复句,也叫主从复句,是与联合复句相对而言的。所谓偏正复句,由两个部分构成,两部分在意义上一偏一正或一从一主。偏句或从句修饰限制正句,是次要的、从属的;正句被修饰限制,是主要的、根本的。如例(2)。

二、并列复句和条件复句的形式标志是有差别的

先看下面的例句:

(3)这笔钱<u>不是</u>小明的,<u>而是</u>他姐姐的。

(4)北京是中国的首都,是中国政治的中心,<u>同时</u>也是中国的文化中心。

(5)<u>假如</u>一个人肚子里没有点儿奇货、内秀,这人<u>就</u>没有意思了。

(6)<u>无论</u>下雨或是下雪,我<u>都</u>准备在街头久久地等候着。

从例(3)~(6)可见,在关联词语的使用上,并列关系常用以下一些关联词语来表示:也、又、还、既……又/也……、不是……而是……、是……不是……、一边……一边……、有时……有时……、又……又……、一方面……(另)一方面……、一会儿……一会儿……,等等。条件关系常用"如果/假如……那/就……、只要……就……、只有……才……、无论/不论……都……、不管……都……、任凭……都/也……"等关联词语来表示。

三、并列复句和条件复句内部小句之间的关系是不同的

并列复句的几个分句往往述说相关的几件事，或者一件事的几个方面，要么是表示同类事物的并列，要么是表示两件事情的并存或者对立。在条件复句中，偏句提出一种条件，正句说明满足这种条件时所产生的结果，可分为充分条件复句、必要条件复句以及无条件复句。

第一，充分条件复句，代表格式为"只要 p，就 q"。"只要……就……"是表示充分条件的关联词语。所谓充分条件，是指 p 蕴涵 q 的关系，即如果有条件 p，就一定有结果 q，如果没有条件 p，不一定没有结果 q。常用的关联词语是"如果、假如、如、倘若、若是、要是"和"那么、那、就、便"等的组合。例如：

（7）<u>如果</u>没有群众的支持，<u>那么</u>我们<u>就</u>什么都做不成。

（8）<u>假如</u>你同意，我们明天一清早儿<u>就</u>出发。

（9）<u>倘若</u>说，作品愈好，知音愈少，<u>那么</u>推论起来，谁也不懂的东西，<u>就</u>是世界上的绝作了。

第二，必要条件复句，代表格式为"只有 p，才 q"。"只有……才……"是表示必要条件的关联词语。所谓必要条件，是指 q 蕴涵 p 的关系，即 q 真，p 必然真，p 是 q 的唯一条件。必要条件的唯一性是说话人主观认定的结果，跟现实世界中存在的事物关系、逻辑上讲的抽象条件都要区分开来。常用的关联词语是"只有……才……、除非……才……"等。例如：

（10）<u>只有</u>相信群众，<u>才</u>能把群众的事办好。

（11）<u>除非</u>一个人能确定对方有支付的能力，他<u>才</u>会同意分期偿还。

第三，无条件复句，代表格式为"不管 p，都 q"。"不管 p，都 q"句式跟其他条件句式相比，最大的不同在于：充分条件、必要条件的语义构成一般只涉及一种情况，而无条件复句的条件分句的语义构成不能是单一的，p 提出了不止一种情况，表示任何一种情况下都会产生 q，结果的产生不以条件的变化为转移。无条件复句中常用的关联词语是"无论 / 不论……都……、不管……都……、任凭……都 / 也……"等。例如：

（12）<u>不论</u>世界发生何种动乱、毁坏与改变，他从来<u>都没</u>有停止对它的关怀。

（13）<u>不管</u>你怎么劝说，他<u>就是</u>不答应。

（14）<u>任凭</u>谁向他提问题，他<u>都</u>会认真回答。

综上所述，并列复句与条件复句在复句类型、形式标志、内部分句之间的关系上都是不同的。

47. 并列复句和假设复句有什么区别？

并列复句和假设复句的区别主要表现在所属复句类型、形式标记及内部小句的关系的差异上，下面具体说明。

一、并列复句和假设复句属于不同的复句类型

先看下面的例句：

（1）我们努力学习，<u>一方面</u>是为实现自己的梦想，<u>一方面</u>是将来做对祖国有用的人。

（2）<u>如果</u>人数太少，不可能形成城镇的聚集和扩散效应。

并列复句属于联合复句，也叫等立复句，分句与分句在结构中的地位是平等的，没有主次之分，如例（1）中的"为实现自己的梦想"和"将来做对祖国有用的人"是没有主次之分的。假设复句是偏正复句的一种，偏正复句也叫主从复句，是与联合复句相对而言的。假设复句中的偏句提出一种假设，正句说出在这种情况下会出现的结果，如例（2）中的偏句为"如果人数太少"，导致的结果便是"不可能形成城镇的聚集和扩散效应"。

二、并列复句和假设复句的形式标志是有差别的

先看下面的例句：

（3）这支钢笔<u>不是</u>我的，<u>而是</u>他的。

（4）上海是中华人民共和国直辖市和国家中心城市，<u>也</u>是世界上最大的城市

之一。

（5）你<u>如果</u>不关心群众的痛痒，群众一辈子<u>也</u>不会亲近你。

（6）<u>要是</u>有机会可以设法召你回来的话，我们<u>也</u>不至于费这么大的力气。

（7）正如水能载舟亦能覆舟一样，一个人<u>倘若</u>"爱"而不当，"好"而无度，<u>就</u>可能为"爱"所累，为"好"所害。

在关联词语的使用上，并列关系常用以下一些关联词语来表示：也、又、还、既……又／也……、不是……而是……、是……不是……、一边……一边……、有时……有时……、又……又……、一方面……（另）一方面……、一会儿……一会儿……，等等。这些关联词语或者表示同类事物的并列，或者表示两件事情的并存，或者表示两件事情的对立，如例（3）和例（4）。假设关系在口语里常用的关联词语有"要（是）……（就）……""如果……（就）……"等；书面语中，偏句中多用"假如、倘若、如、倘使、设若"等，正句中多用"就、便、那么"等。

值得注意的是，假设复句的偏句中也可以不用关联词语，甚至有时偏句、正句中都可以不用关联词语。例如：

（8）你早说，我今天<u>就</u>不来了。

（9）你不来，我<u>就</u>给你送去。

（10）有什么困难，我们一定都您解决。

例（8）和例（9）的偏句中没有使用关联词语，正句中使用了关联副词"就"。例（10）的偏句、正句中都没有使用关联词语，仍然表示假设关系。

三、并列复句和假设复句内部小句之间的关系是不同的

先看下面的例句：

（11）小王会说德语，小李<u>也</u>会说德语。

（12）他<u>又</u>能吃苦，<u>又</u>聪明。

（13）<u>如果</u>你早来两天，<u>就</u>能看见老李了。

（14）你<u>要是</u>早点儿来，<u>还</u>能看见老李。

并列复句的几个分句往往述说相关的几件事，或者一件事的几个方面，如例

（11）和例（12）；假设复句所叙述的可能是已然的情况，也可能是未然的情况，以后者居多。如例（13）说的是已经过去的事情，所提出的假设是不可能实现的；例（14）说的是尚未实现的事情，所提出的假设是可以实现的。

综上所述，并列复句与假设复句在复句类型、形式标志、内部分句之间的关系上都是不同的。

第五部分　并列关系的理解与表达

48. 并列词组与并列复句的理解和表达立足于什么？

　　并列词组与并列复句的理解和表达立足于结构，而不是构成结构的成分。最基本的表达单位是句子，而句子是由词和词组组成的。对于一个句子而言，了解它的意义和功能，应立足于其本身，从整体入手，而不是第一步就做解构的工作。特别是对于语言交际来说，交际双方接收到的是具有交际功能的表达单位，而不是组词造句的基本单位——词。因此，对于交际中接收到的所有表达单位，首先要做整体认知，再做结构分析。

　　基于此，对于并列词组，首先要了解词组整体的结构特点和语义内容，再进一步解析构成词组的单位，以及单位之间的层次、关系。具体要注意以下几个方面：

　　第一，注意感知并把握词组的结构及其所充当的句法成分。例如：

　　（1）<u>小张和小王</u>回到学校了。（并列词组做主语）

　　（2）这件衬衫<u>又便宜又好看</u>。（并列词组做谓语）

　　（3）他经常写<u>小说和杂文</u>。（并列词组做宾语）

　　（4）<u>北京和上海</u>的风格有些不同。（并列词组做定语）

　　（5）阳光<u>柔和而均匀</u>地洒落在树叶上。（并列词组做状语）

　　（6）这孩子长得<u>又瘦又小</u>。（并列词组做补语）

　　第二，注意分清并列词组的语义类别。从语义来看，一类是兼有类，即每个并列项都具有某种特点。例如：

（7）研究鲁迅的杂文和小说→研究鲁迅的杂文＋研究鲁迅的小说

另一类是分接类和合接类。分接类中的每一个并列项都可以分别与其前后的成分发生关系；而合接类中的每一个并列项都不可以单独和其前后的成分发生关系，只有作为一个整体时，才有可能与其前后的成分发生关系。例如：

（8）父子俩一个跑销售，一个跑运输 → 父亲跑销售，儿子跑运输

（9）他父亲和母亲又先后去世 ≠ 他父亲又先后去世＋他母亲又先后去世

第三，从整体功能来看，并列词组可以分为体词性的和谓词性的两类，谓词性的又有动词性的和形容词性的。例如：

（10）兄弟姐妹　东南西北　学校和工厂　路线、方针、政策（体词性并列词组）

（11）观光旅游　能上能下　说和做　吃、穿、用（动词性并列词组）

（12）勤劳勇敢　又快又稳　伟大而质朴　全面、深入（形容词性并列词组）

第四，并列词组的并列项可以不用连词来连接，但有时为了显示层次、分清主次等，并列词组中也经常使用连词来连接有关的成分。例如：

（13）爸爸妈妈和哥哥姐姐（显示辈分层次）

（14）各国驻华使节及其他外宾（分清内容层次）

并列词组中并列项的排列顺序是有规律的，要遵循时空原则、感知原则和文化原则。例如：

（15）《史记》分"本纪、表、书、世家、列传"五个部分。（时空原则——按书中编排的先后顺序排列）

（16）任何人都有长处和短处。（感知原则——正面事物排在反面事物之前）

（17）父亲和儿子总是相似的。（文化原则——按中国传统的长幼顺序排列）

对于并列复句，同样要首先了解整句的表达功能和语义内容，再进一步解析构成复句的分句之间的层次和关系。例如：

（18）高粱倒在水里，棒子成了光杆，谷子、大豆烂成了一摊泥。

（19）我们赞美英勇的斗争和艰苦的劳动，也赞美由此而获得的幸福生活。

例（18）和例（19）都是并列复句。例（18）中分别列举了"高粱倒在水里""棒子成了光杆""谷子、大豆烂成了一摊泥"三种有关联的情况；例（19）

中列举了"我们"赞美的两件事，即"英勇的斗争和艰苦的劳动"和"由此而获得的幸福生活"。可以说，并列复句是以列举性为功能特征的复句，具体而言，并列复句是以列举两项或者两项以上的事件为功能的一种复句。（曹婧一，2018）

但是，并列复句内部并不完全一致，其内部依据功能、语义关系和形式特点，可以进一步区分为不同的类型。例如：

（20）一个上面放着炉瓶，一分攒盒；一个上面空设着，预备放入所喜食物。

（21）单四嫂子早睡着了，老拱门也走了，咸亨也关上门了。

例（20）是一种最为普遍、最一般的列举型并列复句，分别叙述两种并存的情况，即"一个上面放着炉瓶"和"一个上面空设着"。相比较而言，例（21）列举的三个独立的事件中，事件"咸亨也关上门了"是以前一事件"老拱门也走了"为模板的，事件"老拱门也走了"则参比、仿效前一事件"单四嫂子早睡着了"，最终形成顺随的表达功能。与一般列举相比，例（19）比例（18），例（21）比例（20）更凸显比照、模拟性的特征。

除了以上两种并列复句，还有一种是从不同的方面切入同一个事件，对事件的各个组成元素做全方位的并行描写，共同构成对场景或者事件本身的一种综合描述。例如：

（22）宝玉慢慢地上了马，李贵和王荣笼着嚼环，钱启周瑞二人在前引导，张若锦、赵亦华在两边紧贴宝玉后身。

另外一种是两个或多个事件之间在结构和内容上对称、交互对应，体现出语法与修辞的完美结合，以及语言的对称性、音乐性。例如：

（23）砚台上呵开来，笔又冻了；笔呵开来，砚台上又冻了。

了解了整句的表达功能和语义内容后，可进一步解析构成复句的分句之间的层次和关系。复句中分句之间的意义关系主要可分为以下三种：

第一，平列关系，指各分句分别叙述或描写几件有联系的事情中的一件、几种情况中的一种或同一事物的几个方面中的一个。这种复句中可以不用关联词语，也可以用"也、又、同时、又……又……、一面……一面……、一边……一边……"等关联词语。例如：

（24）我们每天复习生词，写汉字，做练习。

（25）这是新书，那也是新书。

第二，对比关系。这类并列复句一般由两个分句组成，两个分句在意义上有互相对比、映衬的作用。这类复句中，除第二个分句开头可以用连词"而"以外，一般不用关联词语。例如：

（26）在修建南昆铁路的日日夜夜里，困难一个接着一个出现，而胜利也一次接着一次到来。

第三，分合关系。或是先总提，再分述；或是先分述，再总结。总提（或总结）部分与分述部分是并列关系。例如：

（27）两头都要抓紧，学习工作要抓紧，睡眠休息娱乐也要抓紧。

综上所述，并列词组与并列复句的理解和表达要立足于整体结构，把握整体结构的意义和功能。

49. 修辞格中的对偶和排比是什么结构？有什么表达效果？

修辞格中的对偶和排比，经常使用并列词组或并列复句来表达。"对偶就是把一对结构相同或者相似、字数相等的词组或句子连接一起来表达相关或相对的意思"，"排比就是用并列的词组或句子在语形上组织得具有某种相似性（如结构相似、字数相等、话题的关键词语相同）"（张斌，2008：547~548）。例如：

（1）路遥知马力，日久见人心。（对偶）

（2）思考是开向智慧的一扇明窗，思考是刺向未知迷障的一把利剑，思考是通向成功的一座伟大桥梁。（排比）

值得注意的是，对偶又分正对、反对和串对。正对和反对都是并列关系，而串对则不然。串对又叫流水对，是由两个内容连贯或者有递进、因果等关系的对称词组或句子构成的对偶。可见，串对可能表示连贯关系、递进关系或因果关系，而非并列关系。因此，不能把对偶笼统地分析为表示并列关系。例如：

（3）小知不可使谋事，小忠不可使主法。（正对）

（4）谦虚使人进步，骄傲使人落后。（反对）

（5）才饮长沙水，又食武昌鱼。（串对）

例（3）～（5）中，正对和反对是并列复句，而串对则是连贯复句。

排比辞格根据组成成分的类型可以分为四类：成分排比、分句排比、单句排比和复句排比。并列的成分分别是词或词组、分句、单句和复句。例如：

（6）延安的歌声它是黑夜的火把，雪天的煤炭，大旱的甘霖。（成分排比）

（7）他们的品质是那样的清洁和高尚，他们的意志是那样的坚韧和刚强，他们的气质是那样的淳朴和谦逊，他们的胸怀是那样的美丽和宽广。（分句排比）

（8）心灵是一方广袤的天空，它包容着世间的一切。心灵是一片宁静的湖水，偶尔也会泛起阵阵涟漪。心灵是一片皑皑雪原，它辉映出一个缤纷的世界。（单句排比）

（9）如果我们能够研制出一种类似鹰眼的搜索、观测技术系统，就能够扩大飞行员的视野，提高他们的视敏度。如果能研制出具有鹰眼视觉原理的"电子鹰眼"，就有可能用于控制远程激光制导武器的发射。如果能给导弹装上小巧的"鹰眼系统"，那么它就可以像雄鹰一样，自动寻找、识别、追踪目标，做到百发百中。（复句排比）

排比的运用"可以增加语言的节奏感，也可以加强语言的气势"（张斌，2008：548），所以排比在语言表达中使用频率比较高。排比辞格中使用的都是并列的词、词组或句子，换言之，也可以说并列结构体的使用"可以增加语言的节奏感，也可以加强语言的气势"。这也是语言事实中经常出现并列结构体的原因。

50. 诗歌和谚语中的上下句是什么关系？

古代诗歌中的上句和下句讲究工整的对仗，如"天对地，雨对风。大陆对长空。山花对海树，赤日对苍穹。雷隐隐，雾蒙蒙。日下对天中。……河对汉，绿对红。雨伯对雷公。烟楼对雪洞，月殿对天宫。云叆叇，日曈曚。蜡屐对渔篷。……"，这些通常都构成并列关系。再如：

（1）羁鸟恋旧林，池鱼思故渊。（陶渊明《归园田居》）

（2）登山则情满于山，观海则意溢于海。（刘勰《文心雕龙》）

（3）在天愿作比翼鸟，在地愿为连理枝。（白居易《长恨歌》）

（4）愿作远方兽，步步比肩行。愿作深山木，枝枝连理生。（白居易《长相思》）

（5）水浅鱼争跃，花深鸟竞啼。（高骈《送春》）

（6）宠辱不惊，闲看庭前花开花落；去留无意，漫随天空云卷云舒。（洪应明《菜根谭》）

（7）知止自能除妄想，安贫须要禁奢心。（石成金《传家宝》）

（8）劝君莫惜金缕衣，劝君惜取少年时。（无名氏《金缕衣》）

例（1）～（8）对仗工整，结构上并列，语义上可以是相近的，也可以是相反或相对的。并列的同时，也有一定的先后顺序，如例（6）中的"花开花落"，在一个完整的四季中，花总是先开再落，所以诗句中也是先谈"花开"，再谈"花落"。没有前者，就不能有后者，因此，在表达上，也是按照先后顺序来安排词组。时间上的先后往往隐含着条件和结果，有些表示时间的成分可以演变为表示条件的成分。

需要注意的是，有些诗句结构上很工整，形成优美的对仗，但是结合语义看，其所表达的并不是并列关系，而是另外的逻辑关系。例如：

（9）少壮不努力，老大徒伤悲。（汉乐府《长歌行》）

（10）心中无崎岖波浪，眼前皆绿水青山。（石成金《传家宝》）

例（9）中，"少壮"对"老大"，"不"对"徒"，"努力"对"伤悲"，几组词意义上相对，词性上相对，所构成的语句也相对，但这句话表达的意思是：如果少年的时候不努力，老了以后就只能悲伤、后悔。可以看出，语义上，前后句是假设条件和结果的关系，所以该句虽然结构上对仗工整，但语义上表示假设关系。例（10）中，"心中"对"眼前"，"无"对"皆"，"崎岖波浪"对"绿水青山"，也属对仗。该句结构上比较整齐，前后对应。从语义上看，可以是并列关系，分别描述"心中"如何、"眼前"怎样。但细细体会，就会知道眼前的"绿水青山"并不是真正所见，而是一种理想。理想的实现需要前提条件，所以"心中无崎岖波浪"实际上是"眼前皆绿水青山"的实现条件，如此，就构成了假设或条件复句。

可见，语义理解不能只从表面的结构着手，还要深入分析结构中所包含的逻辑关系。这一点，在理解语句语义内容的时候一定要特别注意，否则就无法理解诗句中包含的深意和哲理，把有劝诫和警示意味的语句当作写景抒情的语句来理解，最终辜负作者的一片苦心。

除了古代诗歌，现代诗歌和谚语、警句中，包括其他一些有劝诫意义、有哲理的文学作品中，也经常使用并列词组或并列复句。因为并列词组和并列复句不但能够增加语义内容，使表意更加明确、完整，也能够起到优化结构和增强语势的作用，使表达在结构上更加优美，在内容上更加有力。例如：

（11）对过去不后悔，对现在有信心，对未来充满希望。

（12）和你一起吃的都是美食，和你一起看的都叫美景。

（13）你的家，就是你的审美；你的生活，就是你的作品。

（14）谦虚使人进步，骄傲使人落后。

（15）最短的距离是从手到嘴，最长的距离是从说到做。

（16）没有边界的心软，只会让对方得寸进尺；毫无原则的仁慈，只会让对方为所欲为。

（17）没有比脚更长的路，没有比人更高的山。

（18）千金房屋半床眠，八亩田地三碗饭。

现代诗歌中经常使用并列词组和并列复句，一方面可以使结构整齐，有韵律、有节奏，另一方面在表达上可以增强语力和语势。例如胡适的《梦与诗》：

（19）<u>都是平常经验</u>，

　　　<u>都是平常影象</u>，

　　　偶然涌到梦中来，

　　　变幻出多少新奇花样！

　　　<u>都是平常情感</u>，

　　　<u>都是平常言语</u>，

偶然碰着个诗人，

变幻出多少新奇诗句！

醉过才知酒浓，

爱过才知情重——

你不能做我的诗，

正如我不能做你的梦。（胡适《梦与诗》）

此诗一共有三节，每一节的前两句都是并列关系，第一节和第二节之间也是并列关系。诗的最后两句"你不能做我的诗，正如我不能做你的梦"，两个分句中间有"正如"，后一句是对前一句的注释，是解注复句。有的教材将联合复句分为六个小类，其中有一类是解注复句。不过，也有的教材将联合复句分为四个小类，不包括解注复句。

我们认为，解注关系也是一种广义的并列关系，后一分句中经常使用"正如、恰如、就像、如同"等表明这种关系。例如：

（20）没有目标而生活，恰如没有罗盘而航行。

（21）你不理解我，就像我不理解他。我们互相都不能真正地理解对方。

例（20）中后一分句是对前一分句的解释说明，用一种比喻的说法解说前一句的语义内容，二者在语义上和结构上都是并列的。[①]例（21）中，"你不理解我"和"我不理解他"中间使用"就像"，后者对前者在语义上进行解注，在结构上二者是并列的。

51. 如何结合使用者和上下文语境分析并列词组？

语言现象是人类使用语言进行表达产生的语句结构，语言行为是人类为表达思想进行的言语活动。前者偏重输出结果，后者偏重输出过程。无论是语言现象

---

① 例（19）是解注复句，前后分句在结构上可以看作是并列的。如果是"没有目标的生活，恰如没有罗盘的航行"，则是主谓关系的单句，虽然表意与例（19）相近，结构上却有很大的不同。

还是语言行为，都离不开语言表达的主体——人，人的主动性、主观性对语言输出的结果而言至关重要。语言输出的结果是语言表达主体的主观意图通过语句结构展现的结果。

在第二语言教学中，说话人心中也有确定的表达意图，但是由于对目的语的词语或组织结构的规律掌握得不够准确，可能产生偏误。因此，对外汉语教学中，除了向学习者讲授语言知识，教师还要让学习者明确语言知识与表达意图之间的对应关系，即什么表达意图需要用什么语言形式表达。有时一种表达意图可以有不同的表达形式，只要不违反语法和语义上的选择和搭配，都是可以的，并没有非此即彼的硬性规定。表达形式的选择也与交际主体的表达习惯有关。

就并列词组的表达形式而言，就有使用并列连词、使用停顿标记（口语中使用停顿，书面语中使用顿号、逗号等标点符号），以及不使用形式标志直接并列三种情况。有的人习惯使用显性的并列连词，有的人习惯使用停顿标记，有的人则干脆直接并列，只要不违反语法规则，不影响逻辑语义关系的表达，任何一种表达形式都是可取的。例如：

（1）上海和北京我都去过。（使用并列连词"和"）

（2）上海、北京我都去过。（使用停顿）

（3）上海北京我都去过。（不使用并列标志）

有形式标志的表达式在识解的时候容易进行判断，一般不会产生误解；没有形式标志的表达式因为没有形式手段作为判断的依据，有可能产生误解。因此，无形式标志的并列结构表达式往往对并列成分的同质性要求比较高。如例（3）中的"上海北京"间没有使用任何并列标志，但是由于"上海"和"北京"是中国乃至世界有名的大城市，在语义类别和语法性质上都有很强的同质性，不容易产生误解，因此"上海北京"的并列关系虽然没有显性标志帮助识别，但仍然是显而易见的。

不过，以上对"上海北京"所做的分析是静态分析，即脱离实际语用的分析，现实的分析必须结合语境，看静态分析的可能性在动态语句中是否具有现实性。例如：

（4）上海北京路在静安区。

例（4）和例（3）中的"上海北京"不同：例（3）中的"上海北京"是并列词组，后面有范围副词"都"加以总括；例（4）中的"上海北京"是"上海北京路"的一部分，依据语境，不能切分出"上海北京"，其正确的切分方式是"上海|北京路"，"上海"和"北京"处于不同的切分层次中。

可见，是否是并列词组，要在具体的上下文语境中才能得到确认。脱离语境的分析只能判断某两个成分是否有组成并列词组的可能性，在语境中则可能受其前后语言成分的影响，得到不同的结构。这一点与是否使用形式标志无关。例如：

（5）上海和北京密云区、怀柔区、房山区三个区的总和面积都是6000多平方公里。可是，北京除了这三个比较大的区，还有十三个区呢。总的来说，北京比上海大很多，北京的总面积是上海的两倍多。

例（5）中的"上海和北京"与例（1）中的不同，虽然句中都有范围副词"都"，但根据语义判断，例（1）中的"上海和北京"是并列词组，而在例（5）中，并列的两项不是"上海"和"北京"，是"上海"和"北京密云区、怀柔区、房山区三个区的总和"。因此，这里的"上海"和"北京"同样处于不同的切分层次中。

总之，无论是语言现象还是语言行为，都不能离开语言表达主体的表达意图，静态的语言结构分析要在动态的语境中才能得到确认，而动态语境中的语句结构才是人的表达意图的直接体现。

52. 连词在语句和篇章的表达中起什么作用？

因为汉语缺乏形态变化，虚词就成了重要的语法手段。使用连词可以使语句和篇章的表达自然、和谐、平衡、无歧义。例如：

（1）学习交流

（2）学习沟通

例（1）和例（2）都由两个动词构成，前一个动词是"学习"，后一个动词分别是"交流"和"沟通"，中间没有虚词。此时，例（1）中的"学习"和"交流"可以是并列的关系，也可以是述语和宾语的关系，例（2）中的"学习"和"沟通"也是如此。如果在动词之间加入连词，歧义就消失了。例如：

（3）学习<u>与</u>交流

（4）学习<u>并</u>交流

如果像例（3）和例（4）这样，在"学习、交流"之间加入连词"与"或"并"，二者之间就不再可能是述宾关系，而只能是并列关系了。用"与"或"并"连接的并列词组，性质和功能还有所不同。"学习与交流"是指称性的，语法上是名词性的，主要做主语和宾语；"学习并交流"是陈述性的，语法上是动词性的，主要做述语。例如：

（5）我们要跟同行加强<u>学习与交流</u>。

（6）我们<u>学习并交流</u>了一个上午，感觉有很多收获。

例（5）中，"学习与交流"做"加强"的宾语，一般不说"加强学习并交流"。例（6）中，"学习并交流"做谓语中心语，一般不说"学习与交流了一个上午"。可见，连词有消除歧义的作用。有时，虽然是否使用连词与是否会有歧义无关，但我们仍会选择使用连词，因为这样能够使语言成分之间的关系更加明确，起到凸显和强调的作用。例如：

（7）我不舒服，不去了。

（8）我<u>因为</u>不舒服，<u>所以</u>不去了。

例（7）中没有表因果关系的关联词语"因为……，所以……"，是一般的陈述，并不强调原因或结果，也不强调两个事件之间的因果关系。例（8）中使用了表因果关系的关联词语"因为……，所以……"，因果关系得以凸显。至于为什么凸显和强调因果关系，我们可以尝试推导例（7）和例（8）使用的语境，例（8）使用的语境如下：

（9）A：你怎么能不去呢？你不是说你去吗？为什么又不去了？

　　　B：我因为不舒服，所以不去了。

而没有使用表因果关系的关联词语的表达不会在这种追问原因的语境中出现，它可能出现在下面的语境中：

（10）A：时间差不多了，咱们走吧。

　　　B：我不舒服，不去了。

在例（10）的语境中，答话人一般不会强调"不去"的原因是"不舒服"，不会强调"不舒服"的结果是"不去"，也不会强调"不舒服"和"不去"之间的因果关系，只是陈述事实，即不舒服，不去了。

这是连词使用的第二种情况，与消除歧义无关，但与表达目的有关，也与是否强调某种逻辑关系有关。

连词的使用还有第三种情况，与消除歧义及凸显和强调都没有关系，例如：

（11）北京、上海是中国最大的两个城市。

（12）北京和上海是中国最大的两个城市。

例（11）和例（12）中的"北京、上海"是两个城市名，同时出现时不可能是主谓关系、偏正关系、述宾关系、述补关系等，只能是联合关系中的并列关系，所以并列连词的使用不是必需的，它们可以通过直接并列或通过使用语音停顿、书面上的顿号表示并列关系。这种情况下，是否使用连词在语法、语义、语用上都没有强制性，换言之，用或不用连词都可以。此时即使使用了连词，它在语音上往往也是弱读的，因为它不承担消除歧义、凸显关系的表达功能。

另外，从总体上看，认识连词在语句和篇章中的作用需要有整体观、系统观和动态观。整体观是指将连词放在语境中，结合连词与其所连接的成分、连词所在语句与前后语句、连词所在语段与前后语段等的关系来认识连词的作用和功能。系统观是将连词看作一个系统，它是语言这个复杂系统的组成部分，是语言系统的子系统。动态观可以从两个角度来理解，一个是将连词的连接功能与语句的流动和延伸结合起来看，另一个是将连词子系统看作一个动态变化的子系统。有时系统外的成分逐渐虚化，获得连接功能，进入连词子系统；有时系统内的成分进一步虚化，成为构词成分；等等。

53. 对同一个话题进行描写的描写性小句之间是什么关系？

汉语中有这样的结构，即句首有一个话题，话题之后是一些描写性的小句，对句首的话题进行描写。这些描写性小句的结构可以是一致的，也可以是不一致的。例如：

（1）她是一个能干的领导，是一个贤惠的妻子，是一个温柔的妈妈。

例（1）中，"是一个能干的领导""是一个贤惠的妻子"和"是一个温柔的妈妈"在结构上是一致的，在语义上都是对句首话题"她"的描写。后面两个小句承前省略了主语，整个句子是一个复句，三个小句是复句的分句，它们之间是并列关系。

描写性小句如果结构是一致的，并列关系就比较明显。如果结构不一致，但语义上都是对句首话题的描写，则分句间仍然是并列关系。例如：

（2）他是亚撒的儿子，接受过严格的帝王教育，在外交和战略方面的才干不同凡响。

例（2）中，"是亚撒的儿子"是关系动词"是"带宾语，与句首主语"他"构成动词谓语句，是一种比较特殊的动词谓语句——判断句；"接受过严格的帝王教育"是动词"接受"带宾语，与句首主语"他"同样构成动词谓语句，而且是典型的动词谓语句；"在外交和战略方面的才干不同凡响"是形容词性词语做谓语的主谓结构，与句首主语"他"构成比较特殊的主谓谓语句。这个复句中各个分句的结构并不一致，不过语义上都是对句首话题"他"的描写与陈述，因此各分句之间在结构上仍然是并列关系。

描写性成分做谓语的句子的主要功能是对句首主语进行描述，对同一个句首主语进行描述可以从不同的角度进行，可以用"是……"进行判断性的描述，也可以用动词谓语句进行动作方面的描述，还可以用形容词谓语句进行性质状态方面的描述，等等。虽然描述的角度不同，使用的句法结构不同，但在结构上是并列的，共同对句首话题进行描写和陈述。这种用法在对人或物进行介绍时使用得比较多。例如：

（3）刚才有一个人来找你，<u>个子差不多 1.8 米，有点儿胖，戴眼镜，说话有南方口音</u>。

（4）A：你想找什么样的女朋友？

B：漂亮，性格好，个子 1.6 米以上⋯⋯

例（3）和例（4）的答句都是对人的特征进行描写，这样的描写可以从多个方面、多个角度进行，包括外在特征和内在特征等。对这些特征的描写构成具有并列关系的组合。至于各项特征的排列顺序，通常遵循时空原则、感知原则、文化原则、逻辑原则、语境原则和主观性原则。

54. 相反相对的成分并举时通常构成表示什么关系的表达式？

相反相对的成分并举时，如果两个成分本身包含的语义是相反或相对的，则可以构成转折关系。例如：

（1）女生喜欢逛街，可是男生一般都不喜欢逛街。

（2）南方人觉得做菜放糖，菜很好吃，可是北方人觉得做菜只能放盐，怎么能放糖呢？

例（1）中的"女生"和"男生"在语义上是相对的，例（2）中的"南方人"和"北方人"在语义上也是相对的。两个句子的陈述部分的语义也是相反或相对的——"喜欢逛街"和"一般不喜欢逛街"，"做菜放糖"和"做菜只能放盐"。因为表达的是相反或相对的语义内容，所以前后分句可以用"可是"连接，整个复句表示转折关系。

但是，通过语料调查我们发现，很多相反或相对的成分并举时，往往不使用转折连词，而直接并举。例如：

（3）武汉人喜欢说一句话：<u>忙的忙死，闲的闲死</u>。现在对比，似乎更加明显。<u>闲人心理压力大，忙人身体压力大</u>。

（4）中国的饮食习惯是：<u>南甜北咸东辣西酸</u>。

（5）<u>他们说他们的，我们做我们的</u>，不理他们那一套。

例（3）和例（4）中，话题多为对举成分，如"忙的—闲的""闲人—忙人""南—北""东—西"等，都包含相反或相对的语义内容。例（5）中的"他们—我们"均为人称代词，虽然本身的语义并不相反或相对，因为一般很难判断"我们"究竟是跟"你们"相反相对，还是跟"他们"相反相对，但是根据句中陈述部分的"说他们的"和"做我们的"，以及"不理他们那一套"可知，这里的"我们"和"他们"是对立的。例（3）和例（4）中，画线部分分别对"忙的、闲的""忙人、闲人""南、北、东、西"等相反或相对的不同情况进行陈述，整个结构是并列关系。

需要注意的是，虽然不使用转折连词时，整个结构表示并列关系，但是结合语义来看，因为语义内容是相反或相对的，所以并列关系中隐含着转折关系。以例（5）为例，加上转折连词，非常和谐、自然。

（6）他们说他们的，<u>但是</u>我们做我们的，不理他们那一套。

由此可见，相反相对的成分并举时，可以构成转折关系，也可以构成并列关系。从理解的角度看，如果使用了转折连词或表转折关系的关联副词，就可以据此判定为转折关系；如果没有使用转折连词或表转折关系的关联副词，就是并列关系。从表达的角度看，如果将表达重心放在后项，凸显与前项相反相对的语义内容，整个句子具有偏正关系，可以选择使用转折连词或表转折关系的关联副词，此时是转折关系；如果不凸显后项，而是将两种相反或相对的情况并举排列，整个句子具有并列关系，可以不使用转折连词或表转折关系的关联副词。

55."N_1V_1 了，N_2V_2 了"可能表示几种逻辑关系？

两个主谓结构的分句组成的复句可能表示很多种不同的逻辑关系。例如：

（1）你说了，我忘了。

（2）你交了，我丢了。

例（1）和例（2）这两个复句中的分句均是结构简洁的主谓结构，但也正是因为结构简洁，且没有使用显性的关联词语，所以语义模糊。例（1）可以表达多种意思，例如：

（3）（这件事儿）你（跟我）说了，（但是）我忘了。

（4）（他让我们把今天看到的情况跟他说一下，）你说了，我忘了（说了）。

例（3）和例（4）括号中的内容是对信息背景的提示，即在不同的信息背景下，"你说了，我忘了"可以有多种不同的语义，前后分句可以有不同的逻辑关系，例（3）是转折关系，例（4）是并列关系。例（4）中，如果在后一分句前添加转折连词"但是"，也是转折关系。例如：

（5）（他让我们把今天看到的情况跟他说一下，）你说了，<u>但是</u>我忘了（说了）。

例（2）亦是如此，在有信息背景提示的情况下，也可以有不同的语义和逻辑关系。例如：

（6）（作业）你交了，（但是）我丢了。（所以现在没办法给你成绩。很不好意思，你再给我交一份吧。）

（7）（他让我们把带回来的材料交给公司，）你交了，我丢了。

例（6）根据提示的内容看，说话人可能是老师，告诉学生，"我把你交的作业弄丢了"，复句表示转折关系。例（7）的结构与例（4）相同，即接受了同样的任务，一个人完成了，一个人没完成。在表达这种语义时，可以使用转折连词"但是"等，表示前后语义相反，也可以不使用转折连词，直接并列。虽然基本语义相同，但使用或不使用转折连词，逻辑关系会有很大的不同。例（7）中使用转折连词"但是"后如例（8）：

（8）（他让我们把带回来的材料交给公司，）你交了，<u>但是</u>我丢了。

使用转折连词以后，语义重心后移，凸显后一分句。是否使用显性的关联词语，会直接影响下文的表达。例如：

（9）（他让我们把带回来的材料交给公司，）你交了，我丢了。情况就是这样。

（10）（他让我们把带回来的材料交给公司，）你交了，<u>但是</u>我丢了。我该怎么办啊？我怎么会把材料弄丢了呢？我不会被开除吧？

例（9）中的"你交了，我丢了"表示并列关系，并列关系在结构上具有整体性，在语义上具有完整性、明确性。因此，后续句可以是"情况就是这样"。这里的"情况"是一个总体的情况，包括"你交了"和"我丢了"两种具体的情况。而例（10）中，"你交了，但是我丢了"的语义重心在后一分句"我丢了"上，所以后续句在此基础上延伸，会带来"我"的一系列担忧，即"我该怎么办啊？我怎么会把材料弄丢了呢？我不会被开除吧？"。

"N₁V₁ 了，N₂V₂ 了"中代入不同的名词和动词，还可以表示其他的逻辑关系。例如：

（11）我去了，他走了。

（12）因为我去了，所以他走了。

（13）如果我去了，他就走了，那怎么办？我还是不去了。

（14）只要我去了，他就走了，我们就算完成任务了。（任务是想办法让他走。）

例（11）是包含两个主谓结构分句、没有使用关联词语的复句。可以根据不同的语境和信息背景提示，添加不同的关联词语。例（12）中添加了"因为……所以……"，因果关系就得到了凸显；例（13）中添加了"如果……就……"，假设关系就得到了凸显；例（14）中添加了"只要……就……"，条件关系就得到了凸显。

可见，表达逻辑关系的关联词语对复句逻辑关系的判定具有一锤定音的作用，即"从关系出发，用标志控制"（邢福义，2001）。如果不使用关联词语，静态看，复句有表达多种不同逻辑关系的可能性；结合动态语境看，复句所表达的逻辑关系会在上下文的提示下得到确认。如果信息背景不够清晰，不能确认复句所表达的逻辑关系，就可能造成理解的不确定或理解的偏误，听话人需要进一步追问，发话人也需要追加更多的背景信息，以达到表达准确、理解无误的目的，使交际顺利进行。

56. "NP$_1$+ 和 / 跟 / 同 / 与 + NP$_2$ + VP" 结构中的 NP$_1$ 与 NP$_2$ 是什么关系?

"NP$_1$ + 和 / 跟 / 同 / 与 + NP$_2$ + VP" 结构中，NP$_1$ 与 NP$_2$ 是什么关系，要看结构中"和 / 跟 / 同 / 与"的语法性质是连词，还是介词。如果是连词，NP$_1$ 与 NP$_2$ 是并列关系。例如：

（1）第一组和 / 跟 / 同 / 与第二组站在左边，第三组和 / 跟 / 同 / 与第四组站在右边。

（2）一季度和 / 跟 / 同 / 与二季度订单比较多，三季度和 / 跟 / 同 / 与四季度到现在为止还没有接到大的订单。

例（1）和例（2）中，"NP$_1$ + 和 / 跟 / 同 / 与 + NP$_2$"做主语，是下文"站在左边、订单比较多"等陈述的对象。其中的"和 / 跟 / 同 / 与"是连词。

"NP$_1$ + 和跟 / 同 / 与 + NP$_2$ + VP"结构中，"和 / 跟 / 同 / 与"也可以是介词，这时，它们首先与其后的 NP$_2$ 组合成为介词词组，然后整个介词词组与后面的 VP 组合，构成偏正词组。偏正词组"和 / 跟 / 同 / 与 + NP$_2$ + VP"陈述句首的 NP$_1$。这时，NP$_1$ 与 NP$_2$ 既不在同一个层次上，也不在同一个结构体内部，不能构成并列词组。但是，从理解的角度看，我们可以把 NP$_1$ 和 NP$_2$ 放在一起进行理解。例如：

（3）在这十二年里，他一直在与现实对抗。

（4）他状态不好的时候，你别跟他讨论问题。

例（3）和例（4）中的"与……对抗、跟……讨论"是偏正词组，NP$_1$ "他、你"在偏正结构之外，但立足于中心语"对抗、讨论（问题）"来看，它们都是二价动词，都需要两个必有论元，才能形成完整的语义结构和句法结构，实现对语义的理解。形式化表达就是：

对抗：NP$_1$、NP$_2$

讨论（问题）：NP$_1$、NP$_2$

从形式化的表达式来看，NP$_1$ 和 NP$_2$ 对于动词"对抗"和"讨论（问题）"来说，都是相对的、平行的、并列的。二者虽然句法上不在同一个层次，但语义上是与中心动词的语义相关的。也就是说，从语义理解上，我们可以把介词"和 /跟 / 同 / 与"前的 NP₁ 和它们介引的 NP₂ 看作与动词语义相关的"并列"的两项，与介词词组修饰的中心动词发生直接的语义关系，其中 NP₁ 是动作的发出者，NP₂ 是动作的承受者。这种"并列"是就语义理解而言的，与结构上的并列不同，结构上的并列是 NP₁ 和 NP₂ 作为一个结构体参与句子的组成和段落的安排。并列词组可以充当句子成分，并列复句则可以与其他复句构成更大的语段。

57. 两个连用的数量名词组可能是什么关系？

两个连用的数量名词组可能是并列关系，例如：

（1）大家准备好<u>一张纸、一支笔</u>，一会儿我们要听写。

（2）我带了<u>两个苹果一袋面包</u>，中午我们一起吃。

（3）<u>一杯茶一根烟</u>，一张报纸看半天。

例（1）～（3）中，连续出现的两个数量名词组都表示并列关系，例（1）和例（2）中，并列词组的组成成分还可以<u>互换位置</u>，例如：

（4）大家准备好<u>一支笔、一张纸</u>，一会儿我们要听写。

（5）我带了<u>一袋面包两个苹果</u>，中午我们一起吃。

例（3）中，并列词组的组成成分理论上也可以互换位置，"一杯茶一根烟"和"一根烟一杯茶"语义相同，所指相同，但是如果结合下文的"一张报纸看半天"，则通常采用"一杯茶一根烟"的形式，而不会将两个数量名词组互换位置，因为前一分句中的最后一个字"烟"和后一分句中的最后一个字"天"韵母相同，押同样的韵。

两个连用的数量名词组还可能是主谓关系，例如：

（6）<u>一寸光阴一寸金</u>，寸金难买寸光阴。

（7）<u>一寸山河一寸血</u>，一抔热土一抔魂。

（8）<u>一块豆腐两块钱</u>。

例（6）～（8）中，两个数量名词组虽然也是线性的紧邻关系，但句法上，后一个数量名词组是对前一个数量名词组进行说明、陈述的，前一个数量名词组是话题，是说明、陈述的对象。例（6）中的"一寸金"是用来说明"一寸光阴"的意义和价值的。例（7）中的"一寸血"和"一抔魂"分别用来说明、陈述前面的"一寸山河、一抔热土"，表示"一寸山河"里面包含着"一寸血"，"一抔热土"里面包含着"一抔魂"，这是比喻的说法，意思是祖国的山河是前人用鲜血和生命保卫下来的。例（8）中的"两块钱"是对"一块豆腐"的价格的说明和描述。两个数量名词组构成的主谓结构是非典型的主谓结构，属于名词性谓语句，可以改写成动词谓语句。例如：

（9）一寸光阴就好像是一寸黄金。

（10）一寸山河里面包含着一寸热血，一抔热土里面藏着一抔灵魂。

（11）一块豆腐卖两块钱。

例（9）～（11）都是动词谓语句，数量名词组分别充当主语和宾语，陈述的对象和陈述的内容的关系就更加清楚了。比较特别的是"一块豆腐两块钱"，因为"豆腐"和"钱"都使用了同样的量词"块"，如果将名词省略不说，就变成"一块两块"。此时是有歧义的，可能是"一块豆腐两块钱"，也可能是"一块钱两块豆腐"，因此名词不能省略。如果省略名词不会造成歧义，则可以出于经济原则、省力原则，将中心语名词省略。例如：

（12）（橘子怎么卖？）一斤两块。

例（12）中，"橘子"和"钱"所使用的量词是不同的，"一斤两块"只能是"一斤橘子两块钱"，不可能是"一斤钱两块橘子"，此时，中心语名词可以省略。省略的前提是不造成表达和理解的歧义。有时说话人没有注意到自己说的话有歧义，可能造成误解，听话人就可能进一步追问。例如：

（13）A：豆腐怎么卖？

　　　 B：一块两块。

　　　 A：一块豆腐两块钱？还是两块豆腐一块钱？

　　　 B：当然是一块豆腐两块钱。两块豆腐一块钱？哪有那么便宜的？

可见，两个紧连的数量名词组可能是并列关系，也可能是主谓关系，判别时需要分析它们之间的语义关系和整体的语用功能。如果仅根据语义关系和语用功能还无法判别，就要依靠语境提示的信息进行确认了。

根据上文的分析，我们可以再看下面一组用例：

（14）一个人一个苹果。

（15）一个座位一本书。

（16）一场秋雨一场凉。

例（14）和例（15）可以是分配句，表示"一个人分一个苹果、一个座位放一本书"，具有祈使功能，可以指示某人按照这样的分配方案进行分配；同时也可以是存现句，表示"一个人手里拿着一个苹果、一个座位上有一本书"，此时没有祈使功能，只是一般的陈述。无论是具有祈使功能的分配句，还是表示一般陈述的存现句，在句型上都是主谓句，前一个数量名词组是主语，后一个数量名词组是谓语。而例（16）不同于例（14）和例（15），它既不是分配句，也不是存现句，"凉"也不是名词，而是形容词。分配句和存现句的主语分别是对象和处所，不具有施为功能，即不是动作行为的发出者，不实施某种动作行为，当然，这里的"动作行为"是抽象的，包括"带来某种结果、产生某种影响"等。例（16）的意思是"一场秋雨带来一场凉的结果"，"一场秋雨"是广义的施事，整个句子也是主谓关系，不过，主谓之间的语义关系与例（14）和例（15）不同。

总之，两个连用的数量名词组的逻辑关系不是唯一的，可以是并列关系，也可以是主谓关系，具体要结合词组的语义关系、语用功能和上下文语境进行判别。

58."一千个读者，一千个哈姆雷特"是什么关系？

"读者"是指人名词，"哈姆雷特"是指人专有名词，受数量词组"一千个"修饰后，均构成名词性的偏正词组。那么，这两个偏正词组是什么关系呢？即使没有学过文艺美学，只要知道莎士比亚和他的著名剧作《哈姆雷特》，也能知道"一千个读者，一千个哈姆雷特"的意思是"一千个读者读莎士比亚的剧作《哈姆雷特》，会有一千种不同的理解"。进一步说，每个人的经历不同，理解、认识世界的方式不同，所以对事物都会有自己独特的看法，一千个人就可能有一千种看法。通常也说"一千个人眼里有一千个哈姆雷特、一千个心中有一千个哈姆雷特"等。在了解了这句话的意思之后，我们就知道，"一千个读者，一千个哈姆雷特"不是并列关系。虽然这两个词组的性质、功能相同，都是名词性偏正词组，虽然这两个词组的结构相同，都属于同构关系，虽然这两个词组包含共同词，"一千个"是共同的修饰语，但是它们组合在一起，仍然不是并列关系，而是主谓关系，即"一千个读者"是主语、指称语，"一千个哈姆雷特"是谓语、陈述语，后者是对前者的解释、说明、陈述。

　　可见，结构的分析离不开意义，如果完全不知道莎士比亚，完全不了解《哈姆雷特》，单从"读者"和"哈姆雷特"的语法性质出发，单从"一千个"和"读者、哈姆雷特"的结构关系出发，就有可能将"一千个读者，一千个哈姆雷特"分析为并列结构。因为它具有并列结构的很多特征，包括构成成分的性质相同，结构相同，功能相同，包含共同的修饰成分，等等。这也说明，不能仅从语法性质和功能出发分析语法结构，结构的分析必须结合意义，才能更加准确。

　　由此我们再来看另一个组合——"一个故事，一个道理"。

　　对照上文"一千个读者，一千个哈姆雷特"的分析，我们知道，"故事、道理"都是名词，都受数量词组"一个"的修饰，构成偏正词组。从意义来看，根据《现代汉语词典》（第7版），"故事（gùshi）"的第一个义项是：真实的或虚构的用作讲述对象的事情，有连贯性，富吸引力，能感染人。"道理"的第一个义项是"事物的规律"，第二个义项是"事情或论点的是非得失的根据；理由；情理"。概括地说，"故事"是一件事情，"道理"是包含在事情中的规律或情理等。不结合意义进行分析的话，"一个故事，一个道理"似乎是具有并列关系的组合，但是了解了意义以后，我们知道"一个故事，一个道理"的意思是"一个故事里面包含着一个道理"，构成主谓关系，"一个故事"是主语，具有指称性质，"一个道理"是谓语，具有陈述性质。

　　那么，"一种经历，一种感受"是什么关系呢？结构方面不再赘述。意义方面,《现代汉语词典》(第7版)中,"经历"的名词义项是:亲身见过、做过或遇到过的事。"感受"的名词义项是:接触外界事物得到的影响;体会。概括地说,"经历"是经过的事,"感受"是经过的事带来的影响。在这个意义上,"一种经历,一种感受"可以是主谓关系,即"一种经历有一种感受、一种经历会带来一种感受、一种经历会产生一种感受"等。但从另一个角度说,"经历"偏重于身体上经受的事情,"感受"偏重于心理上受到的影响,两者一个从身体方面说,一个从心理方面说,可以构成具有并列关系的组合。如果有更大的语境,可能会体现得更明显一些。例如:

(1)别想太多了,这只是一种经历,一种感受。

(2)虽然结果不那么令人满意,但也是一种经历,一种感受。

例(1)和例(2)中,"一种经历,一种感受"都构成并列关系,做关系动词"是"的宾语。但在下面的例句中,就不能这么分析了。例如:

(3)一种经历,一种感受。你总要经历过了,才知道是什么滋味。

(4)一种经历,一种感受。不去经历,你怎么知道是什么感觉?

例(3)和例(4)中,"一种经历,一种感受"都构成主谓关系,是一个包含指称和陈述的完整表述。

可见,结构的分析只结合意义还不够,还要看语境。同一结构在不同的语境中,可以具有不同的结构关系。因此,我们可以总结出结构关系分析的步骤:第一步,分析构成成分的语法特征;第二步,分析构成成分的意义;第三步,分析结构所处的语境;第四步,确定结构关系。

59. 如何判别"而"表示的多种逻辑关系?

根据《现代汉语词典》(第7版),"而"的第一个连词义项是:连接动词、形容词或词组、分句等。具体而言,可分为以下四种用法:(a)连接语意相承的成分,如"伟大而艰巨的任务";(b)连接肯定和否定互相补充的成分,如"浓而不烈、清而不淡";(c)连接语意相反的成分,表示转折,如"如果能集中生产而不集中，就会影响改进技术、提高生产"；（d）连接事理上前后相因的成分，如"因困难而畏惧而退却而消极的人，不会有任何成就"。

（a）的例句是典型的并列关系，（c）的例句是典型的转折关系，（b）的例句则介于二者之间，既可以看作"而"连接肯定和否定，表示并列存在，也可以理解为"而"连接语义相对的肯定和否定，表示转折。意思是，可以将"浓"和"不烈"以及"清"和"不淡"看作两种并存的特征，此时"而"连接的二者是并列关系。也可以将"不烈"看作"浓"的反义成分，将"不淡"看作"清"的反义成分——因为通常"浓"和"烈"以及"清"和"淡"语义相近，故有"浓烈、清淡"之说。因此，"不烈"和"浓"以及"不淡"和"清"可以构成转折关系，相当于"浓，但是不烈""清，但是不淡"。因为有这样的语义基础，故词典中的（b）项可以有两种分析：并列关系和转折关系。具体是哪一种，要结合说话者的表达意图和上下文语境来判断。例如：

（1）这个酒的味道浓而不烈，色泽清而不淡。不错。

（2）这个酒的味道吧，浓，而不烈；色泽呢，清，而不淡。不错。

例（1）中的"浓"和"不烈"以及"清"和"不淡"之间没有停顿，例（2）中则有较长的停顿。并列的成分在语义上与前项是顺向的，往往不需要专门停顿加以提醒；而转折的成分在语义上与前项是逆向的，往往需要专门加一个停顿，提醒听话人注意后项成分的语义将会发生转折。因此，是否有较长的停顿，可以作为判断"而"连接的肯定和否定成分是并列关系还是转折关系的一个辅助手段。词典释义（a）提到"语意相承"，即前后两项的语义是顺向的，不是相反或对立的，因此是并列关系，往往不需要停顿。例如：

（3）每一个懂事淡定的现在，都有一个很傻很天真的过去；每一个温暖而淡然的如今，都有一个悲伤而不安的曾经。

例（3）中的"温暖"和"淡然"以及"悲伤"和"不安"在语义上没有相反、相对的关系，是顺向相承的，是并列关系，不是转折关系，不需要停顿。如果非要加一个停顿，则可以理解为说话者主观上认为后者在语义上与前者相反或相对。例如：

（4）她的笑容温暖而淡然。

（5）她的笑容温暖，而淡然。

例（5）在"温暖"和"淡然"之间使用了连词"而"，并有明显的停顿。这时，我们能够感受到言者在提醒听者或读者注意下文要表达的语义，前后项不是平等并行的，带有转折的意味，"而"可以换成典型的转折连词。例如：

（6）她的笑容温暖，但是淡然。

（7）她的笑容温暖，然而淡然。

从例（6）和例（7）可以看出，说话者认为"温暖"和"淡然"在语义上是相反或相对的，这是言者的主观认识。

至于词典中的（d）项释义，则是"而"与"因"组成"因……而……"的结构，表示因果关系。其中介词"因"是显性标志，"而"连接原因和结果。原因和结果分别可以由并列词组充当，此时并列与"而"无关。例如：

（8）他因勤奋刻苦而成功。

（9）他因开朗热情而被大家喜欢、受大家欢迎。

例（8）中的原因"勤奋刻苦"是并列词组，例（9）中的原因"开朗热情"是并列词组，"被大家喜欢、受大家欢迎"也是并列词组。"而"都是原因与结果之间的连接成分，与并列无关。例（8）和例（9）进一步显示出并列结构体在语言表达中无处不在的特点，它可以充当各种语义成分、各种句法成分，有表达就有并列。

60. 如何判别"而且"表示的多种逻辑关系？

"而且"可以表示不同的逻辑语义关系，包括并列关系、递进关系。《现代汉语词典》（第7版）中对"而且"的释义是：表示进一步，前面往往有"不但、不仅"等跟它呼应。例如：

（1）他不但会说汉语，而且会说日语。

（2）他不但会说日语，而且会说汉语。

例（1）和例（2）中，"不但……而且……"连接的两项互换位置后，句子仍然成立，但语义有所不同。前者表示"说日语"比"说汉语"更进一步，后者表示"说汉语"比"说日语"更进一步，这与说话人的立场和主观性有关。"而且"跟"不但、不仅、不单、不光、不只"等配合使用时，表示"更进一步"，整个复句表示递进关系。

有时前后项之间具有"更进一步"的语义关系，而且前后项位置不能互换。例如：

（3）他不但会说汉语，而且说得很好。

（4）他考试考得不好，他爸爸不但骂他，而且打他。

例（3）中"说得很好"比"会说汉语"在语义上更进一步，所以只能用在"而且"后，不能与"不但"后的成分互换位置。同理，例（4）中的"打他"比"骂他"在语义上更进一步，在惩戒程度上更深一步，所以也只能用在"而且"后，不能与"不但"后的成分互换位置。

在使用时，"而且"前面往往有"不但、不仅"等与之呼应。有时，前面不使用"不但、不仅"等，"而且"表示对前述内容的补充，此时，"而且"连接的前后分句是并列关系。例如：

（5）他会说四种语言，会说汉语，会说日语，会说韩语，而且会说泰语。厉害吧？

例（5）明确说明他会说的语言有"四种"，然后介绍是哪四种，四种语言的关系是并列的，中间用"而且"连接。此时，"而且"虽然也含有"更进一步"的意义，但其后成分与前面的成分是并列的关系，不是递进的关系。这里的"而且"可以替换为"也"或"还"。例如：

（6）他会说四种语言，会说汉语，会说日语，会说韩语，也会说泰语。厉害吧？

（7）他会说四种语言，会说汉语，会说日语，会说韩语，还会说泰语。厉害吧？

根据《现代汉语词典》（第7版），副词"也"的前两个义项是：表示同样；单用或重复使用，强调两事并列或对待。"还"的第二个义项是：表示在某种程度之上有所增加或在某个范围之外有所补充。二者都表示并列关系，"而且"在此处的用法与二者相近，所连接的前后项是并列关系。

综上所述，判别"而且"是表示并列关系还是表示递进关系，需要结合"而且"所连接的前后项的语义特征、"不但、不仅、不单、不只、不先"等连词的使用与否、上下文语义关系等因素综合考虑。

61. 副词"也"用于并列结构具有什么样的意义和功能？

从语言事实出发，"也"有补充说明、补充追述的功能。例如：

（1）憎恨解决不了任何问题，但冷静可以，思考也可以，试试吧，就当换换心情。

例（1）中，"憎恨解决不了任何问题，但冷静可以"构成转折关系，表达的意思是：在解决问题上，憎恨不起作用，但冷静是可以起作用的，冷静有助于解决问题。"冷静可以"后面如果使用句号，句子在结构上和语义上都是完整的、自足的。但例（1）并非如此，后面还有一个小句"思考也可以"，与"冷静可以"形成并列，是对上文内容的追加、补充，说明"思考也有助于解决问题"这一内容。在《现代汉语词典》（第7版）中，副词"也"的第一个义项是：表示同样。例（1）中的"也"就是这种用法。

"也"表"同样"义时，往往可以与"同样"共现。例如：

（2）憎恨解决不了任何问题，但冷静可以，思考同样也可以，试试吧，就当换换心情。

例（2）中，"也"所在的小句表述的是追补的语义内容，如果与前项互换位置，两个小句虽然结构上还是并列的，但是语义上的关系会发生变化。"冷静可以，思考同样也可以"，"思考"是追补的成分，表达相应的语义内容；如果换成"思考可以，冷静同样也可以"，追补的成分就变成了"冷静"。因为语言是线性呈现的序列符号，某一成分通常与在它之前出现的成分在结构上和关系上更加紧密，后出现的成分是对前面语义内容的追加、补充，使前面的语义更加完整、丰富。语言表述的这一特点，在表示"同样"义的"也"的使用上体现得非常明显，并且比较典型。

《现代汉语词典》（第 7 版）中，副词"也"的第二个义项是：单用或重复使用，强调两事并列或对待。例如：

（3）他会说英语，也会说法语。

这个义项更多的是从结构关系上来阐述的，"他会说英语"和"（他）也会说法语"是两个小句，在语言线性序列上前后出现，在结构上是并列的，此时，"也"是单用的。"也"还可以重复使用，表示同样的结构关系，例如：

（4）他也会说英语，也会说法语。

此时，前一个"也"的功能跟"既……也……"中的"既"相当。这个句子也可以表述为：

（5）他既会说英语，也会说法语。

这种用法的"也"的具体语义与副词"也"的第一个义项相近，也可以表示"同样"的意义。此时，单用的"也"也可以和"同样"共现。例如：

（6）他会说英语，同样也会说法语。

可见，《现代汉语词典》（第 7 版）中，副词"也"的两个义项有着相近的语义，第一个义项侧重于意义的描述，第二个义项侧重于结构关系的描述。两个义项下的"也"，其后成分的语义内容都是对前面内容的追加、补充，如果后面的成分与前面的成分互换位置，语义关系会发生变化。例如：

（7）他会说英语，也会说法语。

（8）他会说法语，也会说英语。

例（7）和例（8）深层的语义是一致的，都是描述"他"的语言能力，而且"他的语言能力"集合中，都有两个成员"英语、法语"。但是，由于语言是线性的序列，先出现的成分的语义内容是言者首先要传递的信息，后出现的成分的语义内容是对前面信息的追加、补充。因此，"会说英语，也会说法语"和"会说法语，也会说英语"两句的语义是有差别的。后说"会说法语"时，很大的可能是"他"不是法国人；先说"会说法语"时，"他"则可能是法国人。

可见，即便是同样的结构、同样的深层语义，前后项排列顺序不同时，信息接受者对信息内容的判断也可能会有所不同。因此，即使是并列关系，也要注意并列成分的排列顺序。不同的顺序代表了言者不同的信息传递方式和方向，也直接影响着信息接受者对信息的解读。

62. "也"可以看作并列标志吗？

"也"可以用在并列复句中，也可以用在表示其他关系的复句中，因此，"也"不能看作并列标志。例如：

（1）我去过北京，也去过西安。

（2）我们有读写课，也有听力课、口语课。

例（1）和例（2）是并列复句，但不能说并列关系是"也"表达出来的，因为去掉"也"，这两个句子仍然是并列复句。例如：

（3）我去过北京，去过西安。

（4）我们有读写课，有听力课、口语课。

我们甚至可以把共同词提取出来，将复句变成单句。例如：

（5）我去过北京、西安。

（6）我们有读写课、听力课、口语课。

可见，并列关系不是"也"表达的。另外，"也"还可以用在表示其他关系的复句中。例如：

（7）他不但爱吃中国菜，而且也会做中国菜，经常做给朋友吃。（递进关系）

（8）众所周知，在袁世凯的操纵下，民国政府最后不得不定都北京，南京教育部也随之北迁。（连贯关系）

（9）鲁迅是个责任感很重的人，因此也是个顾虑重重的人，他与许广平之间毕竟相差 18 岁，他自己毕竟也是有妻子的人。（因果关系）

（10）维生素对人体健康有益，但是也不能过量摄取。（转折关系）

例（7）～（10）中，"也"分别用在表示递进、连贯、因果、转折等关系的复句中。例（7）中，前后分句由"不但……而且……"连接，"也"与"而且"

共现，整个复句表示递进关系。例（8）中没有明显的关联词语，"也"与"随之"共现，根据语义分析可知，"南京教育部北迁"是在"民国政府最后不得不定都北京"之后发生的事件，前后两事具有连贯关系。例（9）中，"也"与因果连词"因此"共现，整个复句表示因果关系。例（10）中，"也"与转折连词"但是"共现，整个复句表示转折关系。可见，不能因为句子中包含"也"，就以此为标志，认为句子具有并列关系。当复句中有"也"时，对复句逻辑关系的判定，还要注意以下两点：

第一，看复句中有没有关联词语，关联词语是显性的复句关系标志；

第二，看前后分句是否存在递进、连贯、因果、转折等语义关系。

当复句中没有使用显性的关联词语标志且前后分句在语义上平行并列时，才能够判断其为并列复句，"也"本身不能作为判定并列关系的依据和标志。

63. "也"提示并列关系时，前后分句的主语一定相同吗？

关联副词"也"能起到提示并列关系的作用，前后分句的主语可以相同，也可以不同。我们先来看主语相同的情况。例如：

（1）我买了面包，也买了牛奶。

（2）她会说汉语，也会说日语。

（3）记住，喝醉了千万别开车，也别进喝醉了的人开的车。

例（1）和例（2）中，前后分句的主语都是相同的，分别是"我、她"，后一分句承前省略了主语，"也"是副词，表示类同，起到识别并列关系的提示作用。例（3）中，前后分句的主语没有出现，但是根据句子的语义，可以知道说话人是在叮嘱听话人一些事情，因此，主语是表示听话人的第二人称"你"。根据吕叔湘（1980），主语相同时，具有并列关系的小句的谓语可以相同，但宾语不同，如例（1）和例（2），具有并列关系的小句的谓语也可以不相同，如例（3），还有可能并列小句的主语和动词相同，动词的附加成分不同。例如：

（4）这里的气候我喜欢，也不喜欢。

（5）他有人看着认真干，没人看着也认真干。

"也"提示并列关系，前后分句的主语也可以不同，例如：

（6）北京有很多外企，上海也有很多。

（7）世界在改变着我们，我们也在改变着世界。

（8）身体没有前后左右可言，文字可能也是这样。

例（6）中，两个主语分别是"北京、上海"；例（7）中，两个主语分别是"世界、我们"；例（8）中，两个主语分别是"身体、文字"。虽然前后分句的主语不同，但例（6）~（8）中各分句的谓语相同或相近，这样两个分句有相似点，后一分句中才可以使用"也"，对我们识别并列关系起提示作用。

由上面的分析可见，"也"提示并列关系时，前后分句的主语不一定相同。但在教学中教师只注意到这一点还不够，还要具体分析分句的其他组成成分的异同，这样才能让学习者更加准确地掌握"也"的用法。

64. 具有连接功能的副词"也"和"还"表示的逻辑关系有什么差别？

"也"和"还"都可以是副词，具有连接功能，邢福义（2001：3）指出："'也'表并列，'还'表递进还是表并列？'我想写点东西，还想早点发表出来。'这里的'还'似表递进。'今天到会的有市长、副市长，有几个大工厂的厂长，还有几个劳动模范。'这里的'还'似表并列。"

表示递进的"还"能否用"也"替换呢？我们先看例句：

（1）我想写点东西，还想早点发表出来。

（2）？我想写点东西，也想早点发表出来。

如果前后分句有明显的递进关系，通常"还"是更优选择。"也"单独使用时，通常不具有表示递进的功能。

在表示并列方面，"也"和"还"有什么差别呢？根据《现代汉语词典》（第

7 版），副词"也"的前两个义项是：表示同样；单用或重复使用，强调两事并列或对待。这两个义项的"也"都有并列连接功能。从词典的例子可以看出来。例如：

（3）水库可以灌溉、发电，也可以养鱼。（也：表示同样）

（4）他会英语，也会法语。（也：单用或重复使用，强调两事并列或对待）

根据《现代汉语词典》（第7版），副词"还"的第二个义项是：表示在某种程度之上有所增加或在某个范围之外有所补充。其中程度的增加具有递进的逻辑意义；范围之外的补充则既具有递进的逻辑意义，也具有并列的逻辑意义。邢福义（2001）的两个例子就是此种情况。

（5）我想写点东西，还想早点发表出来。（还：递进）

（6）今天到会的有市长、副市长，有几个大工厂的厂长，还有几个劳动模范。（还：并列）

《现代汉语词典》（第7版）中举的例子是：

（7）改完作业，还要备课。（还：递进）

表示递进关系的"还"可以和表示递进关系的连词"不但、不仅、不光、不单、不只"等搭配使用，如此，"还"表示递进的功能会表现得更加清晰、明显。例如：

（8）我不但想写点东西，还想早点发表出来。

（9）不仅要改作业，（改完作业）还要备课。

"也"通常不与表示递进关系的连词"不但、不仅、不光、不单、不只"等搭配使用，例（8）和例（9）中如果不用"还"而用"也"，可接受度就会大大降低。例如：

（10）？我不但想写点东西，也想早点发表出来。

（11）？不仅要改作业，（改完作业）也要备课。

由此可知，"也"的并列连接功能与"不但、不仅、不光、不单、不只"等的递进连接功能不相容，所以它们通常不能搭配使用。

既然"也"和"还"都可以表示并列关系，那么，在表示并列关系的时候二者是否可以互换？我们先看例句：

（12）今天到会的有市长、副市长，<u>有</u>几个大工厂的厂长，<u>还有</u>几个劳动模范。

（13）今天到会的有市长、副市长，<u>有</u>几个大工厂的厂长，<u>也有</u>几个劳动模范。

例（12）中的"还"和例（13）中的"也"虽然都能够表示并列关系，但"还"的并列连接功能隐含着递进关系，而"也"的并列连接功能并不隐含递进关系，这是二者的主要差别。再如：

（14）北京我去过，还想去广州。（？北京我去过，也想去广州。）

（15）北京我去过，广州也去过。

例（14）中用"还"，后一分句表示的语义在前一分句的基础上有所递进，"去过北京"对"我"来说还不够，"我"还有更进一步的计划和打算，即"去广州"，如果把"还"换成"也"，句子的可接受度就降低了。而"也"用在例（15）中就比较自然，表示后一分句的内容与前一分句类同，即在"去过"这一点上，"广州"和"北京"是同样的，都是"去过"这一类别中的成员，从后一分句的语序上也可以看出这一点。用"还"时，后一分句句末焦点位置的成分是"广州"，表示"广州"是增加的、补充的想去的地方。用"也"时，后一分句句末焦点位置的成分是"去过"，表示广州和北京是同样的，都是去过的，新信息在于"同样"。因此，跟上文具有相同语义的词汇成分（如"去过"）可以用"同样、一样"等替换，或者"同样、一样"等与"也"共现。例如：

（16）北京我去过，广州也同样。

（17）北京我去过，广州也同样去过。

（18）北京我去过，广州也一样。

（19）北京我去过，广州也一样去过。

从例（16）～（19）可以看出，"也"表示"同样、类同"的语义比较清晰、明显。正是因为"也"有这样的语义，才可以将后一分句中的相应成分替换为"同样、一样"等，或"也"与"同样、一样"共现。"还"因为不具有这样的语义，所以不能进行这样的句法操作。例如：

（20）*北京我去过，广州还同样。

（21）＊北京我去过，广州还同样去过。

（22）＊北京我去过，广州还一样。

（23）＊北京我去过，广州还一样去过。

表示类同的关联副词"也"也可以替换为"同样、一样"，而"还"通常不能进行这样的句法操作。例如：

（24）北京我去过，广州同样去过。

（25）北京我去过，广州一样去过。

即使在某些语境中"还"能替换为"同样"，"增加、补充"的语义也立刻变为"同样、类同"的语义。例如：

（26）北京我去过，还想去广州。

（27）北京我去过，同样想去广州。

例（26）和例（27）中，用"还"或"同样"，句子的意思是不同的。后者不含"增加、补充"的语义，只有"同样、类同"的语义。

总之，"还"可以表示并列关系和递进关系，"也"通常表示并列关系，不表示递进关系；二者都表示并列关系时，"还"侧重体现"增加、补充"义，"也"侧重表达"同样、类同"义。

65. "也"和"还"在连接功能上有什么不同?

"也"和"还"都可以是副词，常充当状语，同时也能够起到一定的连接作用，具有关联副词的表达功能。例如：

（1）人有物质需求，<u>也</u>有精神需求。

（2）人有物质需求，<u>还</u>有精神需求。

从例（1）和例（2）可以看出，对"人"来说，"物质需求"和"精神需求"是两种不同的需求，前者和后者一方面具有同类性和同质性的特征，一方面也有差别，人们往往认为精神追求是更高的追求。基于"物质需求"和"精神需求"之间的语义关系，如果使用者的表达意图是将两者并列，则应选择"也"进行连接，如果使用者的表达意图是说明"人不能只追求物质"，还要有进一步的精神追求，则应选择"还"进行连接。

可见，"也"的基本语法意义是表示类同，"还"的基本语法意义是表示更进一步。因此，"也"在作为关联副词使用时，往往用来连接具有并列关系的成分；而"还"在作为关联副词使用时，往往用来连接具有递进关系的成分。再如：

（3）寂寞是忍受，也可以是享受。

（4）寂寞是忍受，还可以是享受。

从例（3）和例（4）可以看出，"寂寞"是一种感受，这种感受往往伴随着孤独感，是一种难耐的感受，需要忍受，所以有"寂寞是忍受"的说法。但如果换一个角度看，"寂寞"也可以免去很多烦扰，因此也可以说是一种"享受"。如果使用者的表达意图是基于以上的认识和理解的，则应选择"也"进行连接。如果使用者的表达意图是说明不要只看到寂寞难耐的一面，还要进一步认识到"寂寞"超越孤独难耐、安静美好的一面，则应选择"还"进行连接。

可见，有时两项成分既可以用"也"连接，也可以用"还"连接，但是用"也"或"还"体现的逻辑语义关系有所不同，前者侧重表现两项成分平等对待的关系，后者侧重体现后项比前项更进一步的语义关系。

66. "又"单用和复用在表示并列关系时有什么区别?

"又"单用和复用在表示并列关系时的区别可以从形式和语义两个角度进行分析。

在单句中，"又"表并列关系时，复用往往多于单用。例如：

（1）那个晚上，月亮又圆又亮。

（2）这个姑娘又喜欢唱歌又喜欢跳舞。

（3）慊小姐画张画也值得你们这样大惊小怪的，又赋诗、又题字、又亲自送去裱。

（4）走出个通天大道宽又阔。

（5）推动可视化建设，物资分发<u>快又准</u>。

例（1）～（3）中，"又"复用时连接的成分往往是不同的谓词性成分，常见的格式为"又 A 又 B"，如例（1）和例（2），也有三个"又"连用的情况，如例（3）。单用往往是有条件的，如例（4）歌词中，受到韵律的影响，"又"只能单用。例（5）新闻标题要求简洁明了，"又"也只能单用。

"又"复用在单句中较为常见，从句法分布上来看，"又"复用时组成的并列词组可以充当谓语、定语、状语、补语等多种句法成分，还可以出现在兼语结构、连谓结构和"的"字结构中。（陈曦，2019）例如：

（6）他们在活动现场<u>又唱又跳</u>，玩儿得特别开心。（做谓语）

（7）我们都喜欢去那个<u>又便宜又好吃</u>的饭店吃饭。（做定语）

（8）确保党的基本路线正确贯彻执行，促进经济建设<u>又好又快</u>地发展。（做状语）

（9）他那副模样，让人<u>又同情又厌恶</u>。（出现在兼语结构中）

（10）满村子的人都出来围着篝火<u>又唱又跳</u>。（出现在连谓结构中）

（11）<u>又聪明又漂亮</u>的是我的姐姐。（出现在"的"字结构中）

从例（6）～（11）可见，"又"复用时组成的并列词组可以较为自由地充当多种句法成分，单用时就没有这么丰富。

我们再来看复句中的情况，"又"单用和复用在复句中都有表现。例如：

（12）<u>哥哥猜错了，弟弟又猜错了</u>，这个谜语可难了。

（13）这份试卷<u>张老师看了一遍，李老师又看了一遍</u>。

（14）听说我要到中国来学习，<u>妈妈高兴，又不高兴</u>。

（15）他什么事都亲力亲为，<u>又沏茶又倒水</u>。

（16）今天天气真不错，<u>又没有风，又不热</u>。

从例（12）～（14）可见，"又"在复句中单用时，并列项往往是相同、相近或相对的关系；从例（15）和例（16）可见，"又"在复句中复用时，既可以用于同一分句内部，又可以用在各分句前充当连接成分。

在单句或复句中，"又"单用和复用表示并列时，所表达的语义内容也是不同的。"又"在做连接成分时，有两种用法：一是表示动作重复或相继发生，二是表示情况或性状同时存在。（李劲荣，2014）单句中，"又"复用既可以表示动作重复或相继发生，如例（3），又可以表示情况或性状同时存在，如例（1）、例（2）；单句中，"又"单用往往表示情况或性状同时存在，如例（4）、例（5）。复句中，"又"单用和复用既可以表示动作重复或相继发生，如例（12）、例（13），又可以表示情况或性状同时存在，如例（14）、例（16）。

除此之外，"又"单用还经常出现在一些固定格式里，常见的格式为"一＋量＋又＋一＋量""V了又V""A而又A"。例如：

（17）他很会写，尤其是小说，他写了一篇又一篇。

（18）你一次又一次地来帮助我，真是太感谢了。

（19）日子一年又一年地过去了，理想至今也没有实现。

（20）一辆又一辆的汽车飞驰而过，叫过路的行人很害怕。

（21）他看了又看，瞧了又瞧，就是没看出来门道。

（22）他对待子女真是严而又严。

（23）他把模型拆了又装，装了又拆，从中学会了不少手艺。

例（17）～（23）是"又"构成的固定格式，在教学中不能简单地把这些格式当作并列结构来讲，这些格式表达的语义内容应该是动作反复多次或交替进行。

67. "……，也……，还……" 可以构成并列复句吗？

"……，也……，还……" 可以构成并列复句。例如：

（1）郭沫若同志是闻名中外的诗人，也是著名的戏剧家，还对古文字有研究。

（2）他工钱拿不出，房租也交不起，饭钱还没着落。

（3）这种做法不利于人才流动，也影响城市的发展，还不利于百姓找工作。

并列复句是几个分句说明或描写几件事情、几种情况或同一事物的几个方面的复句。从结构上看，例（1）～（3）具有并列复句的主要特点，即并列复句一个层次上包含的分句可以不止两个，前后分句的顺序往往可以调换，分句间经常使用表示并列关系的连词或关联词语等。例（1）～（3）中，关联词语"也、还"分别引导两个分句，句中的三个分句是属于同一个层次的，组成一个并列复句。

从语义上看，由"……，也……，还……"构成的并列复句可以分为两种情况。

一种是分句在语义上不分主次，孰前孰后完全取决于语境。例如：

（4）山居打猎可以生产肉食皮毛，<u>也</u>可以保护牲畜，<u>还</u>不污染环境。

（5）这匹马的毛色不好，模样<u>也</u>不中看，<u>还</u>年老多病。

一种是分句在语义上并不对等，这时候并列项的排列遵循一定的顺序。分句之间在语义上有主次之分，"主"在前，"次"在后。例如：

（6）手机可以打电话、发信息，<u>也</u>便于人们娱乐，<u>还</u>方便学生查找资料。

（7）他明白过来了，<u>也</u>笑开了，<u>还</u>积极地给别人解释。

（8）北京是中国的首都，<u>也</u>是中国的政治中心，<u>还</u>是中国的文化中心。

值得注意的是，除了并列复句，"……，也……，还……"还可以构成表示其他关系的复句，如转折复句。构成转折复句时，通常在句中使用转折连词凸显转折关系。例如：

（9）他是中文系的学生，<u>不过也主修哲学</u>，<u>还会去数学系旁听</u>。

如果不使用转折连词，虽然"也、还"的前后项成分在语义上隐含转折关系，但在结构上仍然是并列关系。例如：

（10）他是中文系的学生，<u>也</u>主修哲学，<u>还</u>会去数学系旁听。

68."一边……一边……"可以连接什么成分？

吕叔湘（1980）指出，"一边……一边……"表示两个以上的动作同时进行。因此，"一边……一边……"作为关联词语，连接的主要是谓词性成分。例如：

（1）他<u>一边</u>唱，<u>一边</u>跳。

（2）老师一边说着话，一边批改试卷。

（3）张全义一边应着，一边跑了出去。

（4）张全义慌慌张张地冲了出来，一边系着衣扣，一边喊："小王，别闹！"

从例（1）～（4）可以看出，"一边……一边……"连接的谓词性成分主要有光杆动词、述宾词组、述补词组等。

另外，吕叔湘（1980）、张谊生（2000）都指出，"一边……一边……"连接的前后两个动词是可以带"着"的，带"着"又可以分为以下四种情况：

第一，前一分句中的动词带"着"，后一分句中的动词不带"着"。例如：

（5）小朋友一边哭着，一边练琴。

第二，前一分句中的动词不带"着"，后一分句中的动词带"着"。例如：

（6）警察一边追，一边对小偷喊着。

第三，前后分句中的动词都带"着"。例如：

（7）迟大冰一边漫无目的地走着，一边遥望着广漠的绿野。

第四，前后分句中的动词都不带"着"。例如：

（8）这名新兵一边站军姿，一边挨训。

以上是"一边……一边……"作为关联词语时的主要特点。"一边……一边……"在做非关联词语时，是表明位置关系的方位词的复用，有时在句法上也可以构成并列关系。例如：

（9）这个天平一边高，一边低。

（10）拔河班级分为两队，一边是红队，一边是蓝队。

综上所述，"一边……一边……"既可以表示空间，也可以表示时间。表示空间指具体的方位，相当于"这一边……那一边……"；表示时间指两个动作行为等同时进行。"一边……一边……"不同的语义特征和表达功能决定了格式中可添加的成分等在性质和类型上的不同。

69."一面……一面……""一方面……另一方面……" 的构成基础是什么？二者有什么区别？

"一面……一面……"可以表示同时采取的非短时性的行为，构成基础有两种：一是并列关系，二是转折关系。"一方面……另一方面……"连接谓词性成分或分句，后一分句中常有"也、又、还"等副词，语义上表示非短时性的行为，构成基础除了并列，还有转折。（张斌，2010）例如：

（1）一面是朱门发臭的酒肉，一面是街头冻死的穷人。（并列关系）

（2）这个池子一面往里面注水，另一方面又往外放水，到底是想注满还是想放空？（并列关系）

例（1）和例（2）中，并列的分句在语义上都是相反或相对的。"朱门发臭的酒肉"和"街头冻死的穷人"相对，"注水"和"放水"相对。并列关系可以是相反或相对情况的并列，因此，这两个例句虽然有构成转折关系的语义基础，但是在没有使用显性的表转折关系的关联词语时，仍然认为二者是并列关系。

如果句中出现"但（是）、可（是）、不过"等关联词语，那么句子就构成转折关系。例如：

（3）一面是朱门发臭的酒肉，但一面是街头冻死的穷人。（转折关系）

（4）这个池子一面往里面注水，可另一方面又往外放水，到底是想注满还是想放空？（转折关系）

"一面……一面……""一方面……另一方面……"的区别在于：

第一，句法上，"一方面……另一方面……"可用在主语前，但仅能关联两项。"一面……一面……"不可用在主语前，但可以关联多项，延伸成"一面……一面……一面……"等。例如：

（5）一方面他的汉语还不够好，另一方面他不是商务专业的，没办法胜任商务翻译工作。

（6）他一面学汉语，一面教英语，一面在公司实习，每天忙得不得了。

第二，语义上，关联相关行为时，"一面……一面……"把一个事件的几个方面合起来说，表示这些方面同时进行，合起来看的意味较重。"一方面……另一方面……"用来分述一件事的几个方面，并没有同时进行的意思，分开来说的意味较重。例如：

（7）她<u>一面学习，一面实习</u>，每天都很忙碌，很充实。（合起来说）

（8）她<u>一方面在学校学习，另一方面在公司实习</u>，经常顾此失彼。（分开来说）

70. 由"但同时也 / 又"连接的复句是什么关系？

"……，但同时也 / 又……"包含的关联词语是"但、同时、也 / 又"。其中，"但"是典型的转折连词；"同时"有连词的词性，《现代汉语词典》（第7版）中，"同时"的连词义项是"表示并列关系，常含有进一层的意味"；"也"和"又"都是副词，具有关联作用，也可以表示并列关系。虽然"……，但同时也 / 又……"复句结构中使用了表示并列关系的连词和副词，但它们都是在转折连词"但"之后，也就是说，当表示不同逻辑关系的连词和 / 或关联副词连用的时候，有一个逻辑关系确定的问题。这里有一个原则，即按照线性序列中最先出现的连词或关联词语判定逻辑关系，因此，"……，但同时也 / 又……"结构的复句是转折复句，不是并列复句，虽然其中包含的"同时、也 / 又"都可以表示并列关系，但因为它们位于转折连词"但"之后，所以它们的连接功能不能超越"但"，复句凸显的是"但"的转折功能，整个复句是转折复句。例如：

（1）我想去看电影，<u>但同时又担心考试</u>。

（2）我想学汉语，<u>但同时也想学日语</u>。不知道应该去中国留学，还是去日本留学。

例（1）和例（2）中分别使用了"但同时又"和"但同时也"，转折连词"但"在最外层，表示"想去看电影"和"同时又担心考试"、"想学汉语"和"同时也想学日语"之间是转折关系。值得注意的是，如果去掉"但"，句子仍然成立。例如：

（3）我想去看电影，同时又担心考试。

（4）我想学汉语，同时也想学日语。不知道应该去中国留学，还是去日本留学。

此时，两个复句都表示并列关系。显性的逻辑关系标志分别是"同时、又"和"同时、也"。"又"和"也"的逻辑关系标记功能是包含在"同时"之内的，这里起关键作用的是并列连词"同时"，即使"同时"后面使用了表示转折的关联副词"却"，复句仍然表示并列关系。例如：

（5）我想去看电影，同时却担心考试。

（6）我想去看电影，同时却又担心考试。

例（5）和例（6）中的"却、却又"都包含在"同时"引导的逻辑关系之内，整个复句虽然隐含转折意味，但都表示并列关系，属于相反、相对情况的并列。

总之，进行理论分析时，我们可以清晰地说明，使用"虽然……但是……"的是转折复句，使用"……同时……"的是并列复句，因为它们都包含显性的连词或关联词语。但是面对语言事实的时候，我们会发现，情况复杂得多，现实语句中往往存在连词和关联词语连用、套用等现象，因此，需要对连词和关联词语进行层次分析，复句的关系是由处于第一个层次的连词或关联词语确定的，不受其后连词或关联词语的影响。把握这一条原则，无论现实语句中使用了几个连词或关联词语，也不论它们引导的分句间的关系有怎样的差异，都能够清晰、准确地判定整个复句的逻辑关系。

71."去和不去都可以""去或不去都可以"都能说吗？

从语言实际出发，我们先看例句：

（1）要想了解那儿的真实情况，最好去看一看，<u>去和不去</u>是不一样的。

（2）请你阐述一下<u>去和不去</u>的利弊。

（3）该俱乐部事先已声明球员有选择<u>去或不去</u>的权利。

（4）江华还没决定跟他<u>去或不去</u>。

从例（1）～（4）可见，"和、或"都有连词的用法，"去和不去、去或不去"在语言事实中都存在。我们尝试将"和、或"互换看看句子是否成立：

（5）要想了解那儿的真实情况，最好去看一看，<u>去或不去</u>是不一样的。

（6）请你阐述一下<u>去或不去</u>的利弊。

（7）该俱乐部事先已声明球员有选择<u>去和不去</u>的权利。

（8）？江华还没决定跟他<u>去和不去</u>。

"和、或"互换以后，除了例（8）不太自然，例（5）～（7）都没有问题。可见，二者虽然都可以连接两个并列成分且基本能互换，但在语义表达上是有细微差别的：一般情况下，"和"倾向于表示并列关系，"或"倾向于表示选择关系。

吕叔湘（1980）指出，在无条件句中，"和"可以表示选择关系，相当于"或"，常用在"无论、不论、不管"后。例如：

（9）不论参加和不参加都要好好考虑。

（10）不管是现代史和古代史，我们都要好好地研究。

（11）无论城市或乡村，到处都是一片兴旺景象。

（12）不管刮风或下雨，他从没缺过勤。

例（9）～（12）中的"和、或"可以互换，互换后句子所表达的意义不变。那么，为什么在表示选择关系时，"和、或"可以自由互换呢？这和"都"有关系，"都"表示总括，可以总括"参加、不参加""现代史、古代史""城市、乡村""刮风、下雨"这些选择项，从而使"和、或"在功能上得到"中和"。

基于此，"去和不去都可以""去或不去都可以"不仅都能说，而且所表达的意义也是相同的，二者的语义在无条件选择的语境中得到了中和。可见，语境在分析句法关系时具有非常重要的作用。

第六部分　并列词组与并列复句的习得与教学

72. 偏误的产生与哪些因素有关？应该如何纠正偏误？

偏误指第二语言学习者在学习目的语、掌握目的语的过程中产生的规律性错误。如学习"火车站、汽车站、地铁站"后，有学习者自己类推造出"飞机站"一词，这就是一个偏误表达，属于偏误现象。

偏误不能任其存在，是需要纠正的，也叫"纠偏"。纠正偏误，首先需要了解偏误是如何产生的，偏误现象通常是在什么情况下出现的，涉及哪些方面，等等，然后从这些方面着手，纠正偏误。

偏误的产生通常与四个方面的因素相关：（一）偏误点；（二）偏误表达与正确表达之间的差距；（三）偏误产生的原因；（四）偏误产生者。因此，防止偏误产生和纠正偏误，可以从这四个方面入手。其中，防止偏误产生属于"事前管理"的范畴，纠正偏误属于"事后管理"的范畴。

通常，我们听到或看到一个有偏误的语句，第一反应就是：不对，汉语中不应该这么说。非专业人士可能仅仅感知到不对、有问题，但不能清晰地说出哪里不对，而专业人士通常能够马上说出偏误点在哪里，也就是通常所说的，不仅能够发现问题，而且知道问题出在哪里。

找到问题以后，有经验的专业人士通常可以判断问题的大小，即问题的严重程度，对偏误来说，就是偏误表达与正确表达之间的差距。

有经验的专业人士还可以根据经验判断出现问题的原因。找到问题产生的原因是解决问题的关键。

偏误是使用语言的人造成的，不同的学习者产生的偏误可能不同。在同一个语言点上，有的学习者会产生偏误，有的学习者则不会产生偏误。即使是在同一个语言点上产生偏误，偏误的表现、程度可能也会有所不同。因此，使用者的因素也是偏误现象分析中需要考虑的一个重要因素。

综上所述，了解偏误产生通常涉及的四个方面的因素，有利于对偏误进行纠正，并防止偏误再次出现。既能起到"治病"的作用，也能对"防病"有所帮助。

因此，针对上述与偏误产生相关的四个方面的因素，应该采取相应的策略进行处理。

第一，对偏误点，即容易产生偏误的语言点，进行细致讲解，讲解清楚其形式和意义，尤其是形式和意义的对应关系，充分展示使用的规则、条件。

第二，比较偏误表达（中介语）与目的语中相应的正确表达，找出差别。

第三，寻找偏误产生的原因，尽力从源头上避免偏误。

第四，对不同学习者的不同偏误表现进行梳理和划分，比如与不同的母语背景有关的偏误、与母语背后不同的文化有关的偏误、与学习者的个体差异有关的偏误等。

73. 并列成分语法性质相同或不同的并列词组的习得与偏误情况如何？

并列词组对于汉语学习者来说是一个比较常见的语法形式，他们在进行汉语表达时能够比较正确地使用并列词组。例如：

（1）韩国的农村也使用<u>化肥和农药</u>。①

（2）回到家里还要帮妈妈煮饭、<u>洗衣和照顾</u>幼小的弟弟妹妹。

（3）我并不是出生于一个富贵的家庭，可是，它是一个带给我<u>安全和温暖</u>的家。

---

① 为了更直观地说明问题，在不改变句子原意的情况下，我们对例句中与并列词组或并列复句无关的其他偏误做了修正，以下同。

（4）<u>我和他</u>在一起的时间不多。

　　例（1）～（4）中的"化肥和农药""煮饭、洗衣和照顾幼小的弟弟妹妹""安全和温暖""我和他"都是并列成分语法性质相同的并列词组，学习者掌握情况较好。

　　我们再来看并列成分语法性质不同的并列词组的习得情况。例如：

（5）剩下的只是无尽的<u>悲痛与悔恨</u>。

（6）如果没有上一辈人的<u>努力和知识</u>，也不会有现在发展的社会。

（7）夏天的重庆像个火炉，其<u>酷暑和潮湿</u>使留学生想到外地去。

（8）我尊敬他，信服他，是他让一个心胸狭窄的青年变成了一个<u>开朗活泼、热爱生活、心胸宽大，懂得如何珍惜一切、如何更好地生活</u>的时代青年。

　　例（5）中，形容词"悲痛"与动词"悔恨"组成并列词组；例（6）中，动词"努力"与名词"知识"组成并列词组；例（7）中，名词"酷暑"和形容词"潮湿"组成并列词组；例（8）至少包含两个层次的并列词组，一个是由语法性质不同的"开朗活泼、热爱生活、心胸宽大"组成的并列词组，另一个是由"开朗活泼、热爱生活、心胸宽大"和"懂得如何珍惜一切、如何更好地生活"组成的更大、更复杂的并列词组。

　　以上是汉语学习者使用正确的例子，但并列词组的习得过程中也存在一些偏误。

一、连词使用不当

先看下面的例句：

（9）*吸烟能导致肺癌及气管炎之类的疾病，这是公众皆知之事，因此世界各国各地一再<u>反对和采取</u>禁止吸烟的措施。

（10）*我从她的身上学会了<u>要怎么面对困难而且勇敢</u>。

　　例（9）中用"和"使句子产生歧义，世界各国各地一再反对的是"吸烟"这件事，而并非反对禁止吸烟的措施，所以"和"应该改为"并"，并在"反对"后添加"吸烟"。例（10）要表达的是"我"从她身上学会了两件事，一件是学会了怎么面对困难，一件是学会了勇敢。表示并列的"而且"一般连接的是两个语法性质相同的成分，"要怎么面对困难"和"勇敢"是两个不同性质的语法成分，所以"而且"应该改为"并"，并在"勇敢"前面加上"变得"，即"学会了要怎么面对困难并变得勇敢"。

二、并列成分使用不当

先看下面的例句：

（11）＊我从两个方面来说明我自己的<u>看法和考察</u>。

（12）＊我平常喜欢<u>待在宿舍里和哪儿也不去</u>。

例（11）中，"说明"和"考察"不能搭配，因此"看法"和"考察"不能构成并列词组，"考察"应该改为"观察"；例（12）中，"哪儿也不去"包含了"待在宿舍里"，二者不能构成并列词组。

并列词组在语言表达中既常用又复杂，从上面的习得和偏误情况来看，教学中应该重点讲解并列词组中连词的使用方法和条件，还要重视并列成分的匹配和相容。另外，并列成分语法性质不同的并列词组的正确使用和学习者的语感、语用能力密切相关，教学中应该给予足够的重视。

74. 并列连词"而且"的习得与偏误情况如何？ ①

"而且"既可以表示并列关系，也可以表示递进关系。表示并列关系时一般连接两个形容词性成分，所连接的两项是同向顺意的。汉语学习者能较好地掌握这种用法。例如：

（1）他家水果<u>很新鲜而且很便宜</u>。

（2）老师<u>很漂亮而且很温柔</u>。

（3）他人<u>很好而且很大方</u>。

有时，汉语学习者还可以运用"而且"造出比较复杂的句子。例如：

（4）我在学校努力做一个好学生，在公司努力做一个好的职工，而且姐姐和

---

① 习得的偏误情况我们是通过检索北京语言大学HSK动态作文语料库后分析得到的，但有些偏误语例较少，需要在以后的教学中注意观察和搜集，以下同。

我互相依靠对方，生活上没什么问题。

但学习者在学习的过程中也会产生一些偏误，主要有误加、混淆、遗漏三种情况。

一、误加

先看下面的例句：

（5）*这顿饭有各种各样的、<u>而且</u>眼花缭乱的菜。

（6）*因为公共场所是很多人流动的地方，其中有的人吸烟，<u>而且</u>有的人不吸烟。

例（5）中应该去掉"而且"，"而且"连接的两个形容词性成分一般情况下应做谓语；例（6）中，"有的人……有的人……"构成对举并列，因此无须使用并列连词"而且"。

二、混淆

先看下面的例句：

（7）*他们说："你的国家太美了，<u>而</u>人们又好客，又热情。"

（8）*它的外表很壮观<u>而</u>有古代英国统治的影响。

（9）*一般来说，代沟问题常常出现在父母和子女之间<u>而且</u>老人和年轻人之间。

（10）*其实我不是对您生气，<u>而且</u>对自己生气。

（11）*妈妈对我很好，<u>反而</u>对我姐姐也不差。

例（7）～（11）中的偏误都是并列连词"而且"与其他连词混淆。例（7）和例（8）中，"国家太美了""人们又好客，又热情"和"外表很壮观""有古代英国统治的影响"在语法结构上都不是整齐对应的，不能用"而"来连接，应该用"而且"；例（9）的意思是代沟会在父母和子女、老人和年轻人之间出现，"而且"往往连接两个谓词性结构，两个名词性结构的并列一般用"和、以及"，因为前后两个并列成分中间有"和"，所以这里应该将"而且"改为"以及"；例（10）中，"我"生气的对象是自己，与"不是"成对使用的应当是"而是"，此处混淆了"而是"和"而且"；例（11）的意思是妈妈对"我"和姐姐都好，前后并列的成分虽然一个是肯定形式，一个是否定形式，但是意思是一致的，此处应该使用"而且"，而不是表转折关系的"反而"。

三、遗漏

先看下面的例句：

（12）＊如果安乐死是由医生来进行，（   ）得到要求者的签字证实，那么这是最好且合情合理的做法。

（13）＊汉字数量很多，（   ）汉字的形体很美。

（14）＊有一位女老师讲话很清楚，而且（   ）漂亮。

例（12）和例（13）的偏误都是遗漏了并列连词"而且"。例（12）的意思是合情合理的安乐死需要满足以下两个条件：一是由医生来执行，二是要求者需要签字证实情况。前后两个条件虽然并无递进关系，但是在两个小句之间需要有连接成分，此处遗漏了"而且"。例（13）中，前一小句是描述汉字数量，后一小句是描述汉字的形体，两个小句应该用"而且"连接。例（14）的偏误是后一并列分句中遗漏了"很"。"而且"连接两个并列的形容词性成分时，要么都加上"很"，要么都不加。

综上可见，汉语学习者在使用"而且"时，应当注意"而且"前后成分的语法特点，即并列的前后项一般为谓词性成分或小句，并列的小句为形容词谓语句时，一般形容词前有"很、十分"等副词修饰。另外，学习者还需要把握"而且"和其他连词的差异，在使用中尽量避免混淆。

75. 表并列关系的关联副词"也"的习得与偏误情况如何？

表并列关系的关联副词"也"连接的两个或多个成分之间存在平等的关系。它常常用于连接两个或多个并列的词、词组或小句，表示它们之间的相似性或平行关系。汉语学习者通常可以正确运用"也"来表达并列关系。例如：

（1）每逢星期六，我和同班的同学非通过侧窗外那户人家的电视机观看电视节目不可，算是<u>很有趣也很高兴</u>。

（2）我的<u>皮肤很白，眼睛也很小</u>。

（3）一对身心健康的男女，婚后肯定会有下一代，<u>生儿育女并不是一朝一夕就可完成的一件事，也不是一件可随心所欲、视情绪来处理的事</u>。

例（1）中，"也"连接两个并列词组"很有趣、很高兴"；例（2）中，"也"连接两个并列小句"我的皮肤很白、（我的）眼睛很小"；例（3）中，"也"连接两个更加复杂的小句"生儿育女并不是一朝一夕就可完成的一件事""（生儿育女）不是一件可随心所欲、视情绪来处理的事"。

除了上面的单用情况，汉语学习者还能用"也……也……"的形式输出正确的语句。例如：

（4）曼谷是泰国的首都，<u>人也多车也多</u>，是很热闹的城市。

（5）人们可能都不喜欢做麻烦的事，在生活中有很多要做的事，当然<u>也有简单的也有麻烦的</u>。

（6）<u>花也开了，草也绿了</u>，连麻雀的叫声都有了明显的不同。

删除例（4）～（6）中的第一个"也"，"人多车也多""有简单的也有麻烦的""花开了，草也绿了"都是正确的表达。第一个"也"虽然是羡余成分，但"也……也……"是口语表达中常见的形式。这些正确的输出说明学习者不仅掌握了关联副词"也"的用法，而且对一些常用表达形式也有较好的把握。

但学习者在学习关联副词"也"的过程中也会产生一些偏误。

一、遗漏

先看下面的例句：

（7）＊有好的（　　　）有倒霉的。

（8）＊我对安乐死的看法是不赞成，（　　　）不反对。

（9）＊现在我最喜欢爸爸，（　　　）最尊重爸爸。

（10）＊我们照顾自己的同时，（　　　）应该照顾别人。

（11）＊我学习汉语是为了研究中国历史、文化，丰富自己的知识，（　　　）为了美好的未来。

例（7）～（11）中，如果不考虑语境，加不加"也"句子都成立，但在语篇表达中，结合具体的上下文，汉语学习者都遗漏了关联副词"也"。值得注意的是，例（7）～（10）都是日本学习者的偏误，日语中常用助词和连词表达并列关系，日本学习者在学习中采用回避策略，说明学习者没有较为全面地了解汉语和日语的异同点，不能很好地利用母语正迁移来助力其汉语学习，教师在教学中应特别注意这个问题。

二、误加

先看下面的例句：

（12）*而且一般来说，谁都不想负责任，都也想靠别人。

例（12）中，汉语学习者能够判断出"不想负责任、想靠别人"可以组成并列结构，但没有弄清楚结构之间的语义关系不是简单的并列。因此，误加了关联副词"也"。

三、误代

先看下面的例句：

（13）*两方都要努力了解对方，才能解决这个问题，也能继续发展。

例（13）中，"能解决这个问题、能继续发展"虽然可以组成并列结构，但学习者忽略了"才……才……"对举使用可以表示并列，"也"应该改为"才"。

四、搭配不当

先看下面的例句：

（14）*我有信心，我的活动能力也很活跃也非常突出。

例（14）中，"也"复用时要注意语义的搭配和兼容，"活跃"和"突出"虽然可以构成并列词组，但"能力"不能和"活跃"搭配，所以应该改为"我的活动能力也很强也很突出"。

五、泛化

先看下面的例句：

（15）*病人在绝望当中，他多么想别人能帮他早日解脱，<u>也快也好</u>。

例（15）中的"也快也好"应该改为"越快越好"，学习者能够判断出"快、好"可以组成并列结构，但对前后句之间的语义关系理解不当，出现了"也……也……"使用的泛化。

综上可见，语义的正确识解和搭配是学习者学习表并列关系的关联副词"也"时的重难点，教师在教学过程中应结合具体的偏误，有针对性地改善教学。

76. "既……又……"的习得与偏误情况如何？

"既……又……"并列结构，形式上，前后成分音节数目常常相同或相近，前后成分的肯定或否定形式也常常一致。语义上，"既……"表示一种既成的事实，"又……"表示前一成分所说事理的另一个方面或与前一成分所说事理并列的事理。（邢福义，2001）这些规则和用法在教学中比较容易讲清楚，学习者的学习情况也比较好。例如：

（1）对我影响最大的人就是爸爸，他<u>既</u>诚实<u>又</u>勤劳。

（2）父亲是一位好教师的代表，<u>既</u>爱教育<u>又</u>爱学生，因此很受大家的欢迎。

（3）他在一个人过日子的时候，<u>既</u>不嫌麻烦，<u>又</u>不顾危险，天天到山底下挑水。

例（1）～（3）中，"诚实、勤劳""爱教育、爱学生"，以及"不嫌麻烦、不顾危险"在音节和形式上是一致且工整的，语义上的并列关系也很明显。学习者在掌握规则的情况下产出的句子较为理想。

也有前后连接成分音节数目不相等、肯定否定形式不一致的情况。不过，学习者也能正确地把握与运用。例如：

（4）还记得童年时，我是一个<u>既</u>顽皮<u>又</u>不听话的孩子：在家好吃懒做，在校不是作弄同学便是破坏公物，在外更是无所不做，经常受到老师和父母的责备。

（5）那么怎样才能<u>既</u>不挨饿，<u>又</u>保持身体健康呢？

例（4）和例（5）中，"顽皮、不听话"和"不挨饿、保持身体健康"在音节和形式上都不是整齐对应的，但在语义表达上是呼应、并列的，所以可以用"既……又……"连接。

汉语学习者在学习"既……又……"的过程中也会产生一些偏误。

一、遗漏

先看下面的例句：

（6）＊学任何一种语言，当然（　　　　）有辛苦又有快乐。

（7）＊按照我的方法来讲，假期一定要去旅游，因为各个地方（　　　　）有名胜古迹又有独具特色的民族风俗习惯。

（8）＊我个人觉得这种措施（　　　　）能帮抽烟者戒烟，<u>又</u>能让想学会抽烟的人犹豫，不敢接触"烟"。

例（6）和例（7）中都有明显的并列成分"有辛苦、有快乐"和"有名胜古迹、有独具特色的民族风俗习惯"，因此，应该用"既……又……"或"又……又……"的形式连接并列的各项；例（8）中，前后两个并列成分都是"能VP"，因此，也应该用"既……又……"或"又……又……"的形式连接。"又"单用时也可表示并列，对前后项的形式没有特别的要求，一般前项和后项要用逗号隔开。

二、搭配不当

先看下面的例句：

（9）＊我们<u>既</u>可以享受音乐，<u>既</u>可以享受帅气或漂亮的歌星的样子。

例（9）中的关联词语应该改为"既……又……"，汉语中没有"既……既……"这样的用法。

三、错序

先看下面的例句：

（10）＊我相信，在不远的未来，我们的科学肯定会发明<u>又</u>卫生<u>既</u>多产的"绿色食品"。

（11）＊如果遇到了恶性的事故，受了相当严重的伤，我就只好躺在医院病房的床上，<u>既</u>身体疼得要命，<u>又</u>觉得很痛苦，什么都不能做，只能呼吸和睡觉。

例（10）中，"既"和"又"的先后顺序颠倒，但这种偏误比较少见；例（11）中，"既……又……"连接的两个并列成分是"疼得要命、觉得很痛苦"，应该把"身体"放在"既"的前面。

四、混淆

先看下面的例句：

（12）＊我认为，这个问题<u>不仅</u>很难解决，<u>而且</u>可以很简单地解决。

（13）＊所以我认为将来最好的道路就是能把两者合二为一，<u>一面</u>能得到休息，<u>一面</u>能继续做我喜欢的工作。

例（12）中，"很难解决、很简单地解决"是较为明显的两个并列成分，"不仅……而且……"表递进关系，此处应该用"既……又……"。"一面……一面……"可以表示同时发生的具体动作，又可细分为自始至终同时进行、互不干扰的动作和某一时间内交替进行、互有干扰的工作，例（13）中虽然包含"能得到休息、能继续做我喜欢的工作"这两种动作，但二者不能同时进行，不能用"一面……一面……"连接，而应该用"既……又……"连接。出现混淆偏误的主要原因是学习者对并列成分的语义关系判断不清。

综上所述，遗漏和混淆是"既……又……"偏误的主要表现形式，应该是教学的重点和难点，教学过程中应该重点讲解"既"和"又"搭配的条件和规则，强调前后项的语义关系，详细比较"既……又……"和其他并列连词的异同，并进行有针对性的练习。

77. "不是……而是……"的习得与偏误情况如何?

表并列关系的"不是……而是……"的前后项可以是词、词组或小句。中介语语料库和教学实际中的相关语言材料表明,汉语学习者能够在语言表达中正确运用"不是……而是……"。例如:

(1)他认为最重要的<u>不是</u>结果,<u>而是</u>过程。

(2)对我影响最大的一个人<u>不是</u>历史上的伟大人物,<u>而是</u>一位普通的老师。

(3)挫折给我们带来的<u>不是</u>困难,<u>而是</u>成功的机会。

(4)<u>不是</u>一个人到山底下挑水喝,<u>而是</u>两个人到山底抬水喝。

例(1)~(4)中,汉语学习者能够正确使用"不是……而是……"连接两个性质相同的句法成分,如"结果、过程"和"历史上的伟大人物、一位普通的老师";还能用"不是……而是……"连接两个性质不同的句法成分,如"困难、成功的机会";也可以用"不是……而是……"连接比较复杂的句法成分,如"一个人到山底下挑水喝、两个人到山底抬水喝"。

但汉语学习者在学习"不是……而是……"的过程中也会产生一些偏误。

一、遗漏

学习者的遗漏偏误往往体现为遗漏"而是"和遗漏并列各项的相同成分。我们先来看第一种情况,例如:

(5)*我工作的主要目的<u>不是</u>挣钱,( )和中国人交流。

(6)*<u>不是</u>因为她很忙,( )因为她受不了看着妈妈的病越来越严重。

(7)*公共场所<u>不是</u>一个人用,( )很多人一起用的地方。

(8)*这样的事情<u>不是</u>只有你一个人会经历,( )在每个人身上都会发生。

(9)*这个也<u>不是</u>你自己的事,( )为了你还有你的国家。

(10)*年轻人喜欢明星,追求明星,这<u>不是</u>不好的,( )理所当然的。

从例(5)~(10)可见,学习者一般不会遗漏"不是",大量的偏误都是遗漏"而是"。

我们再来看第二种情况，例如：

（11）＊我并<u>不是</u>因为这些负担而主张安乐死，<u>而是</u>（　　）最重要的是我们要体谅要求者的痛苦并尊重他个人的意愿。

例（11）中，"不是……而是……"连接的应该是两个并列的原因，"不是"的后面有"因为"，"而是"的后面也要出现"因为"。这种遗漏并列各项的相同成分的偏误在其他关联词语的偏误中也较为常见。

二、混淆

学习者的混淆偏误往往体现为将"不是……而是……"错用成"不是……就是……、不是……而且……"。我们先来看第一种情况，例如：

（12）＊重要的<u>不是</u>过去，<u>就是</u>将来。

（13）＊感谢的<u>不是</u>你们把我要的东西都提供给我，<u>就是</u>你们对我比较严格。

（14）＊他们<u>不是</u>不能控制自己的青少年，<u>就是</u>有自己一定的思考且能决定自己的命运的完整体。

（15）＊世界上最重要的<u>不是</u>权力和钱，<u>就是</u>人的生命。

例（12）～（15）中的偏误都是将"不是……而是……"误用为"不是……就是……"。出现此类偏误的原因是学习者没有弄清"不是……而是……"和"不是……就是……"所连接的前后项的语义关系："不是……而是……"强调并列，"不是……就是……"强调选择。

我们再来看第二种情况，例如：

（16）＊<u>不是</u>没有水喝，<u>而且</u>有水却没人自愿去抬水。

（17）＊其实我<u>不是</u>对您生气，<u>而且</u>对自己生气。

（18）＊这并<u>不是</u>意味着牺牲自己，<u>而且</u>为了让自己过得舒服一点儿。

例（16）～（18）中的偏误都是将"而是"误用为"而且"。出现此类偏误的原因是学习者没有弄清表并列关系的"而且"一般单独使用，但"而是"要和"不是"配对使用。

汉语学习者之所以会出现遗漏"而是"的偏误，往往是因为其母语中没有或缺少关联词语配对使用的情况，教学中需要强调、说明。另外，教学中还要强调并列的前后项中相同的句法成分应该共现。针对混淆的偏误，教学中要加强对比教学，帮助学习者了解近义或类似结构的异同，并进行强化训练。

78. "一边……一边……"的习得与偏误情况如何？

表并列的关联词语"一边……一边……"表示两个或多个动作同时发生。从形式上看，表并列的关联词语"一边……一边……"一般是配对使用，有时说成"边……边……"。从语义上看，表并列的关联词语"一边……一边……"可以连接同时发生的具体动作，又可细分为自始至终同时进行、互不干扰的动作和某一时间内交替进行、互有干扰的动作。（张斌，2010）汉语学习者能够正确运用表并列的关联词语"一边……一边……"。例如：

（1）我的父亲常常带着我去海边散步，<u>一边走路一边讲故事</u>。

（2）妈妈<u>一边哭着一边跑到我身边</u>，背我去医院了。

（3）她<u>一边工作一边照顾孩子们</u>，多辛苦啊。

（4）他们一闲着手里就拿了烟，<u>一边跟朋友聊天儿，一边吸着烟</u>。

例（1）和例（2）中，"一边……一边……"连接的前后两项是同时进行、互不干扰的动作，即"走路、讲故事"和"哭着、跑到我身边"；例（3）和例（4）中，"一边……一边……"连接的前后两项是交替进行、互有干扰的动作，即"工作、照顾孩子们"和"跟朋友聊天儿、吸着烟"。可见，学习者不仅掌握了"一边……一边……"的两种语义特点，也能用"一边……一边……"产出不同类型的句子。

除了上面的情况，学习者还能用"边……边……"的形式输出正确的语句。例如：

（5）中国人很喜欢<u>边吃边聊</u>，而我们日本人每天急急忙忙的，连喝茶的时间都没有。

（6）到处可以看见<u>边赏花边喝酒</u>的人。

例（5）和例（6）中，"边……边……"配对使用，这是口语中常见的表达形式。这些正确的用例说明学习者不仅掌握了"一边……一边……"的用法，而且对一些常用的口语表达形式有较好的把握。

但学习者在学习表并列的关联词语"一边……一边……"的过程中也会产生一些偏误。

一、遗漏

先看下面的例句：

（7）*我们四个人一边聊天儿一边欣赏风景，（   ）找一找旅馆。

（8）*她一边还债（   ）教育子女。

（9）*我一边拿起电话，（   ）看我的手表，早上六点钟。

例（7）～（9）中都遗漏了后一个"一边"，导致句子表达不通顺，说明学习者对"一边……一边……"成对使用的规则掌握不牢。

二、泛化

先看下面的例句：

（10）*最近你们对我一半<u>一边</u>满意一半<u>一边</u>不满意。我也知道。

（11）*既能<u>一边</u>见到你们又能<u>一边</u>帮助你们。

（12）*现在，吸烟者应该<u>一边</u>越来越少，但是实际<u>一边</u>越来越多，尤其，发达国家的女的和发展中国家的男的当中吸烟者越来越多。

例（10）～（12）中的"一边……一边……"都应该删除，学习者能够判断出"满意、不满意""见到你们、帮助你们"，以及"越来越少、越来越多"是并列结构，但忽视了句子中有其他可以表示并列关系的句法手段，如例（10）中有"一半……一半……"，例（11）中有"既……又……"。例（12）中的"但是"表明前后两句是转折关系，"一边……一边……"和这种语义关系冲突，二者不能同时使用。

三、搭配不当

先看下面的例句：

（13）＊一边学习一边（　　　）家务是很难做得到的。

（14）＊我当时一边看着风景，一边（　　　）很可惜，因为您还没来过这儿。

例（13）中，"一边……一边……"前项连接的是动词"学习"，所以后项也应该连接动词性成分，应改为"做家务"。例（14）中，"一边……一边……"前项连接的是动词性成分"看着风景"，所以后项也应该连接动词性成分，应改为"觉得很可惜"。

四、错序

先看下面的例句：

（15）＊那天我和妈妈一起，<u>一边妈妈织毛衣</u>，<u>一边我学习</u>。

"一边……一边……"连接的前后两项的主语如果不同，那么"一边……一边……"应该放在两个不同主语的后面。例（15）中，"一边妈妈织毛衣，一边我学习"应改为"妈妈一边织毛衣，我一边学习"。

综上可见，之所以会出现遗漏的偏误，往往是因为汉语学习者母语中没有或缺少关联词语配对使用的情况，教学中需要强调、说明。针对泛化的偏误，教学中要提醒学生注意并列的前后项中是否有其他关联成分，避免冗余或矛盾。针对搭配不当的情况，教学中要强调"一边……一边……"所连接的前后两项的句法特点。针对错序的问题，教学中应重点告诉学习者前后两项主语不同时，"一边……一边……"应放在两个不同主语的后面。

79. 如何处理汉语学习者的语言偏误？

面对汉语学习者表达时产生的偏误，应首先找到偏误点，然后分析偏误原因，从而纠正偏误。

确认偏误现象、分析偏误原因和纠正偏误都要力求"精准"。非专业的母语者听到学习者的偏误表达，第一印象是：感觉哪里怪怪的。专业人士因为有过专业的学习，受过专业的训练，所以很快就能觉察到是哪里"怪怪的"，是名词的偏误、动词的偏误，还是形容词的偏误、副词的偏误，抑或句法结构的偏误、逻辑关系的偏误、语体色彩的偏误，等等。然后从语言内部和语言外部分析偏误产生的原因，找到纠正偏误的方法。例如：

（1）*今天下午我书店去。

（2）*老师把黑板干干净净地擦。

例（1）和例（2）都是句法结构的偏误。母语者如果要表达这个意思，会采用不同的句法结构，例如：

（3）今天下午我去书店。

（4）老师把黑板擦得干干净净。

如果教师只告诉学习者正确的说法，那么学习者就不知道错在哪里，也不知道为什么不能这样说，更不知道为什么要那样说。因此，教师需要告诉学习者偏误产生的原因。对例（1）来说，偏误点是"我书店去"，这里没有词汇错误，代词、名词、动词的选择都没有问题，问题是词的排列顺序不符合汉语的句法结构规则——汉语不说"我书店去"，而说"我去书店"。学生使用了"SOV"的语序，而汉语是"SVO"的语序。对汉语来说，"SOV"是有标记的语序，往往是受事主语句或"把"字句的形式。例（1）既不是受事做主语的用法，也不是"把"字句的结构，所以应该使用"我去书店"这一语序。经常犯类似错误的往往是日本或韩国学习者，因为在他们的母语中，基本的语序是"SOV"，所以受母语的干扰，他们在使用汉语进行表达的时候，选择了汉语的词汇和母语的语序，最终产生这种类型的偏误。把这个原因告诉学习者，他们自己就会在接下来的表达中有意识地避免母语的这种干扰，造出合乎汉语语序的句子。

例（2）也是句法结构偏误的例子。这是韩国学习者表达中常见的偏误，因为韩语中没有补语，所以韩国学习者习惯把谓语动词的修饰成分、补充成分等附加成分都放在谓语动词的前面。而汉语中有状语、补语两种不同的句法成分，表示时间、处所、方式、原因、凭借、目的、起点等语义格的成分通常放在动词前，充当状语，而表示结果、情态、终点等语义格的成分通常放在动词后，充当补语。例（2）中，"干干净净"从语义上看，是动作完成之后产生的结果、呈现出的情态，应该放在动词后补语的位置。

把偏误产生的原因告诉学习者以后，他们也会在接下来的表达中有意识地区分与动词语义相关的不同语义格，把表示不同语义格的相关词语放在合适的位置上。汉语是比较严格地遵循"时间顺序原则"的语言，时间象似性的表现很明显。状语和动词、动词和补语的位置关系也很好地反映了这一原则。以"方式＋动词（动作）＋结果"这一语序为例，通常我们先确定一种方式，然后以这种方式进行操作（动词），进而产生结果。汉语的各种逻辑关系都很严格地遵循"时间顺序原则"，这一原则在汉语的语序中有着直接的体现。汉语基本的语序"SVO"也是如此，即首先有一个准备发出动作的主体，然后这个主体发出某种动作，动作发出之后作用于客体。这就是"SVO"的语义和认知基础。

关于并列关系中各并列项的顺序，如果各并列项之间有时间上的先后关系，则应按照时间顺序进行排列，往往不能随意调换位置。例如：

（5）他大学毕业后又读了硕士、博士，今年刚博士毕业。

（6）会议讨论并通过了关于寒假期间进出校园的管理办法的决定。

（7）他既会说英语，也会说法语。英语是小学开始学的，法语是上大学以后学的。

在教育系统的学制中，读硕士在读博士之前，因此，例（5）中"硕士"和"博士"并列时，"硕士"在"博士"前。例（6）中，会议首先"讨论"问题，达成一致后才会"通过"相关决定，因此二者并列时，"讨论"在"通过"前。例（7）的语境显示，"学英语"在"学法语"之前，因此二者并列时，遵守时间顺序原则。按照时间顺序原则排列的并列结构中，各并列项往往不能互换位置。

帮助学习者认识到汉语的基本语序、汉语的时间顺序原则等，对于他们掌握汉语的语序规则一定会有帮助。因此，对学习者的汉语教学不仅应该包括词汇教学、语法教学，还应该包括语法背后的认知规律教学。这也是通常所说的，教学不仅要帮助学习者"知其然"，还要帮助他们"知其所以然"。

80. 如何体现语境信息和背景信息在并列结构体教学中的重要作用？

　　语法规则来自对语言的观察与描写，它们反映了语言的普遍规律。然而语言是复杂的，而且还会随着社会不断发展变化，这就决定了对语言的观察与描写总是有限的，总是受到时空和理解水平等客观因素的限制。因此，语言规则的普遍性程度也总是有限的，它们会受到诸如语体、语域、上下文等语言环境的制约。这就说明语法规则的普遍性只能是相对的，不可能是绝对的和一成不变的。也就是说，语境对语法规则有制约作用，语法规则的普遍意义是相对的，语境对语法规则的制约作用则是绝对的。（秦裕祥，1999）因此，语法教学离不开语境。就汉语学习来说，汉语中有很多至少部分地依存于篇章语境的语法规则或结构，比如并列结构体。若要让学习者正确使用该结构，我们就不可能不考虑该结构体的语境信息。

　　语境的定义很广，且不同学派、不同学科对语境的定义也不同，但是一般而言，语境就是言语交际所依赖的环境，语境信息主要包括：语言环境信息、社交环境信息和认知环境信息。其中语言环境信息指的是文章和言谈中话题的上下文或上下句信息；社交环境信息指的是说话人使用语言和听话人理解语言的客观环境，包括交际双方的身份、地位，以及双方的社会、文化背景信息等；认知环境信息则指的是交际双方各自不同的经验、经历、知识等足以影响交际认知的种种信息。

　　语境信息的作用主要有：参考作用、补充作用、限制作用。那么，如何将语境信息的作用应用到并列结构体的教学中呢？在并列结构体的教学中，教师应当注重多提参考问题，而所谓的参考问题是相对于显性问题而言的，即问题的答案不是表面上那么简单，而是需要经过认真考虑、语言组织、逻辑分析等一系列思想活动后得出。参考问题实际上包含的是一种语境信息，可以引起学习者的思考并联系新旧知识。

　　背景信息对于教学有重要的影响，比如在现有研究中，研究对象同样为中学信息技术，核心素养背景下和新课改背景下的信息技术教学方法却截然不同，由此可知，背景信息对于教育教学有较为重要的影响。我们可以举一个例子来说明，史辰洋（2014）以汉语学习者对成语的习得情况为研究对象，研究了文化背景信息对汉语学习者成语习得的影响，经过分析得出结论：（一）在汉字难度较大或词义较难理解的情况下，有文化背景信息输入的成语习得情况好于无文化背景信息输入的成语习得情况；（二）文化背景信息内容本身也会对成语习得有一定影响，包括内容的难易程度、内容的题材等；（三）文化背景信息对非汉字文化圈学习者的影响显著大于对汉字文化圈学习者的影响。

那么我们要如何利用好背景信息，使其在并列结构体的教学中发挥重要作用呢？至少可以遵循以下几点原则：

（一）加强并列结构体的语用教学。在教学中，教师在进行并列结构体的语法教学的同时，更要注重并列结构体的语用教学。对于某一并列结构体，仅仅提供一种意义解释是不够的，还需要对其具体用法进行说明并多加练习。

（二）教学手段的多样化和内容的简单化。尽量采用口头讲解与多媒体展示相结合的讲解方法，从课堂效果出发，教学手段的多样化有助于激发学习者学习的积极性。比如在讲解并列结构体的具体文化背景信息时，可选用一些影视作品，在播放的同时教师给予一定的讲解，引导学习者利用语境信息和背景信息进行语法知识的解读和学习。

（三）加强对学习者背景信息的了解。不同背景的学习者对于并列结构体的了解程度有所不同，一般来说，汉字文化圈的学习者对某些并列结构体（如成语、惯用语）的习得程度要好于非汉字文化圈的学习者。因此，在实际教学中，对于汉字文化圈和非汉字文化圈的学习者，教师也应加以区分。面对不同背景的学习者，教师最好能提前了解一下学习者的个人情况和学习需求，针对不同的学习者制订不同的教学计划，选择教学内容时也可以有所侧重。

81. 如何在教学中凸显并列结构体结构上的整体性与语义上的精确性和完整性？

并列结构体的整体性是指并列结构体的并列项不仅在语法上相互平等，同时要同属一个整体。（王倩，2019）例如：

（1）二姑母上海启明女校毕业，曾在徐世昌家当过家庭教师，又曾在<u>北京和吉林</u>教书。

（2）那时候我总是叫他"国庆"或者"刘小青"，而他们则叫出我的名字。

例（1）中，"北京"和"吉林"并列，二者同属一个整体，都属于地点名词，且都是城市名。若用"北京"和"海淀"，则是偏误，"北京"是一个城市，"海淀"是北京的一个区，二者层级不同，不可并列。同样，例（2）中的"国庆"和"刘小青"同属名称词语，且结合语境来说是"小名"，若是将其中一个名称替换成学名，则两个并列项不属于一个整体。从上述两个例子可以看出，并列项是否具有整体性与并列结构体是否合法有着直接的关系。

我们再来看汉语学习者的偏误。例如：

（3）*有<u>电脑、纸、眼镜</u>，还有<u>杯子、铅笔</u>，还有<u>键盘、鼠标</u>，还有不知道是什么的东西。

（4）*有<u>电脑、键盘、本子</u>，还有眼镜、杯子、铅笔、鼠标。

例（3）和例（4）中，学习者未将"电脑、键盘、鼠标"看作一个整体，未像母语者那样在表述时统一表达出来，这就违反了并列结构体的整体性要求。虽然语法上没有错误，但是在结构的整体性上有所欠缺。

我们再来看并列结构体语义上的精确性和完整性。王倩（2019）指出，二语学习者并列结构体的偏误有两大类：一类是并列标记的偏误，主要偏误类型有遗漏、误加、误用、混用、错序等；一类是并列项的偏误，细分为形式不整齐、词义配合不当、词义相互包含、语句累赘、语序不当、成分残缺等。可见，并列结构体语义上的精确性和完整性不仅受并列项语义的影响，还受学习者对并列标记的语义理解的影响。

在教学中，教师在进行并列结构体的教学前，应大致了解以往二语学习者的偏误情况并分析原因，从偏误原因着手进行教学设计。教师应注意语言的可懂性和规范性，在讲解相应并列结构体时，教师的语言要让学习者可以理解，教师举的例子也不应过难，且应具有典型性。同时，还要注重文化输入，在讲解某一结构时，若涉及文化含义，则应对相应文化点进行说明，达到语义上的完整性。例如"柴米油盐"不仅指这几样事物，还指居家过日子的一切琐碎生活，若只是解释其中一项语义，则该并列结构体语义的完整性无法体现。另外，在并列连词的讲解中，教师要注意处理好媒介语的使用问题，一方面不能简单地把汉语和学习者的母语进行对照翻译，因为一些并列结构体无法与学习者母语中的并列结构体完全对应，教学中应通过举例子，明确指出使用这些结构体时，在并列项和并列标记方面应注意的事项。另一方面也要加强汉语和学习者母语的对比，从学习者母语入手，尽量规避母语负迁移的影响。除了母语负迁移的原因，学习者在语义或结构上的偏误有时是由于对汉语本体理解有误，教师应及时纠错并帮助学习者分析产生偏误的原因，强调输出时要注意并列结构体语义上的精确性和完整性，以及结构上的整体性。

82. 如何通过连词和关联词语的教学提高汉语学习者的逻辑能力和逻辑表达能力？

逻辑能力是个人的逻辑性，是个人逐渐形成的逻辑思维模式，如果学习者的逻辑性不强，二语教师是很难在短期内帮助他快速提升的。逻辑表达能力则是教师可以通过教学帮助学习者提高的部分。在语言表达中，逻辑更多地体现为一种关系，关系需要连接，连词是体现连接功能的重要语言成分，所以，二语教师可以通过连词的教学帮助学习者在进行逻辑表达时更准确地选择连词。

关于逻辑能力和逻辑表达能力，我们可以通过学习者造的句子做进一步的了解。下面是汉语学习者在完成练习时造出的句子：

练习：把以下四句话用关联词连接起来。

a. 她瘫痪了；

b. 她顽强地学习；

c. 她学会了多门外语；

d. 她学会了针灸。

正确答案：

她虽然瘫痪了，但是她顽强地学习，不仅学会了多门外语，而且学会了针灸。

她虽然瘫痪了，但是她顽强地学习，不仅学会了针灸，而且学会了多门外语。

虽然她瘫痪了，但是她顽强地学习，不仅学会了多门外语，而且学会了针灸。

虽然她瘫痪了，但是她顽强地学习，不仅学会了针灸，而且学会了多门外语。

学习者答案：

（1）*虽然她顽强地学习，她不但学会了针灸，而且学会了多门外语，可她瘫痪了。

（2）*她不但学会了外语，而且学会了针灸，虽然她那么顽强地学习，但她瘫痪了。

（3）*她之所以瘫痪了，是因为太顽强地学习，不但学会了多门外语，而且学会了针灸。

以上三种错误答案中，例（1）中的"她顽强地学习"和"她瘫痪了"之间具有转折关系，事实上就语义内容而言，"顽强学习"的顺向结果应该是"取得进步、得到好成绩、能力提高"等。如果"没有取得进步、没有得到好成绩、能力没有提高"等，那么就没有产生顺向结果；如果"退步、成绩下滑、能力下降"等，则产生了逆向结果。无论是没有产生顺向结果，还是产生了逆向结果，都有可能形成转折关系，可以用表示转折的关联词语"虽然……，但是……"连接。例如：

（4）虽然她顽强地学习，但是她的能力没有提高。

（5）虽然她顽强地学习，但是她的成绩却退步了。

而"（身体）瘫痪"和"顽强学习"之间并不存在语义上的转折关系，因为"（身体）瘫痪"不可能是"顽强学习"的逆向结果，"（身体）瘫痪"通常是疾病或外力伤害等造成的，不是"顽强学习"造成的，所以答案（1）的问题是存在逻辑表达偏误。产生这种偏误的原因如果是没有掌握关联词语的用法，那么教师可以帮助学习者学习、理解并准确运用；如果是逻辑思维能力或逻辑性的问题，则要看学习者用母语进行表达时，是否也使用表转折的关联词语连接"顽强学习"和"（身体）瘫痪"。这是不同原因造成的偏误，需要区别对待。

例（2）和例（3）中都使用了错误的连接成分来连接"顽强学习"和"（身体）瘫痪"。例（2）与例（1）一样，用表示转折关系的关联词语"虽然……，但是……"进行连接。例（3）则用表示因果关系的"之所以……，是因为……"进行连接，将"顽强学习"视为"（身体）瘫痪"的原因。二者都不符合客观实际。

值得注意的是，在上述练习中，答案例（1）～（3）对"不但……，而且……"的选择和使用都没有问题，其原因在于"学会了多门外语"和"学会了针灸"不仅是相同的结构，而且有相同的动词词组"学会（了）"，同构关系经常构成并列关系、递进关系或连贯关系，根据语义内容，在完成这个练习时选择表示递进关系的关联词语"不但……，而且……"是正确的。

总之，逻辑能力和逻辑表达能力是不同的。逻辑能力是认知能力的组成部分，逻辑表达能力是语言能力的组成部分。前者是对事物之间逻辑关系的判断能力，后者是选择合适的逻辑连接成分完成语句表达的能力。语言教学在逻辑表达能力方面可以给学习者提供帮助，主要是帮助学习者理解逻辑连接成分的意义、功能和用法，让学习者明白各种连接成分经常连接哪类成分，被连接的成分在形式和语义上具有哪些特点，等等。就并列关系而言，经常使用的连词有"和、跟、同、与、而、且、并、而且、并且"等，经常使用的关联词语有"既……也……、既……又……、又……又……"等，除了上述词语，还要告诉学习者顿号、逗号、分号等停顿符号也可以用于表示并列关系，破折号、括号等也能够起到提示并列关系的作用。例如：

（6）中国的首都——北京

（7）中国的首都（北京）

例（6）中破折号后的成分和例（7）括号内的成分与前面的成分所指相同，

是同位关系，同位关系在结构上也是一种并列关系。由此可见，破折号和括号也可以起到提示并列关系的作用。

总之，连词和关联词语的教学可以帮助学习者提高逻辑表达能力，进而帮助学习者在学习汉语时减少偏误。

83. 如何进行并列连词的教学设计？

对外汉语教学设计是一门综合学问，一个好的教学设计要包含多个要素和环节，特别是对于新手教师而言，只有做好教学设计，才能有条不紊地展开课堂教学。

第一，教师要对教学内容有准确和全面的把握。拿并列连词"和"来说，在进行"和"的教学设计前，教师要对它有全方位的认识，至少要包括两个方面：一是"和"有连词和介词两种用法，需要了解这两种用法在使用时的差别；二是了解与"和"有关的并列连词及它们之间的异同。掌握这些语言知识，不仅可以在教学设计的过程中有的放矢，也可以在解答学习者的问题时游刃有余。

第二，教师要对教材有系统的了解和认识，教学设计不能局限在一课内，要重视知识编排的层次性和系统性。以《发展汉语·初级综合（I）》为例：并列连词"和"首次出现在第五课中，英文注释为"and"，没有作为语法点列出，学习者按照给出的例子进行会话练习："你家有什么人？——我家有爸爸、妈妈和我。"在第七课课堂活动中学习者使用"……有……"格式来造句，给出的例子包括："我的桌子上边有＿＿＿＿、＿＿＿＿、＿＿＿＿。"没有提及、使用"和"。介词"和"首次出现在第二十一课中并作为语法点列出，但没有和连词"和"的用法进行区分。结合教学实践，虽然教材中没有系统列出与并列连词"和"相关的语法知识，但可以通过教学设计来实现知识关联和复现这一目标。我们可以在第五课中讲解"和"的时候，将其和顿号的关系设计在教学中；在第七课练习时可以再次巩固和练习这个知识点；在第二十一课的教学设计中，注意补充连词"和"与介词"和"的差异。以此类推，随着教学的不断深入和学生汉语水平的不断提高，后续再将"和、跟、与、同、而"之间的异同呈现在教学设计中。到了中级阶段，进行"并"的教学设计时，也要注意它和其他并列连词的异同。

第三，教师在进行教学设计时要注意创设典型的语境。并列连词是为语言表达的逻辑关系服务的，有时教师将语法知识讲得头头是道，可学习者造出的句子却是别扭的，这些别扭句子的问题往往出在逻辑上。在教学中，有些逻辑关系学习者要靠教师才能弄清楚。解决的方法就是要创设典型语境，具体原则如下（冯胜利、刘乐宁、朱永平等，2018）：

A. 该句型出现频率最高的场景；

B. 代表该句型结构功能最典型的场景；

C. 描述该场景的词语为学习者已学者；

D. 所描述的场景与学习者的生活有关者；

E. 该场景便于/适用于课堂教学者。

依据上面的原则，并列连词"和"的典型语境为：

[典型语境] 和"介绍/罗列"有关的：

1. 介绍成员或喜好。例如：

（1）我们班有韩国人、泰国人和越南人。

（2）我喜欢唱歌和跳舞。

2. 罗列某种事物。例如：

（3）桌子上放着书、电脑和水杯。

（4）南方的很多城市，像上海、南京、苏州和杭州，他都很喜欢。

第四，教师在进行教学设计时可结合偏误研究的相关成果，使教学重点更有针对性。教学设计必须围绕教学的重难点展开，而教学的重难点往往可以从较为集中的偏误现象中总结出来。例如：

（5）*那只会增加双方的痛苦和可能更不满对方。

（6）*他们经常问我来中国的时间我学习汉语的原因，我已经习惯了。

（7）*父亲的性格温柔和体贴，没有课的时候，他经常带我去学校附近的海边玩儿。

（8）*香烟危害健康和带病毒，因此吸烟被称为人类的烦恼。

（9）＊我今天先做完作业和去超市买东西。

例（5）～（9）是二语习得中较为常见的偏误，有并列项错误、遗漏、误加、混淆和误代等，教师在教学设计中要注意向学习者强调并列项的语法特点和并列项之间的逻辑关系。

第五，教师在进行教学设计时要把握好语法知识和词汇知识的匹配关系。比如，在设计"一边……一边……"这个语法点的教学时，教师可以先给学习者列出与连接项相关的词汇，如"吃饭、睡觉、打工、学习，说、想、思索，看电视、听音乐、写作业，担心、害怕"等，强化学习者对连接项语法属性和语义特征的认知，帮助学习者学会调用匹配度高的词汇，完成语法知识的学习和运用。

另外，教师还可以根据自身的条件，在教学设计中运用汉外对比的研究成果及教学方法，引导和帮助学习者认识母语和目的语的异同，这对增强教学的有效性和规避习得偏误也是大有裨益的。

84. 如何进行并列连词的练习设计？

练习设计不仅是教材编写的重要一环，同时也是语言教学和习得的重要环节，教师可以通过练习检验教学成果，学习者可以通过练习巩固所学知识。另外，练习和评价、讲解对建立师生之间的信任、增强师生之间的互动也大有裨益。对外汉语教师应重视练习设计和运用，在实践中达到教学相长的效果。刘颂浩（2009）指出，练习的设计应该遵守以下原则：目的明确，形式灵活；简洁直接，实用有效；编排有序，彼此配合；主次分明，种类适中；布局合理，文练平衡。下面结合这些原则具体说明如何进行并列连词的练习设计。

第一，并列连词的练习应按照不同等级进行设计，不同的等级有不同的要求，对于不同的要求可以选择不同的练习形式。我们以"一面……一面……"为例，《对外汉语教学语法初级大纲》和《对外汉语教学语法中级大纲》中都列出了这个语法项目，二者的不同之处在于：初级语法大纲对语法意义的解释更为具体，并且强调替换关系；中级语法大纲则强调语体分布。因此，我们在进行练习设计时要有侧重。针对初级阶段的学习者，并列连词的练习设计应注意语法规则的练习和巩固，比如要注意"一面……一面……"连接的并列项在形式和性质上应该是一致的，以及"一面……一面……"连接的并列项中可出现的动态助词只有"着"等，从而让学习者知道"一面玩儿，一面很快乐""一面吃了饭，一面看电视"这样的表达为什么是错误的，以后如何规避这类错误，可以采用判断、选择、填空等形式设计练习。针对中高级阶段的学习者，教师要注意引导学习者理解和输出"我欣赏生活里那些勇敢的人，他们总是一面哭泣，一面前进"这类具有书面语风格的句子，可以采用阅读、写作等形式设计练习。

第二，并列连词的练习设计要注重同/近义词的辨析，帮助学习者活学活用。我们从大纲、教材，以及教学参考书中基本都能检索到针对某一个并列连词的解释，有了这些参考资料，教师在单独设计某一并列连词的练习时，一般都不会出现太大问题。但教学的难点往往集中表现在同/近义词的辨析上，练习设计应直接有效，要让学习者在练习的过程中学会举一反三。我们以"和、并、以及、而"的辨析为例，练习形式为选词填空。

选词填空，可重复选择（和、并、以及、而）：

1. 北京烤鸭肥 ____ 不腻。

2. 他的建议得到了老师的支持 ____ 鼓励。

3. 珍妮已经结婚 ____ 生了孩子。

4. 我对比赛的结果感到伤心 ____ 失望。

5. 他上周末去了上海 ____ 买了纪念品。

6. 书中阐述了酒、醋、酱、糖稀等的制作过程，____ 食品的保存方法等。

上面的练习是"和、并、以及、而"等并列连词使用的典型情境，通过练习可以比较清楚地将四者的差异呈现出来。此外，练习设计还要注意干扰项的设计，以免学习者在做到最后一题时运用排除法无须思考也可以完成。

第三，教师在设计练习时，课堂练习和课后练习应是各有侧重的。课堂练习应是简洁的、用时短的、学习者可选择的，课后练习应是全面系统的、足量充分的。课堂练习是即时性的，不能因为练习长度和难度耽误太多时间，也不能因为一位同学回答出正确答案后其他同学就不能参与，尽量避免可能使课堂拖沓或冷场的不恰当的练习。我们以"既……又……"为例，课堂练习时，可以列出"既"和"又"的连接项，让学习者先进行组合练习再造句：

便宜　实用　老师　朋友　和蔼　严肃

平凡　伟大　热情　不热情　不抽烟　不喝酒

设计练习时，并列项可打乱顺序排列，课堂上教师可点名让学习者回答，也可让学习者自由抢答。难度较大的任务可让班级中水平较高的学习者完成。我们再来看"既……又……"的课后练习，可以采用语境短文练习的形式：

正确选择"既 A 又 B"短语，将文章补充完整。①

（1）既像是汉字又像是图画　（2）既兴奋又难过　（3）既担心又慌张

（4）既不陌生又不孤单　（5）既友好又热情　（6）既善良又温和

（7）既难受又着急　　　（8）既像姐姐又像朋友

我的朋友安娜

安娜是我的室友，她是一个 _____ 的姑娘，在我来中国的第一天她就不断地帮助我。我刚到宿舍的时候，她 _____ 地向我介绍房间并且还倒水给我喝，让我感觉 _____。

我在中国的第一天 _____，兴奋是因为我要开始在我喜欢的国家生活了，难过是因为我发烧了。安娜发现我生病了，虽然她 _____，但还是不断地安慰我并且带着我去医院看病。给我看病的是一位老医生，他写的字 _____，很模糊，我的汉语说得也不流利，我当时 _____。幸好安娜中文说得比我好，她帮我和医生翻译，我很感谢她。

这就是我的室友，_____ 的安娜。

在强制语境下，学习者课后可通过上面的练习，进一步强化和巩固"既……又……"的学习成果。此外，我们还可以采用写作练习的方式，如"根据以上文本材料，用'既 A 又 B'格式仿写一篇题为'我的朋友 ____'的小短文"，以此达到拓展提高的目的。

总之，练习的设计并不是一成不变的，教师须紧密围绕大纲和教材中的语法

---

① 此项练习设计引自洪丽娟（2018）。

点，根据教学对象和教学内容的不同，结合学习者的具体情况和自身的教学经验，综合运用判断、填空、选择、造句、对话、写作等主客观试题的形式，设计科学的、有效的、丰富多样的练习，只要能够帮助学习者用对和用好，所设计的练习就是成功的。

参考文献

北京大学中文系现代汉语教研室（2012）《现代汉语》（增订本），北京：商务印书馆。

曹婧一（2018）并列复句分类的拓展研究，《太原师范学院学报》（社会科学版）第 5 期。

陈鸿瑶（2012a）副词"也"主观性的认知解释，《东北师大学报》（哲学社会科学版）第 2 期。

陈鸿瑶（2012b）关联副词"也"多义性的认知解释，《四川师范大学学报》（社会科学版）第 3 期。

陈鸿瑶、吴长安（2009）"也"字独用语篇衔接功能的视角化阐释，《东北师大学报》（哲学社会科学版）第 3 期。

陈健荣（2018）论并列连词语法化的条件，《当代语言学》第 1 期。

陈曦（2019）汉语并列关系格式"又……又……"的教学设计，哈尔滨师范大学硕士学位论文。

程仕仪、肖奚强（2017）外国留学生双项并列宾语习得研究，《汉语学习》第 4 期。

储泽祥、唐爱华、肖旸等（2002）《汉语联合短语研究》，长沙：湖南大学出版社。

储泽祥、谢晓明（2003）异类词联合短语研究，《中国语文》第 3 期。

崔现悦（2018）汉语并列关系框式结构的语法化研究，山东师范大学硕士学位论文。

邓川林（2018）副词"还"的语义—语用接口研究，《世界汉语教学》第 4 期。

董秀英（2003）"不 A 不 B"格式的类化，《青海民族学院学报》（教育科学版）第 1 期。

窦苏慧（2021）保加利亚学生习得并列连词"和""而""并"的偏误分析及教学建议，青岛大学硕士学位论文。

段沫（2024）《对外汉语教学语法中级大纲》，北京：北京语言大学出版社。

冯胜利、刘乐宁、朱永平等（2018）《汉语教师专业技能指导手册》，北京：北京语言大学出版社。

高增霞（2002）副词"还"的基本义，《世界汉语教学》第 2 期。

高增霞（2019）"反而"的语义和用法，《泰山学院学报》第 5 期。

龚千炎（1997）《中国语法学史》（修订本），北京：语文出版社。

《关联词》编写组（1981）《关联词语》，上海：上海教育出版社。

国家对外汉语教学领导小组办公室汉语水平考试部（1996）《汉语水平等级标准与语法等级大纲》，北京：高等教育出版社。

韩书庚（2018）汉语并列双音词的多维考察，《唐山师范学院学报》第 4 期。

洪丽娟（2018）"既 A 又 B"的整体结构意义与教学策略，南昌大学硕士学位论文。

侯学超（1998）《现代汉语虚词词典》，北京：北京大学出版社。

胡明扬（1996）《词类问题考察》，北京：北京语言文化大学出版社。

胡裕树（1995）《现代汉语》（重订本），上海：上海教育出版社。

胡壮麟（2017）《新编语篇的衔接与连贯》，上海：华东师范大学出版社。

黄伯荣、廖序东（2011）《现代汉语》（增订五版），北京：高等教育出版社。

黄雅莉（2019）现代汉语"一 A 二 B"格式研究，杭州师范大学硕士学位论文。

金立鑫、崔圭钵（2018）复续义"又、再、还、也"的句法语义特征，《语言教学与研究》第
　　5 期。

孔子学院总部，国家汉办（2014）《国际汉语教学通用课程大纲》（修订版），北京：北京语言
　　大学出版社。

黎锦熙、刘世儒（1959）《汉语语法教材　第二编　词类和构词法》，北京：商务印书馆。

李丹弟（2016）语序类型中的并列连词参项，《语言研究》第 1 期。

李芳杰（1996）联合词组的语义结构类型及其特点，《武汉大学学报》（哲学社会科学版）第
　　6 期。

李劲荣（2014）情理之中与预料之外：谈"并"和"又"的语法意义，《汉语学习》第 4 期。

李晓琪（2001）以英语为母语者学习汉语关联词难点及对策，《暨南大学华文学院学报》第
　　4 期。

李岩（2019）英语母语者汉语并列结构习得研究，北京外国语大学硕士学位论文。

李雨桑（2017）现代汉语"而"的基本性质及其分类，《文教资料》第 31 期。

铃木庆夏（2008）"爸爸妈妈"等无标记并列结构的语法地位，《语言科学》第 2 期。

刘静辉（1984）怎样辨别连词"和"与介词"和"，《语文教学与研究》第 2 期。

刘世英（2015）并列短语及其词序的认知语言学研究，《重庆理工大学学报》（社会科学）第
　　5 期。

刘颂浩（2009）对外汉语教学中练习的目的、方法和编写原则，《世界汉语教学》第 1 期。

刘小蝶、朱筠、晋耀红（2018）中文专利中有标记并列结构的自动识别研究，《计算机工程》
　　第 6 期。

刘迎迎（2014）浅析并列式复合词的词义与语素义关系，《文学教育》（中）第 1 期。

刘月华、潘文娱、故桦（2001）《实用现代汉语语法》（增订本），北京：商务印书馆。

陆俭明、马真（1985）《现代汉语虚词散论》，北京：北京大学出版社。

吕必松（1993）《对外汉语教学研究》，北京：北京语言学院出版社。

吕叔湘（1980）《现代汉语八百词》，北京：商务印书馆。

吕叔湘、朱德熙（1952）《语法修辞讲话》，北京：中国青年出版社。

吕文华（1994）《对外汉语教学语法探索》，北京：语文出版社。

骆小菊（2002）试说"一 X 一 Y"式成语中的 X 和 Y，《湖北师范学院学报》（哲学社会科学版）
　　第 2 期。

马海霞（2019）面向对外汉语教学的汉语和越南语并列连词对比研究，云南师范大学硕士学位论文。

马清华（2003）并列连词的语法化轨迹及其普遍性，《民族语文》第 1 期。

马清华（2006）关联标记的结构控制作用，《汉语学习》第 6 期。

马真（2014）包含副词"也"的并列复句句式及其他，《世界汉语教学》第 1 期。

莫静（2021）现代汉语不对称并列结构研究，上海师范大学硕士学位论文。

牛乐平（2019）留学生汉语关联词语习得偏误分析研究：以因果、并列、转折关系关联词语为例，陕西师范大学硕士学位论文。

齐沪扬（2005）《对外汉语教学语法》，上海：复旦大学出版社。

齐沪扬（2007）《现代汉语》，北京：商务印书馆。

齐沪扬（2020）与对外汉语教学语法体系建构相关的两个语法教学问题，《光明日报》10 月 5 日第 6 版。

齐沪扬、姚占龙、谢白羽等（2004）《与名词动词相关的短语研究》，北京：北京语言大学出版社。

齐沪扬、张旺熹（2018）革新对外汉语教学语法体系　满足时代需求，《中国社会科学报》11 月 27 日第 3 版。

秦裕祥（1999）《英语语法专题研究》，长沙：湖南师范大学出版社。

荣继华（2011）《发展汉语·初级综合（Ⅰ）》，北京：北京语言大学出版社。

邵敬敏（2007）《现代汉语通论》（第二版），上海：上海教育出版社。

沈沉（2022）外国留学生框式结构"既 A 又 B"的偏误分析及教学建议，广东外语外贸大学硕士学位论文。

沈家煊（2001）跟副词"还"有关的两个句式，《中国语文》第 6 期。

史辰洋（2014）文化背景信息对汉语学习者成语习得的影响分析，北京外国语大学硕士学位论文。

宋萌萌（2018）"和"在并列成分中的位置和功能，《宁夏大学学报》（人文社会科学版）第 3 期。

宋文辉（2015）现代汉语名词性并列结构的部分类型学特征，《燕山大学学报》（哲学社会科学版）第 4 期。

宋文辉（2016）再论汉语名词性并列结构的"欧化"说，《语言教学与研究》第 2 期。

宋艳旭（2017）现代汉语并列类复句的认知解读，《教育现代化》第 46 期。

孙本成（2020）述语位"v + 和 + v"式并列短语研究，吉林大学博士学位论文。

孙美玲（2015）"一边 A 一边 B"的研究及对外汉语教学，南昌大学硕士学位论文。

汪欣欣（2017）语体因素对联合关系逻辑结构标记的影响，《新疆大学学报》（哲学·人文社会科学版）第 2 期。

王倩（2019）现代汉语并列结构研究及二语习得，华中师范大学博士学位论文。

王维贤、张学成、卢曼云等（1994）《现代汉语复句新解》，上海：华东师范大学出版社。

王杨（2014）并列结构识别研究综述，《电脑与信息技术》第 3 期。

王郁（2018）连词"而"的用法分析，《汉字文化》第 S2 期。

温建合（2018）"或""和"不分的烦恼，《中学生物教学》第 8 期。

文桂芳（2021）汉语关联副词的来源及演变研究，江西师范大学博士学位论文。

芜崧（2002）也说"再说"，《汉字文化》第 4 期。

芜崧（2013）也谈连词"或者（或）"，《湖北工程学院学报》第 2 期。

吴珂（2014）类型学观察法在汉英法语并列连词对应研究中的分析性运用：以"和 / and / et"为例，《广西师范学院学报》（哲学社会科学版）第 6 期。

吴吟（2000）汉语重叠研究综述，《汉语学习》第 3 期。

吴勇毅、吴中伟、李劲荣（2016）《实用汉语教学语法》，北京：北京大学出版社。

吴云芳、石静、万富强等（2013）汉语并列复句的自动识别方法，《北京大学学报》（自然科学版）第 1 期。

武果（2009）副词"还"的主观性用法，《世界汉语教学》第 3 期。

夏飞、曹馨宇、符建辉等（2015）基于并列结构的部分整体关系获取方法，《中文信息学报》第 1 期。

肖治野（2011）副词"也"的行域、知域和言域，《浙江学刊》第 4 期。

邢福义（2001）《汉语复句研究》，北京：商务印书馆。

邢福义、汪国胜（2011）《现代汉语》，武汉：华中师范大学出版社。

徐朝红（2017）《汉语连词语义演变研究》，长沙：湖南师范大学出版社。

徐朝红、吴福祥（2015）从类同副词到并列连词：中古译经中虚词"亦"的语义演变，《中国语文》第 1 期。

徐以中、孟宏（2015）副词"还"的歧义及相关语音问题，《汉语学报》第 1 期。

闫梦月（2018）汉语的"例举并列结构"及其类型学意义，《重庆师范大学学报》（社会科学版）第 1 期。

闫梦月、薛宏武（2017）汉语"强调并列结构"的类型学表现，《重庆师范大学学报》（社会科学版）第 5 期。

颜明、高则云、肖奚强（2019）外国学生并列关系定语习得考察，《广西师范大学学报》（哲学社会科学版）第 2 期。

杨丹（2017）浅谈并列式北京俗语的句法特征，《语文建设》第 30 期。

杨萌萌、胡建华（2018）"和"的句法，《语言教学与研究》第 3 期。

杨小丹（2015）留学生习得单音节并列连词的偏误分析：以"和""而""并""及"为例，黑龙江大学硕士学位论文。

杨扬（2020）留学生使用连词"还有"偏误研究，上海师范大学硕士学位论文。

杨奕（2015）现代汉语连词与关联副词异同、替换及共现情况考察：以三组典型词为例，南京师范大学硕士学位论文。

杨玉玲、应晨锦（2011）《现代汉语语法答问（上）》，北京：北京大学出版社。

姚双云（2017）由"语义镜像法"看"而且"的并列用法，《汉语学报》第 3 期。

余瑾、卢晓（2013）从"一边……一边"分句语序原则看对外汉语教学的语用优先法则，《广西师范学院学报》（哲学社会科学版）第 1 期。

曾雪雁（2020）基于汉英对比和中介语语料库的汉语并列连词类型学特征考察，云南师范大学硕士学位论文。

张斌（1996）《现代汉语》，北京：中央广播电视大学出版社。

张斌（1998）《汉语语法学》，上海：上海教育出版社。

张斌（2001）《现代汉语虚词词典》，北京：商务印书馆。

张斌（2002）《新编现代汉语》，上海：复旦大学出版社。

张斌（2008）《新编现代汉语》（第二版），上海：复旦大学出版社。

张斌（2010）《现代汉语描写语法》，北京：商务印书馆。

张春燕（2016）小句连结配列关系的多功能分析，《中国外语》第 1 期。

张丹（2010）基于中介语语料库的联合关系连词偏误分析，上海师范大学硕士学位论文。

张建（2013）汉语并列结构的类型学特征，《东北师大学报》（哲学社会科学版）第 1 期。

张军欢（2020）欧美留学生并列连词"和""与""跟""同"的习得研究，华中师范大学硕士学位论文。

张谦（2014）顿号如何用于并列词语之间，《秘书工作》第 11 期。

张小峰（2023）《对外汉语教学语法初级大纲》，北京：北京语言大学出版社。

张怡春（2003）并列结构中并列项的句法结构和序列，《盐城师范学院学报》（人文社会科学版）第 2 期。

张谊生（2000）《现代汉语副词研究》，上海：学林出版社。

张谊生（2001）现代汉语列举助词探微，《语言教学与研究》第 6 期。

张志公（1956）《语法和语法教学：介绍"暂拟汉语教学语法系统"》，北京：人民教育出版社。

赵凤娇（2017）并列式复合词词义识解影响因素实证研究，《海外华文教育》第 12 期。

赵金铭（2018）汉语作为第二语言教学语法：格局＋碎片化，《语言教学与研究》第 2 期。

赵元任（1979）《汉语口语语法》，吕叔湘译，北京：商务印书馆。

郑略省、吕学强、刘坤等（2013）汉语并列关系的识别研究，《北京大学学报》（自然科学版）第 1 期。

中华人民共和国教育部、国家语言文字工作委员会（2021）《国际中文教育中文水平等级标准》，北京：北京语言大学出版社。

中国社会科学院语言研究所词典编辑室（2016）《现代汉语词典》（第 7 版），北京：商务印书馆。

钟亚林（1992）分号只表示并列关系吗，《语文教学通讯》第 Z1 期。

周刚（2002）《连词与相关问题》，合肥：安徽教育出版社。

周剑芳（2020）现代汉语连词"而且"的偏误分析及教学对策，上海师范大学硕士学位论文。

周静（2003）并列与递进的转换制约，《殷都学刊》第 2 期。

周世界、武博雅、刘桂玉（2015）基于语料库探究"adj. and adj."并列结构的分布特征及并
　　列原则，《大连海事大学学报》（社会科学版）第 1 期。

周艳芳（2014）汉语标记性对举构式的认知和习得研究，《现代语文》（语言研究版）第 11 期。

朱德熙（1982）《语法讲义》，北京：商务印书馆。

邹哲承（2000）并列结构的不同标记形式与表达作用，《陕西教育学院学报》第 1 期。

后　记

　　本书是国家社科基金重大项目"对外汉语教学语法大纲研制和教学参考语法书系（多卷本）"（17ZDA307）的部分成果。能够承担教学参考语法书系之《并列词组与并列复句》的编写任务，我们既深感荣幸，又深感责任重大。

　　当得知齐沪扬先生领衔申报的国家社科基金重大项目入选后，我们无不为他感到高兴和自豪，同时又多了一份担忧，齐老师敬业又追求完美，如此浩大的工程一定会耗费他不少心血。可我们的这点担忧远不及齐老师的付出，他除了要整体负责项目的论证和推进，还要关心每一个子课题的进展，让我们在撰写书稿时充满了力量和温暖。

　　在齐沪扬先生和邵洪亮教授的主持下，本书的知识框架、问题设计、编写体例和论述方式经过多次讨论后，最终确定下来。每一次学术会议和课题专项研讨会都是头脑风暴，专家学者和同行师友畅所欲言，充分讨论，达成共识。这里要特别感谢胡建锋、黄健秦、白少辉、单宝顺等专家学者提供的宝贵意见。

　　就并列关系而言，本体方面需要深耕细作的问题有很多，而对外汉语教学中要解决哪些问题，需要本书做出系统的梳理和回答。按照书系的编写要求，我们尽可能地将在教学中遇到或能想到的问题都列了出来，虽乐此不疲，却无法穷尽，但对这些"碎片化"问题进行合理的编排和归类是一项较有成就感的工作，希望编排的这些问题能引起读者的共鸣和思考。

　　本书在编写过程中参考的前人时贤的研究成果和观点无法一一列出，在此一并表示由衷的感谢。书中若有不足和谬误，恳请广大读者批评指正！

刘慧清　刘春光

2022 年 12 月 20 日